国家社会科学基金资助项目
[项目批准号：14BJY142]

中国服务贸易
理论、政策与实践

李 俊 · 著

The Theory，Policy and Practice on China’s Trade in Services

时 事 出 版 社

本书是受国家社会科学基金项目（项目批准号：14BJY142）资助的最终成果。

前言

服务贸易在中国属于新生事物，20世纪90年代末以前，其更多地被称为无形贸易、劳务贸易、技术贸易。自2001年中国加入WTO后，服务业开放的步伐明显加快，服务贸易逐步成为社会关注的热点。2006年商务部成立服务贸易和商贸服务业司，成为中国服务贸易工作的牵头部门，归口统筹、协调、管理服务贸易工作，负责拟订服务贸易的发展战略、方针、政策、规划等。2006年提出服务外包“千百十工程”，服务外包成为带动服务贸易全面发展的突破口，也是服务贸易发展的重点领域和服务贸易工作的主要抓手。随着中国经济产业不断优化升级，服务产业的重要性日益凸显，服务业开放程度不断扩大，逐步形成促进服务产业和服务贸易发展的基础条件。2012年，中国第三产业增加值占比45.30%，第二产业增加值占比45.27%，基本持平。但是，一直以来，中国服务贸易规模小、体制机制不健全、政策扶持力度弱、国际竞争力弱、贸易逆差大，有关服务贸易促进政策碎片化严重，没有形成全领域的统一管理、促进、服务、保障政策体系。

党的十八大以来，中国政府十分重视服务产业和服务贸易，党中央、国务院出台了一系列有关服务产业改革开放、创新发展的文件。2013年，党中央、国务院决定设立中国（上海）自由贸易试验区，服务业是其开放试验的重点。2014年初，国务院领导就笔者本人撰写的《尽全力弥补服务贸易短板》一文做出指示。2015年初，国务院发布《关于加快发展服务贸易的若干意见》（国发〔2015〕8号），这是第一份以国务院名义发布的服务贸易专项政策文件，系统地提出了促进服务贸易发展的工作任务和政策举措，在中国服务贸易发展史上具有里程碑式意义。2016年初，国务院下发《关于同意开展服务贸易创新发展试点的批复》（国函〔2016〕40号），同意在10个省市和5个区域开展服务贸易创新发展试点，针对服务贸易体制机制、促进政策、便利化、发展模式等方面创新试点，旨在打造服务贸易制造创新高地，为全国服务贸易发展积累可复制、可推广的政策经验。至此，服务贸易发展进入全新阶段，各级政府对服务贸易的重视程度明显提高，服务贸易发展进入政策黄金期。

2012 年以来，笔者一直从事国际服务贸易研究工作，有幸参与并见证了服务贸易相关政策文件的酝酿起草工作，同时也深知中国服务贸易理论与政策研究的滞后，有关服务贸易发展的规律性、特殊性、趋势性的认识还有待深化研究。因此，笔者借助国家社会科学基金 2014 年批准本人申请的项目《增强服务业出口能力的对策研究》之机，对中国服务贸易发展体系进行了系统梳理，针对服务贸易理论与政策体系、服务贸易对经济增长与就业的贡献、服务贸易开放与发展等问题进行了初步探讨，为服务贸易知识大厦添砖加瓦。根据社科基金课题内容及笔者工作中涉及的研究领域，本书分 12 章分别对服务贸易概念与理论、国际规则走向、服务贸易对经济增长与就业的贡献、服务贸易与服务产业互动关系、服务贸易发展现状与问题、分行业和领域的服务贸易发展、服务贸易双向投资、服务贸易和服务经济关系及发展思路、服务贸易的发展体系和政策体系等进行了初步研究。

目录

Contents

第一章　国际服务贸易概念、分类与理论　// 1

第一节　国际服务贸易概述　// 1

一、国际服务贸易的概念　// 1

二、国际服务贸易的特点　// 4

第二节　国际服务贸易分类　// 8

一、以“移动”与否划分　// 8

二、联合国核心产品分类　// 9

三、国际货币基金组织（IMF）关于国际服务贸易的分类　// 10

四、GATS 对服务贸易的分类　// 10

第三节　国际服务贸易理论　// 13

一、国际服务贸易理论的研究方向与方法　// 13

二、比较优势理论在服务贸易中的适用性　// 14

三、运用比较优势理论对国际服务贸易进行解释　// 15

四、规模经济与不完全竞争下的服务贸易理论　// 18

第二章　国际服务贸易形势与规则协调　// 21

第一节　全球服务贸易发展基本特征与新趋势　// 21

一、全球服务贸易发展阶段　// 21

二、金融危机以来全球服务贸易发展特点　// 22

第二节　国际服务贸易规则多边协调及演进趋势　// 34
一、WTO 关于服务贸易的谈判　// 34
二、TISA 框架下服务市场准入谈判现状与未来趋势　// 36
第三节　区域贸易协定与服务贸易政策协调　// 45
一、TPP 谈判进程与主要创新　// 45
二、TPP 文本投资章节主要内容　// 48
三、跨境服务贸易　// 49
四、金融服务　// 49
五、电信　// 50
六、商务人员的临时入境　// 51
七、电子商务　// 52
第四节　新一代国际服务贸易规则的主要内容和特征　// 53
一、基本规则标准更高　// 54
二、重点服务贸易领域规则标准显著提升　// 57
三、相关的综合性规则不断提高标准或被纳入　// 61

第三章　服务贸易对经济增长、就业与结构转型的贡献　// 63

第一节　服务进出口对增长、就业与结构转型的作用机制　// 63
一、服务进出口对经济增长的作用机制　// 63
二、服务进出口对就业的拉动机制　// 64
第二节　服务进出口对经济增长贡献的实证分析　// 65
一、服务进出口对经济增长贡献的计算方法　// 65
二、中国服务进出口对国内就业的贡献的计算方法　// 69
三、中国服务出口对经济增长的贡献率　// 71
四、服务进口对经济增长的贡献率　// 74
第三节　服务进出口对就业贡献的实证分析　// 77
一、服务出口对就业的贡献率　// 77
二、服务进口对就业的贡献　// 79
第四节　服务增加值对中国制造业部门产出的影响　// 81
一、制造业产品服务增加值比例的定义和计算方法　// 81
二、中国制造业产品的服务增加值比例及其内部分解　// 83

三、中国制造业产品的服务含量对制造业产出的影响 // 91
四、政策启示与建议 // 93
第五节 小结与启示：大力发展服务贸易是实现中国经济发展目标的必然选择 // 95

第四章 中国服务贸易发展现状与面临的形势 // 96

第一节 中国服务贸易发展现状与特点 // 96
一、中国服务贸易发展概况 // 96
二、近年来中国服务贸易发展特点 // 99
三、中国服务贸易发展存在的问题 // 101
第二节 中国服务贸易竞争优势分析 // 103
一、中国服务贸易要素密集度结构体现出的竞争优势现状 // 103
二、培育服务贸易竞争新优势应遵循参与国际分工的客观规律 // 105
第三节 新常态下中国服务贸易发展进入黄金期 // 108
一、服务贸易发展面临的国际形势 // 108
二、服务贸易发展面临的国内形势 // 109

第五章 强化中国服务贸易政策和服务产业政策协调性研究 // 112

第一节 服务贸易政策和服务产业政策协调性的含义 // 112
第二节 中国服务贸易与服务产业协调发展现状和特点 // 114
一、服务贸易和服务产业增速居世界前列，发展的协调性总体较好 // 114
二、分行业看，中国服务贸易政策和服务产业政策协调性差异较大 // 117
第三节 中国服务贸易政策与服务产业政策协调的总体成效与问题 // 118
一、服务贸易和服务产业政策协调成效显著 // 118
二、服务贸易和服务产业政策协调仍待加强 // 119

第四节 十大领域服务贸易政策与服务产业政策协调存在的具体问题 // 120
一、服务业开放滞后是阻碍服务业内向国际化的重要因素 // 120
二、服务业出口促进政策滞后阻碍了服务外向国际化进程 // 122
第五节 进一步强化中国服务贸易政策和服务产业政策的建议 // 128
一、强化国家层面服务贸易和服务产业发展的协调机制 // 129
二、推动服务业国内改革和市场化进程，破除服务业开放的制度壁垒 // 130
三、扩大服务业对外资开放的同时，加快对民营资本开放步伐 // 130
四、扩大服务业开放的同时，增大服务业“走出去”支持力度 // 131
五、把开拓国际市场作为促进服务产业发展的重要着力点 // 131

第六章 中国主要服务贸易行业发展特点 // 132

第一节 国际旅游服务贸易 // 132
一、全球旅游服务贸易格局及中国的地位 // 132
二、中国国际旅游服务贸易现状 // 134
三、推动中国国际旅游服务贸易发展的建议 // 137
第二节 国际文化服务贸易 // 140
一、全球个人文化娱乐服务贸易格局及中国的地位 // 140
二、中国文化服务贸易的现状、特点与趋势 // 147
三、进一步提升中国文化服务贸易国际竞争力的建议 // 151
第三节 国际中医药服务贸易 // 154
一、全球中医药服务贸易格局及中国的地位 // 154
二、中国中医药服务贸易现状与特点 // 157
三、推动中医药服务贸易发展的建议 // 160

第四节 国际计算机、信息技术和服务外包 // 166
一、世界计算机和信息技术服务贸易格局及中国的地位 // 166
二、中国服务外包服务贸易现状 // 168
三、推动中国服务外包服务贸易发展的建议 // 171

第七章 “引进来”对服务贸易发展的支撑与促进作用 // 175

第一节 服务业开放促进服务出口的作用机理 // 175
一、推动国内服务业市场化改革，促进竞争，激发服务业市场活力，是增强服务业出口能力的根本 // 175
二、有助于引入服务业新产品、新业态、新技术以及新的出口渠道，培育新兴服务出口产业，提升服务业整体国际竞争力 // 176
三、服务业开放将为相互对等开放、扩大国际服务市场准入、打开国际服务市场创造条件 // 177
四、应当注意到，服务业开放在促进服务出口的同时，也可能带来一些对建立可持续的扩大服务业出口体系的不利影响 // 178
第二节 中国服务业开放历程及对服务贸易的促进作用 // 179
一、起步阶段（20 世纪 80 年代）：适应涉外经济发展需要，酒店等少数领域自主开放 // 179
二、逐步展开阶段（20 世纪 90 年代）：服务业开放由个别行业零星开放逐步展开，步入法制化、多领域、有步骤的开放阶段 // 180
三、全面加速开放阶段（加入 WTO 后到十八届三中全会）：履行入世承诺、签署自由贸易协定推动服务业全方位、宽领域、高层次对外开放 // 182
第三节 服务业利用外资对服务贸易的促进作用 // 184
一、世界各国服务业利用外资与服务贸易互动的实践 // 185
二、中国服务业利用外资现状与主要特点 // 190
三、中国服务业利用外资对服务贸易的促进作用 // 195
第四节 扩大服务业开放促进服务贸易发展的建议 // 199

第八章　加快服务业对外直接投资　// 200

第一节　全球服务业国际投资发展现状　// 200
一、世界服务业国际直接投资概况及主要特点　// 200
二、主要国家服务业对外直接投资现状与特点　// 202
第二节　中国服务业对外投资现状与问题　// 209
一、中国服务业对外直接投资主要特点　// 209
二、跨国公司与中国服务业跨国公司培育　// 212
第三节　加快中国服务业对外直接投资的思路与建议　// 218
一、加强服务业对外直接投资的战略规划引导　// 218
二、完善服务业对外直接投资的法律法规建设　// 218
三、完善支持和促进服务业海外投资的政策体系　// 219
四、优化海外投资产业结构　// 219
五、增强服务业跨国企业竞争力　// 220

第九章　中国服务贸易发展的战略思路　// 222

第一节　全面提升服务贸易在开放型经济中的战略地位　// 222
一、服务经济条件下开放型经济特点　// 222
二、开放型经济发展战略和重点向服务经济转向　// 223
第二节　加强服务贸易发展宏观战略筹划　// 225
一、战略定位　// 225
二、战略目标　// 226
三、发展导向　// 227
四、战略路径　// 229
五、战略布局　// 230
第三节　把服务贸易政策渗透到开放型经济全领域　// 232
一、建立和完善服务经济时代的对外贸易政策　// 233
二、建立和完善服务经济时代的国际投资政策　// 234
三、建立和完善服务经济时代的国际经贸规则　// 236

第十章　提升中国服务业出口能力建设体系　// 237

第一节　主体培育　// 237

一、扩大服务出口必须要培育壮大一批国际化程度较高的企业主体　// 237

二、加快建立服务贸易企业生态系统　// 238

第二节　产业支撑　// 241

一、打造中国国际化服务产业集群　// 242

二、努力提升服务产业出口外向度　// 243

三、加快培育服务产业发展新优势　// 244

第三节　载体建设　// 246

一、规划建设一批特色服务出口基地　// 246

二、将现有的制造产业园区转型升级为服务产业国际化示范区　// 247

三、拓展海关特殊监管区的服务出口功能　// 247

四、边境服务业和服务贸易国际合作区　// 248

第四节　促进平台　// 249

一、服务贸易会展平台　// 249

二、服务贸易网络平台　// 250

三、服务贸易促进机构　// 250

第五节　市场开拓　// 251

一、巩固传统市场　// 251

二、开拓“一带一路”市场　// 252

三、培育潜力市场　// 253

第六节　贸易模式　// 253

一、全面发展四种提供模式的服务贸易　// 253

二、推动服务贸易交付模式创新　// 254

三、推动国际服务外包转型升级　// 255

四、创新边境服务发展　// 255

第七节　招商引资政策　// 256

第十一章　完善中国服务出口促进政策体系的路径与举措　// 257

第一节　出口战略　// 257

一、服务出口总体要优先于服务进口　// 257

二、服务出口应享有不低于货物出口的政策待遇　// 258

第二节　体制机制　// 258

第三节　财政扶持　// 259

一、设立财政专项资金支持扩大服务出口十分必要　// 259

二、财政支持服务出口的目标与原则导向　// 260

三、财政政策支持服务出口的重点领域　// 261

四、财政政策支持服务出口的方式和途径　// 261

第四节　出口税收政策　// 262

一、世界各国都对服务出口给予税收优惠　// 262

二、中国服务零税率和免税政策现状　// 262

三、进一步完善服务出口税收政策的建议　// 264

第五节　出口融资　// 264

第六节　出口保险　// 266

第七节　外汇政策　// 267

第十二章　健全中国服务出口政策保障体系　// 268

第一节　深化开放与完善立法　// 268

一、全方位深化服务业开放　// 268

二、完善服务业开放和服务贸易立法工作　// 270

第二节　加快服务标准与认证体系建设　// 271

第三节　提升服务贸易便利化水平　// 272

一、建立和完善与服务贸易行业特点相适应的口岸通关模式　// 272

二、提升以港口为核心的港航物流运输便利化水平　// 272

三、推进服务贸易交易全环节便利化　// 273

四、推进服务业投资和人员流动便利化　// 273

第四节　完善服务贸易统计制度　// 274
一、中国服务贸易统计现状　// 274
二、中国服务贸易统计存在的主要问题　// 275
三、进一步完善中国服务贸易统计的建议　// 277
第五节　加强服务贸易综合监管　// 279
一、数据统计收集　// 279
二、市场运行监测　// 280
三、信用评估　// 280
四、政策支持保障　// 280
五、事中事后监管　// 280
六、公共信息服务　// 281
第六节　人才、研究与舆论保障　// 281
一、加强服务贸易人才培养与培训　// 281
二、深化服务贸易人才引进与交流合作　// 282
三、加强服务贸易战略研究和智库建设　// 282
四、加大服务经济和服务贸易新亮点的宣传　// 282

参考文献　// 284

后记　// 288

第一章
国际服务贸易概念、分类与理论

第一节 国际服务贸易概述

一、国际服务贸易的概念

第二次世界大战后，国际服务贸易的迅速发展引起世界各国普遍关注，“服务贸易”一词曾出现在经济合作与发展组织（OECD）的相关决议中，也曾出现在1972年和1974年美国贸易法中，20世纪70年代后期便成为世界主要国家共同使用的贸易词汇。由于服务贸易内在的复杂性，对国际服务贸易的定义有不同的阐释。格鲁伯（1987）指出，“服务贸易是人或物的国际流动”。① 巴格瓦蒂（1994）认为，“生产要素在国际间的暂时流动为服务贸易，而生产要素的永久流动则不属于服务贸易”。② 也有学者认为，“服务贸易就是一国的个人或团体，向另一国的个人或团体购买服务的过程”；③“服务贸易就是一国的劳动者向另一国的消费者提供服务并获外汇的过程”。④

一些国家以服务业产品区别于物质产业产品（货物）的产品特征

---

① H. G Grubel, All traded services are embodied in materials or people, *The World Economy*, 10, 319 – 30.

② David Greenway et. (eds), Surveys in International Trade, Basil Blackwell Ltd.

③ 于维香等：《国际服务贸易与中国服务业》，中国对外经济贸易出版社1995年版，第4页。

④ 隆国强等：《中国服务贸易》，中信出版社1995年版，第1页。

为界定标准，形成国际服务贸易的狭义定义：服务的出口是指一国（地区）的劳动力向另一国（地区）消费者（法人或自然人）提供服务并相应获得外汇收入的过程；服务的进口即一国（地区）消费者购买他国（地区）劳动力提供服务的过程。各国的服务进出口活动便构成国际服务贸易。按照此定义，国际服务贸易涉及国籍、国界、居民、非居民等问题，即人员的流动与否、服务的过境与否及异国国民之间的服务交换等问题。但由于服务贸易发生的方式复杂，如电信服务，只需服务“过境”，而无需“国民流动”；一般性的在境外设立分支机构的跨国公司，如果雇用当地人向当地居民或部门（企业）提供服务，则这样的服务既未发生“国民流动”，也未发生服务的“过境”。很明显，该定义并未将大多数服务贸易涵盖其中，只是一个狭义的定义。

联合国贸易与发展会议（UNCTAD）用实际过境来定义国际服务贸易。从过境现象来看，国际服务贸易有四种交付方式：(1) 商品贸易中服务的过境，如许多国家通过修理、加工、装配货物参与国际货物贸易；(2) 货币（资本）的过境，如银行和金融服务；(3) 人员的过境，如咨询人员、工程师、医生等到国外提供服务；(4) 信息的过境，如通过电信系统或以文件、报告的形式提供信息服务。

世界贸易组织（WTO）《服务贸易总协定》（GATS）对国际服务贸易定义如下：国际服务贸易是指服务提供者从一成员境内，通过设立商业存在或自然人流动向服务消费者提供服务或获得外汇收入的过程，并将国际服务贸易划分为以下四种交易模式：(1) 从一成员的境内向任何其他成员境内提供服务，即跨境交付；(2) 从一成员的境内向任何其他成员的服务消费者提供服务，即境外消费；(3) 一成员的服务提供者在任何其他成员境内以商业存在提供服务，即商业存在；(4) 一成员的服务提供者以自然人的存在在任何其他成员境内提供服务，即自然人流动。

表1—1　GATS中服务贸易的四种交易模式

	定义	举例
跨境交付	从一成员的领土上进入任何其他成员的领土提供服务，它类似于传统意义上的货物贸易，即交付产品时，消费者和供应商依然留在各自领土上	服务的交付可以通过以下方式进行：通过电话、传真、因特网或其他计算机媒体的联接，电视或通过邮件或信使方式发送文件、软盘、磁带等等。此外，支持货物贸易的运输服务本身就是越界提供服务的实例。函授课程和远距离诊断则是另外的实例
境外消费	从一成员的领土向任何其他成员的服务消费者提供服务，也就是一个消费者迁出其本国领土并在另一国家消费服务。与第一种形式一样，这也是一种简单的服务贸易形式，涉及的问题较少，因为它不要求服务的进口国允许服务提供者进入其境内	旅游活动，例如参观博物馆和看戏即是典型的境外消费实例。非居民人员的医疗以及在境外学习语言课程则是境外消费的另外两个实例。诸如境外船只维修这样的活动也包括在内，因为只有消费者的资产迁往或位于境外，才可获得这样的服务
商业存在	一成员的服务提供者通过在任何其他成员领土中的商业存在方式提供服务。根据《服务贸易总协定》的规则，“供应某种服务”包括生产、经销、营销、销售和交付。在境外某一市场的商业存在不仅包括严格法律意义上的法人，而且也包括具有相同特征的法律实体，例如代表处和分支机构。这种服务贸易往往与对外直接投资联系在一起。这是最重要的一种服务贸易形式，特别是从其未来的发展来说。但它涉及的问题较多，不仅涉及到服务者的跨越国界，还涉及到另一国家的国内政策问题	外资医院提供的医疗服务，外资学校提供的课程以及外国银行的一个国内分行或附属机构提供的服务都是通过商业存在供应服务的实例

续表

	定义	举例
自然人流动	一成员的服务供应商通过在任何其他成员领土中一个成员的自然人存在方式提供服务。这种形式一般与第三种形式相联系而存在，有时也会单独存在，即入境的自然人可以是外国服务提供者的雇员，也可以是以个人身份提供服务的服务提供者	如外国医生或教师的短期就业；公司内部的工作人员调动，更普遍的是国外分支机构中的外籍员工的短期就业。其他实例有建筑工人或有偿家政服务人员的短期就业

资料来源：世界贸易组织秘书处。

二、国际服务贸易的特点

国际服务贸易自身的复杂性以及与货物贸易的差异，使其表现出以下几方面的特征：

（一）国际服务贸易中服务具有无形性，但并非是绝对的

服务作为一种活动，其本身是无形的，英国《经济学家》杂志给服务下的定义是这样的："可以买卖，但不能偶然获得的一切。"美国卡卡巴德斯指出："服务就是那些你可以买卖却不会掉在你脚下的东西。"① 从这里我们可以看出服务的无形性，因此国际服务贸易也就具有无形性。

对于相当一部分服务，我们仍然很难亲眼看见其服务出口或进口的具体内容和过程，比如一个人跨国界探亲访友、发表演讲、修理机器，到外面见见世面、出席官方会议、提供咨询服务等。但如果不做广泛调查，边境人员无法知道什么是服务出口或进口。同理，贮存大量各种各样信息的电子信号，负责监管服务进口、出口的政府官员如果不能破译这些信号或读懂其内容，那么也无法知道是否是服务出口或进口。但就

① 卡卡巴德斯：《国际服务贸易：90年代自由化展望》（英文版），亚特兰大国际事务研究所1987年版，第5—6页。

货物贸易而言，在特定的时间和确定的地点，人们是可以看见货物、资本或信息的跨国界移动的。

但服务也可能以实物形式加以表现，因此国际服务贸易的无形性并不是绝对的，因为有很多服务是有形的，因而用这种有形的服务进行的国际服务贸易也是有形的。比如顾问报告或磁盘中的软件；有些服务可以看见，比如理发或戏剧、演唱会等。所以，在认识服务的无形性时，一定要区分服务本身和服务加以表现的形式。比如，厨师的烹调行为是服务，但是厨师使用的原料并不是服务，而是服务所借助的物质，烹调出来的菜也不是服务，而是服务的成果，服务正是通过这种成果表现出来的。

（二）国际服务贸易中部分服务生产和消费的同时性

由于国际服务贸易中大部分服务是无形的，因此一般来说，与货物贸易相比，服务贸易中部分服务贸易交换的标的物——服务是不能储存的，它要求服务的生产和消费同时进行，服务消费要在生产过程中完成，还要求服务提供者和使用者存在某种形式的接触。如果没有消费者接受服务，原则上服务并不发生。在国际服务贸易中，如果服务贸易要跨国界进行，则必须有一定程度的“商业存在”。因此，国际服务贸易自由化自然涉及服务出口者或生产者在进口国国内的“开业权”问题，还涉及劳动力移动、移民政策、投资限制等问题。因而，服务的使用价值不能脱离服务出口者（生产者）和服务进口消费者而固定于某一耐久的商品中。比如开演唱会，在演唱会结束后，服务提供完毕，而作为服务消费者的听众消费也完毕。这种不能以实物形式体现的服务，在社会生产力不发达、科学技术水平落后的社会具有代表性。随着科学技术的发展，有些服务，或者说有些服务活动或劳动也可能体现在某一商品中，或者说可以和生产者、服务出口者分离。比如，演唱会可以通过录音机、录像机等将其录制成录音带或录像带进行保存，以便将来进行再次消费。由歌唱家、医生、律师等提供的服务，也可以完全与他们的生产活动相分离，将其贮存起来，直到服务消费者需要时再向消费者提供。

（三）国际服务贸易中服务的不可运输性，或服务提供方与消费方的不可分离性，并非绝对

与货物贸易不同，国际服务贸易中服务具有不可运输性，或服务提供方与消费方不可分离。正是因为这样，国际服务贸易进行时，要求服务的生产与消费在同时同地完成，还要求服务提供者和消费者相接触，即服务提供者和消费者在同一个场所相遇，这也是服务的可贸易性较低的原因。比如，教育服务中的教师和学生、医疗服务中的医生和病人，只有相遇在一起，服务才有可能成立。但服务的不可运输性或不可分离性也不是绝对的，科学技术的发展，以及互联网技术和远程通讯系统的普遍利用，为教师和学生的远程教学、医生和病人的远程医疗诊断等同时异地服务提供了可能。现在，普遍出现的网上函授教学、网上医疗诊断就是很明显的体现，包括中国具有较明显优势的离岸服务外包业务亦是如此，这大大增强了服务的可贸易性。

（四）国际服务贸易的复杂性

1. 国际服务贸易交易标的物的多样性、无形性

国际服务贸易与货物贸易比较，其交易标的物并不是单纯的货物，而是呈现出多样化的特点。例如技术贸易作为服务贸易的内容之一，其交易标的物是专利、商标、著作权以及专有技术。除此之外，很多服务贸易的交易标的物更加难以货物贸易形式的标的物体现。如运输服务、旅游服务、金融服务、保险服务，这类服务贸易的交易标的物自然不能认为是提供运输服务的承运人或飞机、轮船或火车、汽车；也不能认为交易标的物是旅游景点等。所以，国际服务贸易交易标的物具有多样化和无形性的特点。

2. 国际服务贸易涉及法律的复杂性

国际服务贸易与货物贸易相比涉及的法律要复杂得多。货物贸易主要适用国内外的合同法、买卖法以及国际货物销售公约等，相对来说较简单。但国际服务贸易涉及的国内外法律及国际法要广泛得多、复杂得多。例如，技术贸易合同所涉及的法律，除了适用国内外的货物买卖法、合同法外，还要受各国及国际上有关知识产权保护的有关法律所管

辖，以及工业产权法、专利法、商标法、反托拉斯法、公平贸易法、高技术出口管制法等法律规范的约束。国际服务贸易是通过国内法、国际法规定进行管理的，管理的对象主要是服务提供者，这主要涉及市场准入和管理外国投资等主权问题。

3. 国际服务贸易标的物的使用权和所有权的复杂性

与货物贸易相比，国际服务贸易标的物的使用权与所有权在交易过程中比较复杂。在货物贸易中，交易过程一旦结束，货物的使用权和所有权同时转让，即卖方失去对货物的所有权和使用权，卖方无权支配和使用该货物。但一般而言，国际服务贸易中服务提供者与消费者原则上是一种标的物的所有权和使用权相分离的贸易。例如，技术贸易是技术许可方（服务出口者）在一定条件下将技术贸易标的物的使用权转让给技术接受方（服务进口者）使用，而没有将其所有权转让给服务进口者。知识产权的交换都存在这一特点。然而，由于服务贸易标的物又存在无形性的特征，很多国际服务贸易标的物很难用所有权与使用权的分离加以判定。例如，在国际旅游中，作为服务消费者的旅客所消费的服务是涉及旅游的各种服务内容，在消费过程中实现和满足他的服务需求，但却难用一种物化的媒介物说明该服务进口者获得了某种使用权或所有权。

国际服务贸易中还广泛存在着服务进口者与服务出口者之间复杂的所有权和使用权关系。例如，在国际咨询服务中，某工程设计公司为业主设计某建筑物，设计图纸可被视为是交易标的物。工程设计完成后，设计者作为服务提供者以图纸形式将该图纸使用权转移给服务进口者，作为服务进口者也事实上拥有了该图纸的所有权，但服务提供者依自己的智慧事实上拥有该图纸内涵的所有权。在诸如医生服务、律师服务、歌唱家服务中通常存在复杂的所有权与使用权关系。

4. 国际服务贸易标的物的作价原则较复杂

国际货物贸易中，货物的作价原则通常是货物生产成本加上一定的利润构成，而国际服务贸易标的物的作价通常是受服务交换过程的实现可能对服务进口者的潜在经济利益而决定的，受服务提供者的有关成本影响要小一些。例如，技术贸易接受方通常采用一种利润分成的原则作为技术贸易标的的作价原则，即技术接受方在使用该技术后的经济效益高、利润大，其技术使用费（价格）就高，反之则较小。国际服务贸易中也存在着不受经济利益影响的作价。例如，国际旅游和娱乐服务给服务消费者并不能带来直接经济利益。

5. 国际服务贸易双方当事人关系复杂

国际服务贸易双方当事人关系比较复杂。例如技术贸易中，双方当事人签订技术合同的履约期限通常比较长，有的国家规定为5—7年，有的技术转让协议期限高达10年，在合同有效期内，双方当事人在技术许可和使用技术方面，构成长期的技术合作和技术限制、反限制的关系；在货物贸易中，合同履约期一般较短，双方当事人不存在限制与反限制的关系。但有的国际服务贸易形式表明双方当事人的关系也存在比较简单的情况。例如，在咨询服务中，双方当事人的关系与货物贸易一样简单。

第二节　国际服务贸易分类

由于国际服务贸易的多样性和复杂性，目前尚未形成统一的分类标准，许多经济学家和国际经济组织为了分析方便和研究需要，从各自角度进行分类。

一、以“移动”与否划分

桑普森（G. Sampson）和斯纳普（R. Snape）根据服务是否在提供者与消费者之间移动将国际服务贸易分为四类，斯特恩（R. Stern）和赫克曼（B. Hoekman）也采用了这种分类标准。

表1—2　以“移动”与否对服务贸易进行分类

<table>
<tr><td colspan="2" rowspan="2"></td><td colspan="2">提供者</td></tr>
<tr><td>不移动</td><td>移动</td></tr>
<tr><td rowspan="2">消费者</td><td>不移动</td><td>1. 跨境贸易（分离式服务）</td><td>2. 要素收益贸易（消费者定位服务）</td></tr>
<tr><td>移动</td><td>3. 当地贸易（生产者定位服务）</td><td>4. 第三国贸易（流动的服务）</td></tr>
</table>

对于表 1—2 的分类，可以理解如下：

第一，跨境贸易的特点是服务提供者和服务消费者在国与国之间不需要移动，不引起人员或资本的移动，而是只借助国内信息手段实现的服务。比如电子金融服务、电子保险服务与国际运输服务等。

第二，要素收益贸易是一种只有服务提供者移动而消费者不移动的服务贸易，或者称之为消费者定位服务。提供者为了在消费国提供服务，必须将服务生产过程中所需要的生产要素（劳动力、资本等）从服务生产者所在国移动到消费者所在国，从而带动生产要素国际流动。需要注意的是，这种生产要素的国际流动一般是短暂的，而非永久移居。

第三，当地贸易是指服务的生产者在本国国内为外籍居民和法人提供的服务，由于服务生产者不移动，所以又称为生产者定位服务。旅游观光与出国留学是最具有代表性的当地贸易。

第四，第三国贸易是生产和消费者共同移动到第三国而提供的服务。例如，美国的执业医生在新加坡为中国患者提供心脏移植手术，设在意大利的一家美国旅游公司为在意大利的德国游客提供服务，这些都属于第三国贸易。第三国服务贸易要求服务生产者和消费者存在不同程度的资本和劳动力等生产要素的移动。

二、联合国核心产品分类

联合国核心产品分类（CPC）是国际经济活动和产品（即货物与服务）相互关联的分类系统的一个组成部分。它是作为经济活动产出包括可运输的和不可运输的货物和服务在内的所有产品的标准。在货物说明方面，联合国核心产品分类与世界海关组织商品统一分类和编码系统（HS）协调一致。对于服务，联合国核心产品分类是第一部针对各种行业的所有产出门类做出的国际分类目录，它可以满足统计用户和其他用户的不同分析需求。2004 年的修订版本中关于服务贸易内容主要包括：（1）经销行业服务，住宿、食品和饮料服务，运输服务，公用事业分配服务，具体包括批发业服务，零售业服务，住宿、食品和饮料服务，陆路运输服务，水运服务，空运服务，支助性和辅助运输服务，邮政和信使服务，电分配服务，通过主要管道的燃气和水分配服务；（2）金融及有关服务，主要包括金融中介、保险和辅助服务，不动产服务，不配技师的租赁或出租服务；（3）商业和生产服务，主要包括研究与开发服务，法律和会计服务，其他专业、技术和商业服务，电信服务，信息检索和提供服务，支助服务，农业、狩猎、林业、渔业、矿业及公用事业附带服务，保养、修理和安装（建造除外）服务，对他人拥有的有形投入进行的制造服务，其他制造服务；（4）社区、社会和个人服务，主要包括对整个社会的公共管理和其他服务，强制性社会保障服务，教育服务，卫生和社会服务，污水和垃圾处理、卫生及其他环境保护服务，成员组织服务，娱乐、文化和体育服务，其他服务，家庭服务，国外组织和机构提供的服务。

三、国际货币基金组织（IMF）关于国际服务贸易的分类

1993 年 9 月，国际货币基金组织（IMF）着手对沿用 16 年之久的《国际收支手册》第 4 版进行了修改，并在此基础上形成《国际收支手册》第 5 版（BPM5），其逐渐成为世界各国编制国际收支统计的模本。目前适用的是第 6 版，名称已经修改为《国际收支和国际投资头寸手册》，将服务贸易所有内容在“经常项目”下加以统计，其中“非要素服务贸易”位于“经常项目—货物与服务—服务”项下，涵盖旅游、运输、通信、建筑、保险、金融、计算机与信息、文化娱乐和其他商业服务等；“要素服务贸易”主要指与国际间资本流动和金融资产流动有关的服务贸易流量，其内容包括无形资产的特许权使用费（位于“经常项目—货物与服务—服务”项下）、投资收益（位于“经常项目—收益—投资收益”项下）以及劳动收益中的移民汇款（位于“经常项目—收益—职工报酬”项下）。

四、GATS 对服务贸易的分类

关税与贸易总协定（GATT）乌拉圭回合谈判达成的 GATS 将服务贸易按部门分为 12 类。

第一类是商业服务。商业服务是指在商业活动中涉及的服务交换活动，服务贸易谈判小组列出的 6 类这种服务，其中既包括个人消费的服务，也包括企业和政府消费的服务。主要有：（1）专业服务。其范围

包括：法律服务，会计、审计和簿记服务，税收服务，建筑设计服务，工程服务，集中工程服务，城市规划和园林建筑服务，医疗和牙医服务，兽医服务，助产士、护士、理疗医师和护理员提供的服务。(2) 计算机及相关服务。其内容包括：计算机及相关服务，软件执行服务，数据处理服务，数据库服务及其他。(3) 研究和开发服务。其内容包括：自然科学的研究和开发服务，社会科学和人文科学的研究和开发服务，跨学科的研究和开发服务。(4) 房地产服务。其内容包括：自有或租赁的房地产服务，基于收费或合同的房地产服务。(5) 无操作人员的租赁服务。其内容包括：船舶租赁、航空器租赁服务，其他运输设备租赁，其他机械和设备租赁以及其他。(6) 其他商业服务。主要包括：广告服务，市场调研和民意测验服务，管理咨询服务，与管理咨询相关的服务，技术测试和分析服务，与农业、狩猎和林业有关的服务，与渔业有关的服务，与采矿业有关的服务，与制造业有关的服务，与能源分配有关的服务，人员提供与就业服务，调查与保安服务，相关科学和技术咨询服务，设备维修和保养服务，建筑物清洁服务，摄影服务，包装服务，印刷和出版服务，会议服务以及其他服务等。

第二类是通信服务。通信服务主要指所有有关信息产品、操作、储存设备和软件功能等服务。通信服务由公共通信部门、信息服务部门、关系密切的企业集团和私人企业间进行信息转接和服务提供。主要包括：邮政服务、速递服务、电信服务、视听服务及其他通信服务，其中电信服务包括语音电话服务，分组交换数据传输服务，电路交换数据传输服务，电传服务，电报服务，传真服务，专用线路租赁服务，电子邮件服务，语音邮件服务，在线信息和数据调用服务，电子数据交换服务，增值传真服务，代码和规程转换服务，在线信息和/或数据处理，其他电信服务等；视听服务包括电影和录像的制作和分销服务，电影放映服务，广播和电视服务，广播和电视传输服务，录音服务及其他视听服务等。

第三类是建筑和相关工程服务。其内容主要包括：建筑物的总体建筑服务，民用工程的总体建筑服务，安装和组装工程，建筑物的装修工程以及其他建筑服务。

第四类是分销服务。分销服务指产品销售过程中的服务交换，主要包括佣金代理服务，批发服务，零售服务，特许经营服务和其他分销服务。

第五类是教育服务。其内容包括初等教育服务，中等教育服务，高等教育服务，成人教育服务以及其他教育服务。

第六类是环境服务。其内容包括排污服务，废物处理服务，卫生和类似服务以及其他环境服务。

第七类是金融服务。金融服务主要指银行和保险业及相关的金融服务活动。包括：（1）所有保险和与保险相关服务，包括寿险、意外险和健康保险服务，非寿险服务，再保险及其再报服务，保险辅助服务等；（2）银行和其他金融服务，主要有：接受公众存款和其他应付基金承兑，所有类型的贷款（包括消费者信贷、抵押、信贷、商业网交易的保理和融资），金融租赁，所有支付和汇划服务，担保和承兑，在交易市场、公开市场或其他场所自行或代客交易［主要有货币市场票据、外汇、衍生产品（包括但不限于期货期权）、汇率和利率工具（包括掉期和远期利率合约）、可转让证券、其他可转让的票据和金融资产（包括金银条块）］，参与各类证券的发行，货币经纪，资产管理，金融资产的清算和结算（包括证券、衍生产品和其他可转让工具），咨询和其他辅助金融服务，提供和传输其他金融服务提供的金融信息、金融数据处理和相关的软件；（3）其他金融服务。

第八类是与健康相关的服务和社会服务。其内容主要包括：医院服务，其他人类健康服务，社会服务等。

第九类是旅游和旅游相关的服务。其内容主要包括：饭店和餐馆，旅行社和旅游经营者，导游服务及其他旅游服务。

第十类是娱乐、文化和体育服务。其内容主要包括：文娱服务，新闻社服务，图书馆、档案馆、博物馆和其他文化服务，体育和其他娱乐服务及其他等。

第十一类是运输服务。主要包括：（1）海运服务，主要有客运服务、货运服务、船舶和船员的租赁、船舶维修和保养、拖驳服务、海运支持服务等；（2）内水运输服务，主要有客运服务、货运服务、船舶和船员的租赁、船舶维修和保养、拖驳服务、内水运输的支持服务等；（3）航空运输服务，主要有客运服务，航空器的维修和保养服务，空运支持服务；（4）航天运输服务；（5）铁路运输服务，主要有客运服务、货运服务、推车和拖车服务、铁路运输设备的维修和保养服务、铁路运输的支持服务等；（6）公路运输服务，主要有客运服务，货运服务，商用车辆和司机的租赁、公路运输设备的维修和保养服务，公路运输的支持服务等；（7）管道运输，主要有燃料运输、其他货物的运输；（8）所有运输方式的辅助服务，主要包括现货服务、仓储服务、货运代理服务；（9）其他运输服务。

第十二类是其他服务，指别处未包括的其他服务。

第三节　国际服务贸易理论

相对于国际贸易理论200多年的研究所形成的较为完整和系统的理论体系而言，国际服务贸易理论的研究只不过是近40年来的事。自1972年OECD正式提出服务贸易概念后，西方理论界才开始关注服务贸易领域的研究。虽然国际服务贸易的迅速发展迫切需要系统的国际服务贸易理论，但由于主流国际贸易理论体系中并没有专门论述服务贸易的内容，国际服务贸易理论研究长期处于空白状态，到目前为止尚未建立起相对完整的国际服务贸易理论体系。

一、国际服务贸易理论的研究方向与方法

国际服务贸易理论研究方向和研究方法均存在两种选择。在研究方向上，一种是根据国际服务贸易的实践和特点，借鉴相关学科领域的研究成果，发展出相对独立的国际服务贸易理论；另一种是通过改变和修正传统货物贸易理论中的假设条件，将其加以延伸并扩展到服务贸易领域，用相应的逻辑和概念来阐述国际服务贸易，从而实现货物贸易理论与服务贸易理论的对接。实际上，前者所获得的成果较少，其中最主要的原因是，虽然国际服务贸易相对于货物贸易具有不同的特征，但它毕竟是国际贸易的一种形式，人们试图建立相对独立的国际服务贸易纯理论时，却始终无法与传统货物贸易理论完全决裂，结果便自然而然地回到第二种选择中。在研究方法上，一种是规范分析，即运用传统的国际

贸易理论来探讨国际服务贸易发生的原因、方向和利益得失，主要表现在对传统贸易模型的运用上；另一种是实证分析，主要是通过对现实国际服务贸易资料进行研究来验证传统国际贸易理论的正确性，并确定传统国际贸易理论在国际服务贸易领域的适用性。

二、比较优势理论在服务贸易中的适用性

国际服务贸易理论研究中，最主要的是探讨比较优势理论在服务贸易中的适用性。对于这个问题，西方理论界存在三种不同的观点：

以菲克特库蒂（G. Feketekuty）为代表的经济学家指出，由于服务贸易相对于货物贸易，存在着交易标的、交易方式和统计方法等方面的差别，传统国际贸易理论的比较优势理论并不适用于对服务贸易的解释。其实，最早用比较优势理论对服务贸易进行实证研究的是 R. 迪克和 H. 迪克，他们借助美国经济学家贝拉·巴拉萨（Bela Balassa）提出的具有较高经济学分析价值的国际竞争力测度指标—显示性比较优势指数（RCA）来分析知识密集型服务贸易，他们以要素禀赋为基础，对各种显示性比较优势指数进行回归分析，发现 18 个经济合作与发展组织成员国中，没有证据表明比较优势决定服务贸易模式。桑普森（G. Sampson）和斯纳普（R. Snape）认为，传统国际贸易理论的假设前提为生产要素不能进行跨国流动，而服务贸易通常需要服务提供者和服务消费者直接接触的这一特性，使得传统比较优势理论要适用于服务贸易，必须放弃“国家间生产要素不能流动”这一基本假设。

与上一种观点相反，美国著名经济学家理查德·库伯认为，“作为一个简单的思想，比较优势理论是普遍有效的”；芬德利（B. Hindle）和斯密斯（A. Smith）也认为，比较优势强有力的逻辑完全可以超越货物贸易与服务贸易的显著区别，从而可以适用于服务贸易。斯特恩（R. Stern）和赫克曼（B. Hoekman）也认为，传统比较优势理论的完全竞争、技术均等化和经济扭曲等假设在服务业中遇到困难，但在充分考虑了这些因素后，也没有理由认为需要改变比较优势法则的具体标准；虽然技术移动将产生各种差异，但服务流动和要素移动都将依然符合比较优势法则的要求。萨皮尔（A. Sapir）、卢兹（E. Lutz）的实证分析也表明，传统贸易理论不仅适用于货物贸易，也适用于服务贸易，要素禀

赋在货物贸易和服务贸易模式的决定上都具有重要作用；物资资本丰裕的国家在保险和其他私人服务贸易上拥有比较优势；拉尔（S. Lall）通过对发展中国家的实证研究，也得出了类似的结论。同时，萨皮尔还指出，服务贸易的比较优势不是静态的，而是动态的，对发展中国家开展服务贸易的动因提供了较为合理的解释。1985 年，萨皮尔对服务贸易中的南北问题进行了专门考察，分析了发达国家和发展中国家的服务贸易结构和比较优势格局，1986 年，他又通过对工程服务贸易的实证研究，再次肯定了比较优势的动态性和发展中国家作为潜在服务贸易出口者的作用。

与这两种观点相比，更受理论界认可的是第三种观点，这种观点承认传统比较优势理论在解释国际服务贸易时存在一定的缺陷，但是也不能摒弃比较优势理论的合理内核，从而将传统比较优势理论加以修正和拓展，进而可以较好地解释国际服务贸易。也正是利用这种思想，不少经济学家的尝试取得了一定的成功，从而推动了国际服务贸易理论的发展。

三、运用比较优势理论对国际服务贸易进行解释

运用比较优势理论对国际服务贸易进行解释主要包括以下几个方面的内容：第一，国际服务贸易是如何遵循比较优势原则的；第二，国际服务贸易产生的基础—价格差异的形成原因；第三，国际服务贸易的福利效果。在分析方法上，由于服务本身的特性，有的将其作为交易对象（包括服务要素和服务产品）来研究，有的将其作为中间投入产品来进行研究，也有的将技术要素引入 H－O－S 模型来进行解释。

用传统比较优势理论对国际服务贸易进行解释较早的实践来自迪尔道夫（A. Deardorff），他借助标准的 H－O 模型，通过改变其中的个别约束条件，成功地解释了服务贸易是如何遵循比较优势原则的。在该模型中，他将服务贸易分为三种情况：服务贸易与货物贸易具有互补性、要素移动的服务贸易和含有进口要素的服务贸易，在前两种情形下，比较优势理论很好地解释了国际服务贸易，对于第三种情形，用比较优势理论进行解释遇到了一定的麻烦。梅尔文（J. R. Melvin）认为，迪尔道夫没能将服务贸易与使用一种进口服务作为中间投入的国内生产进行区

分，服务贸易模型不仅是纯货物流动或纯要素流动，而应该将两者结合起来考虑。在假定要素服务与货物之间进行交换、在资本密集型货物可贸易且资本成为流动要素的情况下，资本富裕的国家出口资本密集型服务以换取资本密集型货物的这种贸易形式有助于世界资源的合理配置，因此这种贸易不需要遵循比较优势原则。

伯格斯（D. Burgess）和萨瑞格（S. Sagri）将技术要素引入传统H－O－S模型，解释了比较优势的来源。伯格斯将H－O－S模型进行了简单修正，假设在独立生产两种产品和一种服务的完全竞争经济中，生产规模收益不变，且只使用资本和劳动两种要素。在该模型中，服务部门的产出作为中间投入参加到最终产品的生产，服务部门使用的全部要素同样可以适用于产品生产部门。这样，货物贸易壁垒的减少将降低市场对服务贸易的需求，即使服务部门的产出不可贸易，服务技术的国际扩散也将对收入分配和贸易条件产生影响。具体来说，如果服务技术优势是服务贸易比较优势的唯一来源，或是加强了服务贸易优势的其他决定因素，则服务技术的出口将会削弱出口国的竞争优势；而如果其同时是资本丰富的国家，且丰裕的资本可以提高资本密集型产品的比较优势，服务部门密集使用劳动，且服务被密集使用于劳动密集型产品的生产，则服务技术优势将增强劳动密集型产品的比较优势，在由要素相对存量决定服务贸易比较优势的情况下，服务技术将使出口国的贸易条件改善，而服务贸易自由化可能会损害服务进口国的利益。萨格瑞将技术引进H－O－S模型分析了金融服务贸易的比较优势来源，并根据其对1977年44个国家的数据检验。其结果表明，技术差异和熟练劳动是各国金融服务贸易比较优势来源的重要基础。

国际服务贸易的基础主要来源于服务价格的差异。克莱维斯（I. Kravis）运用含有一种非贸易品为服务的模型，假设不同国家贸易品价格相同，而生产这些贸易品的行业工资由于生产率的差异而不同，低收入国家和高收入国家服务生产率相同，由于低收入国家可贸易品的生产率较低，在由贸易品工资率决定非贸易品工资率的情况下，低收入国家的服务价格则较低。联合国有关部门对34个国家的调查证实了这一结论。但是，由于克莱维斯假设低收入国家和高收入国家的服务生产率相同并不符合现实，其解释并不能令人满意。考虑到这一点，巴格瓦蒂

(J. N. Bhagwati) 在此基础上，摒弃了低收入国家和高收入国家在生产率上的差异，假设它们具有相同的生产函数，当服务是资本密集型的时，高收入国家资本密集型服务价格较低，这就可以解释为什么发达国家在金融、工程咨询、信息处理等资本密集型服务上价格较低，而发展中国家在工程承包等劳动密集型服务上的价格具有比较优势。另外，法尔维（R. E. Falvey）和格默尔（N. Gemmell）以美国为基准国，对 1980 年 52 个国家的数据进行了回归分析，其结果与巴格瓦蒂的解释相吻合。

在国际服务贸易的效应方面，琼斯（R. W. Jones）和卢安（F. Ruane）建立了特定要素模型，将服务贸易分为要素贸易和产品贸易两类。他们认为，在单一竞争模型中，无论是开放服务要素还是服务产品，都会增加经济福利水平，其结果与国际相对要素禀赋以及其是否具有技术优势和劣势无关。但是，在同时选择两种贸易形式时优于选择任何一种。贸易方式的选择取决于国内外最初的要素禀赋和技术。在部门服务贸易的效应方面，瑞安（C. Ryan）运用李嘉图模型分析了运输服务贸易所产生的影响，其结论是，运输服务的自由贸易可以大大增加贸易双方的福利，各国应取消对运输服务贸易的限制，减少导致运输服务成本上升的各种税收。1995 年，伯格斯运用数理模型的方法分析了服务贸易自由化与一国国民福利之间的关系。在该模型中，他将服务贸易自由化定义为服务要素流动的自由化，主要指服务贸易中的商业存在和自然人流动。在假定经济由货物和服务两部门构成，均为完全竞争和规模收益不变，且只使用劳动和各部门特定要素的情况下，如果服务要素的流入对产品部门的特定要素具有互补作用，则国民经济受益；反之，如果服务要素流入与产品部门特定要素之间具有替代性，则经济会受损。1995 年，弗兰克斯利用交叠世代模型推导了金融服务贸易的动态效应，其结论为金融服务贸易的引入可以增加总产出和总收入。1999 年，弗兰克斯探讨了金融服务贸易自由化的动态效应，其结果是金融服务贸易或金融服务部门对外开放，有助于促进竞争，提高金融服务部门的绩效，并最终提高经济增长绩效，而他们的实证分析也证实了这一点。

1996 年，Charles van Marrewijk，Joachim Stibora 和 Albert de Vaal 认为，由于服务市场规制的不同或由于知识密集型服务的供应需要一定的发展水平，不同国家最终产品部门的生产者在利用知识密集型生产者服务的范围上一般不同。为此，他们通过建立一般均衡模型来考察生产者服务对服务贸易格局和福利的影响。在该模型中，他们假设本国具有有效运行的知识密集型生产者服务市场，因此本国可以通过分配服务提供者特殊的任务来获得利益，而外国最初缺乏这种能力。通过分析，他们认为，如果仅开放货物贸易且本国服务市场并不足够大，外国将获利而本国损失。开放货物和服务贸易情况则相反，本国将获利，而外国需要足够大的进口服务才能获利。开放货物贸易和允许服务外商直接投资的情况较为复杂，主要依赖外商直接投资的方式：技术自由转移、国外设立分公司、劳动力流动。在技术自由转移的情形下，作为对外国服务生产创造利润的回报，服务技术供应从本国转移到国外，在贸易均衡中，外国仅仅是本国自给自足的复制品，本国的福利同自给自足一样，而外国只有在其服务市场足够大时才能获利。在国外设立分公司的情形下，技术转移以本国企业在外国设立分公司的形式发生，如果服务是可贸易的，则本国和外国的福利影响是一样的，在国外设立分公司完全是贸易替代，同样本国获利，外国只有在服务市场足够大的情况下才能获利。在劳动力流动的情况下，福利分配发生了变化，由于本国劳动力参与外国服务生产，则两个国家同时获利或同时损失。一般情况下，出口制成品的国家能够从自由贸易中获利，对于本国来说，这是充分条件，而对于外国来说，必须要有足够大的服务市场。

四、规模经济与不完全竞争下的服务贸易理论

随着国际贸易格局的变化，尤其是跨国公司以及产业内贸易的迅速发展，传统的 H-O-S 理论将面临严峻的挑战。国际贸易理论领域出现了新的分析框架，即放弃传统国际贸易理论中规模经济不变和完全竞争的假设条件。国际服务贸易中，鉴于服务业在国民经济中的重要地位，各国对服务业均存在较多的限制，致使服务业的规模经济和不完全竞争更为明显。因此，国际服务贸易发展的另外一个方向就是规模经济，需要用不完全竞争的贸易模型来解释。目前，对于这方面的研究主要集中于福利问题分析，这表明仅有货物贸易并不能使福利最大化，而帕累托状态常常需要服务贸易，有时还需要市场干预和补贴。在这个问题上，取得研究进展的主要有琼斯、基尔兹克斯基（H. Kierzkowski）、

马库森（J. R. Markusen）、弗兰克斯（J. Francois）等。

1986 年，马库森以生产者服务为例，分析了规模经济对于服务贸易的影响。他认为服务部门产出虽处于竞争均衡，但由于没有将规模效应考虑在内，并不是帕累托最优。在服务贸易中，由于规模经济的作用，首先进入服务产业的厂商成本较低，可以阻止后来者进入，其福利水平下降，尤其是小国福利损失惨重。因此，对于小国来说，政府应该给予生产者以生产补贴和无代价的公共投入，以使其福利最大化。1987 年，基尔兹克斯基运用寡头垄断模型，解释国内取消管制的影响。在该模型中，基尔兹克斯基将规模经济和厂商生产函数的范围经济结合起来，并运用古诺方法把国际市场和国内市场分离，从而指出取消国内管制可以促使厂商为获取规模经济效益而进行国际竞争，因此他认为一国要提高国内企业的竞争力，需要创造自由的国内市场。

1988 年，琼斯和基尔兹克斯基提出了生产区段理论。他们认为，假设在世界市场上交易的都是最终产品而非中间产品和服务，国内生产的商品则基本完整反映其比较优势。而随着技术进步，服务生产成本下降，服务价格低廉，服务生产的分散化和迂回性得以体现。在规模经济的条件下，本国将会生产其具有优势的产品，但由于生产过程的分散，本国并非在所有生产区段都具有比较优势，这样，如果国外提供的服务较国内价格更低，则不排除在国内外分散生产，从而能够降低成本，提高效率和增加福利。国际服务贸易可以促进生产的国际化和促进货物贸易发展，这也解释了为什么国际服务贸易中生产者服务贸易的比重持续上升。

1988 年，马库森运用垄断竞争理论，再次对包含高度熟练劳动的生产商服务进行了研究。在该项研究中，他将生产者服务放到其中的货物（或服务）的替代性不变生产函数中加以验证分析，其最后的结论是：即使单纯发挥要素禀赋的作用也能从贸易中获利；由于受到一些专业化的限制，仅有货物贸易并不能实现生产的帕累托最优，而服务贸易的引入则可以使这种专业化达到最大并保证最优结果。即使存在垄断力量，关税也不一定能提高一国的福利水平，而且会削弱全球的专业化潜力，使福利水平降低。

1990 年，弗兰克斯则强调了服务在协调和连接各专业化中间生产过程中的外部集聚作用，他通过建立具有张伯伦垄断竞争特征的产品差异模型，讨论了生产者服务与由于专业化而实现的规模报酬之间的关系，以及生产者服务对于货物生产的影响。其结论为：专业化应用于生产过程的程度依赖于个体公司的生产规模；生产者服务的成本对专业化过程也非常重要。无论是服务进口还是服务出口国家，均会从生产者服务自由化中获利。

另外，关于国际服务贸易理论的研究还涉及到波特的“竞争优势理论”以及“博弈论”，这些都是借鉴其他学科的成果，但是并没有取得实质性进展。总之，有关国际服务贸易理论的研究仍没有完全摆脱传统国际贸易理论的束缚，并且从一开始就带有较强的政治色彩。因此，在未来的研究方向上，应该突破这些缺陷，需要更多地从当前国际服务贸易格局实际出发，在现实中寻找合理的理论解释，并最终回到现实指导实践。

第二章
国际服务贸易形势与规则协调

第一节　全球服务贸易发展基本特征与新趋势

随着世界服务经济的加速发展，全球贸易和投资的重心加快向服务业转移。世界各国都把服务业和服务贸易作为拉动经济增长、增长就业、促进经济结构优化的重要手段。深入分析全球服务贸易发展态势，对于中国加快发展服务贸易和服务业具有重要意义。

一、全球服务贸易发展阶段

在服务贸易具有正式的数量统计之前，世界各国还未意识到服务贸易应作为一个独立实体而存在，其基本上是货物贸易的附属。从 1980 年 WTO 开始公布服务贸易统计数据，服务贸易开始独立于货物贸易，增速也开始超过货物贸易。全球服务贸易的发展阶段大致可以分为三个阶段：

1980—1994 年，服务贸易快速增长阶段。这一阶段，全球服务贸易出口规模由 3000 多亿美元增长至 1 万亿美元以上，服务贸易年平均增长率 7.63%，超过了货物贸易的 5.78%。1986 年国际服务贸易成为乌拉圭回合谈判新议题，各国决定推动服务贸易多边谈判，服务贸易增速大幅上扬，在之后十年年平均增速超过 10%。

1995—2008 年，服务贸易稳定增长阶段。1994 年，《服务贸易总协定》正式签署，服务贸易的发展进入一个新的历史时期。1994 年服务贸易增速 9.74%，1995 年上升至 13.13%，但在之后出现了一些反复，与货物贸易的增长速度交替领先。2003 年，多哈回合《巴黎一揽子协定》的签署，大大促进了世贸组织成员的国际贸易，服务贸易与货物贸易增长速度同时迎来大幅度上扬。在1995—2008年的14年间，全球服务贸易平均增速9.71%，略低于货物贸易的10.15%，全球服务贸易出口增长了2.8倍，接近4万亿美元。

2009年至今，全球服务贸易发展进入后金融危机时代，规模继续扩张。受金融危机影响，2009年全球货物和服务贸易均大幅下降，服务贸易出口增速跌至-9.32%，与之相对应的是2008年服务贸易增长12.44%。2009年后，全球贸易开始恢复性增长，从出口规模来看，全球服务贸易出口已增长至约5万亿美元。

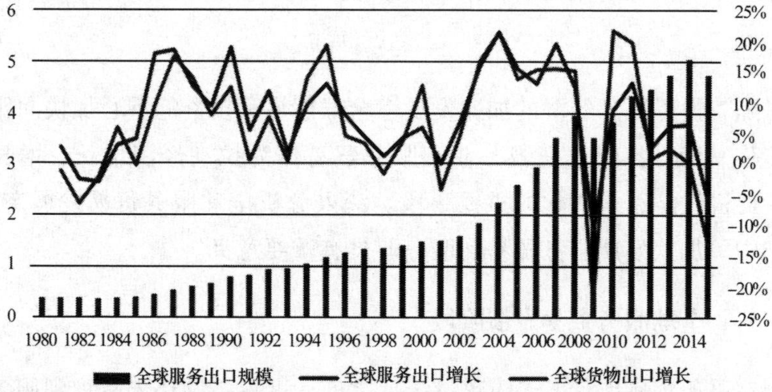

图2—1 1981—2015年全球服务贸易发展情况

资料来源：根据WTO数据计算而得。

二、金融危机以来全球服务贸易发展特点

2008年国际金融危机给全球经济贸易发展带来严重影响，2009年全球经济和贸易出现大幅收缩。全球各主要经济体积极行动起来，加强了宏观经济政策的协调，纷纷表明反对贸易保护主义的立场，全球经济和贸易缓慢复苏。然而，自2010年以来，全球经济复苏缓慢，增长动力不足，全球贸易经过恢复性增长后，速度明显放缓，并出现较大波动。相对货物贸易，全球服务贸易复苏更加稳定，发展呈现新特点。

（一）服务贸易复苏进程更加稳定，相对地位稳中有升

自2008年国际金融危机之后，全球服务贸易和货物贸易都处在重创之后的复苏期，增长速度都出现了不同程度的波动，但服务贸易发展速度的波动小于货物贸易。2009年金融危机，货物贸易遭受更大的影响，跌幅达到22.31%，之后货物贸易以20%左右的速度反弹。2012年以来，服务贸易增速开始快于货物贸易。2015年全球贸易发展再次出现下滑，货物贸易同比下降了10%以上，而服务贸易下降了约6%。因而，2012—2015年间服务贸易占全球贸易总额的比例稳步提升。2015年，无论是全球服务贸易出口占全球出口总额比例，还是全球服务贸易进口占全球进口总额比例均高于2009年时的相应指标，这也表明服务贸易在全球贸易中的地位趋于上升。2015年，全球服务贸易出口占比上升至22.37%，全球服务贸易进口占比达到21.57%。

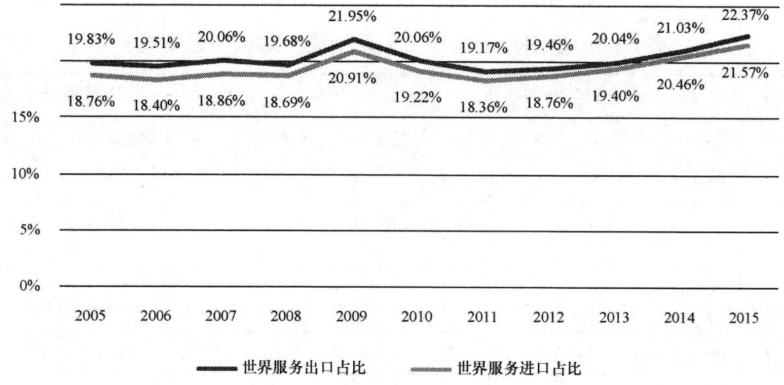

图2—2　服务贸易进出口占总贸易额的比例

资料来源：根据WTO数据计算而得。

（二）新兴服务贸易增长快于传统服务贸易增长

目前，服务贸易主要分为货物相关的服务、运输、旅游、其他商业服务（包括建筑服务、保险服务、金融服务、通讯服务、计算机信息服

务、知识产权使用费、文化娱乐产业服务等等)。根据 WTO 对 2009—2015 年的服务贸易统计，细分行业服务贸易发展差异明显。总体来看，新兴服务贸易出口要快于传统服务贸易出口，但从细分行业来看，传统服务贸易和新兴服务贸易内部发展仍然差别明显。从贸易规模来看，不同类别的服务贸易出口规模均有所扩大，但从占比来看，其他商业服务出口占比逐渐提升到52.48%，而运输和旅游两大主要传统服务占比则下降至44.31%，货物相关的服务占比也趋于下降。

在传统服务贸易的两大主要领域中，运输服务出口占比自 2010 年以来持续下降，由 2009 年占比 20.21% 下降至 2015 年的 18.43%。通过与货物贸易对比可以发现，运输服务出口和货物贸易的发展密切相关，并保持同向变化趋势。随着服务贸易在全球贸易的相对地位上升，运输服务出口占比预计仍会趋于下降。而旅游服务出口则由 2009 年占比 24.82% 提高至 2015 年的 25.88%。从贸易规模来看，旅游服务出口已由 2009 年的 8000 多亿美元扩张至 1.23 万亿美元。

表 2—1　服务贸易出口及主要构成（单位：亿美元）

年份	总额	货物相关的服务		运输		旅游		其他商业服务	
2009	35336.4	1177.6	3.33%	7143.1	20.21%	8769.9	24.82%	18245.8	51.63%
2010	38420.1	1387.6	3.61%	8265.2	21.51%	9590.1	24.96%	19177.1	49.91%
2011	43495.1	1544.4	3.55%	9027.9	20.76%	10739.8	24.69%	22183	51.00%
2012	44679.6	1540.8	3.45%	9168.6	20.52%	11136.4	24.93%	22833.8	51.11%
2013	47472.7	1639.3	3.45%	9426.6	19.86%	11961.8	25.20%	24445	51.49%
2014	50638.2	1676.7	3.31%	9736.7	19.23%	12940.2	25.55%	26284.7	51.91%
2015	47540.1	1523.6	3.20%	8761.2	18.43%	12304.2	25.88%	24951.2	52.48%

资料来源：根据 WTO 数据计算而得。

在新兴服务贸易领域，随着互联网和通讯技术的不断发展，服务贸易模式不断创新，以通讯服务、计算机和信息服务为代表的新兴服务贸易正在经历快速增长的时期。同时，服务全球化的快速兴起也促发了新一轮跨国投资，金融、商业咨询等服务贸易加速发展。通讯、计算机和信息服务在 2005—2015 年间平均增长率为 8.65%，在 2009—2015 年间平均增长率为6.82%，均超过其他细分行业服务出口增长。自金融危机以来，文化娱乐服务、咨询等服务年均增长也超过了总服务贸易出口发展速度。若从2005—2015年近10年的发展趋势来看，通讯、计算机和信息服务、金融、保险、咨询等服务贸易出口年均增长均超过了总服务出口发展速度。同时，咨询等服务也增长较快。新兴的服务贸易产业正在成为未来服务贸易发展的重要增长点。

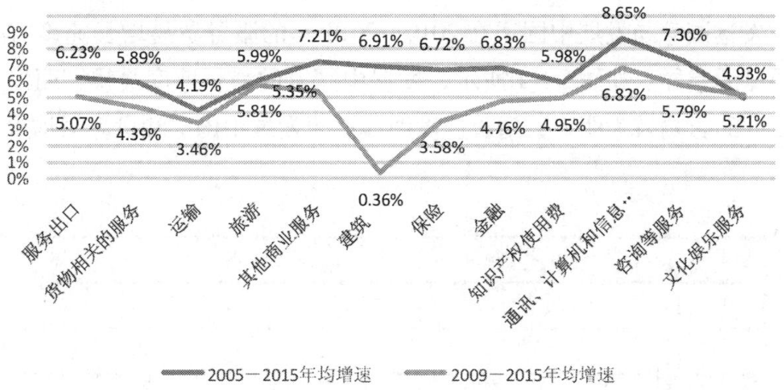

图2—3　传统和新兴服务贸易行业出口年均增长比较

资料来源：根据WTO数据计算而得。

(三) 不同地区和国家服务贸易增速差距较大

如图2—3所示，从增长速度来看，不同时期各个大洲的服务贸易增长速度变化不尽相同。2009年的金融危机对不同区域服务贸易发展都有较大冲击。2009—2015年，只有亚洲的年均增长速度快于国际金融危机前一段时期的增长。国际金融危机发生后，亚洲成为服务贸易发展最快的地区，而欧洲则成为发展最慢的地区。自1980年以来，非洲和南美洲的服务贸易增长速度只在1996—2008年间保持较快增长，欧洲和北美洲经历了早期的较快增长后发展趋缓，而亚洲的服务贸易始终保持较快发展。

表 2—2 世界服务贸易按大洲平均增速趋势示意表（单位:%）

年份	非洲	亚洲	欧洲	北美洲	南美洲
1980—1995	3.23	11.24	10.73	10.38	5.91
1996—2008	11.04	9.36	9.62	7.91	8.80
2009—2015	3.45	9.42	2.98	4.95	5.94

资料来源：根据 WTO 数据计算而得。

发达国家与发展中国家在 2010—2013 年的服务贸易增长速度有着较为明显的差异。如图 2—4 所示，发展中国家的增长速度最快，而发达国家受到的影响较为明显，增长速度明显低于发展中国家和世界平均水平。

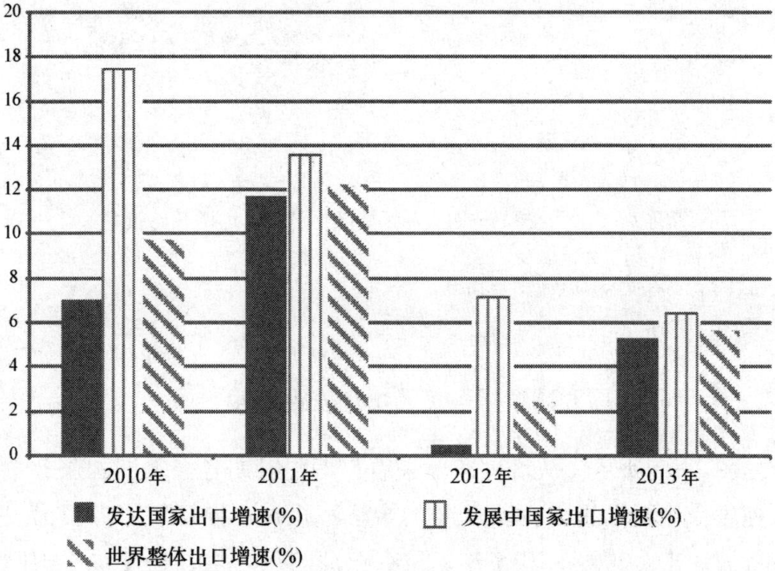

图 2—4 2010—2013 年发达国家与发展中国家服务出口增速示意图

资料来源：根据 WTO 数据计算而得。

从国别角度，根据 WTO 公布的 2004—2013 年的服务贸易数据统计，根据下表所统计的十年的平均增速可以看出，近十年来服务贸易进出口增速最快的十个国家无一例外是发展中国家，符合发展中国家整体进出口增速高于发达国家的特点。

表 2—3 2004—2013 年进出口平均增速最高的十个国家

国家	出口增速（%）	国家	进口增速（%）
几内亚比绍	101.87	特立尼达和多巴哥	203.17
利比里亚	89.26	东帝汶	65.64
特立尼达和多巴哥	82.33	老挝	46.85
苏丹	63.70	阿富汗	44.97
布隆迪	42.30	卡塔尔	30.79
伊拉克	39.27	塞拉利昂	28.98
利比亚	38.90	莫桑比克	26.25
塔吉克斯坦	34.64	刚果	25.68
几内亚	31.51	吉尔吉斯斯坦	25.67
海地	31.00	安哥拉	24.95

资料来源：根据 WTO 数据计算而得。

2013 年，泰国、中国澳门和俄罗斯服务出口增长率达到了 19%、16%和 13%，位于最近一年世界出口增速的前三位；俄罗斯、中国和卢森堡服务进口增长率为 19%、17%和 14%，分列 2013 年世界进口增速的前三位。

美国是世界上最大的服务贸易国，根据表 2—4 中对 WTO 2009—2013 年五年的服务贸易进出口数据统计显示，美国平均出口份额占世界的 14.20%，进口占 10.28%，都排名第一。此外，世界主要的服务贸易国家（五年进出口平均份额位居世界前十位）还包括英国、德国、法国、日本、荷兰等等。

表 2—4 2009—2013 年平均服务贸易进出口份额前十位国家（地区）

序号	国家	出口份额（%）	国家	进口份额（%）
1	美国	14.20	美国	10.28
2	英国	6.76	德国	7.47
3	德国	6.30	中国	6.22

续表

序号	国家	出口份额（%）	国家	进口份额（%）
4	法国	5. 20	法国	4. 60
5	中国	4. 18	英国	4. 43
6	日本	3. 37	日本	4. 19
7	西班牙	3. 26	荷兰	3. 02
8	印度	3. 12	印度	2. 96
9	荷兰	3. 11	爱尔兰	2. 89
10	中国香港	2. 75	新加坡	2. 85

资料来源：根据 WTO 数据计算而得。

(四) 发展中国家服务贸易占比逐年上升

根据 WTO 在 2009—2013 年的服务贸易数据显示，发展中国家占世界服务贸易进出口比例逐年上升（参见图 2—5），发达国家在进出口上的优势正在逐年减小（参见图 2—6）。

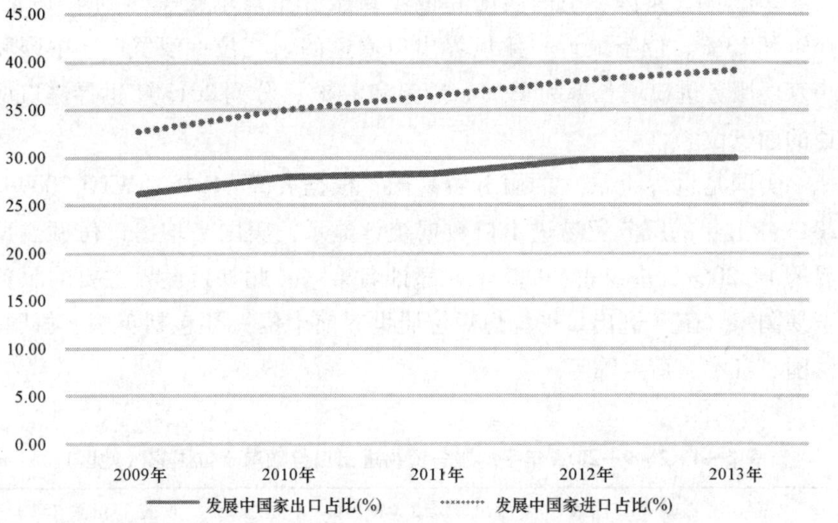

图 2—5 发展中国家 2009—2013 年服务贸易进出口占比示意图

资料来源：根据 WTO 数据计算而得。

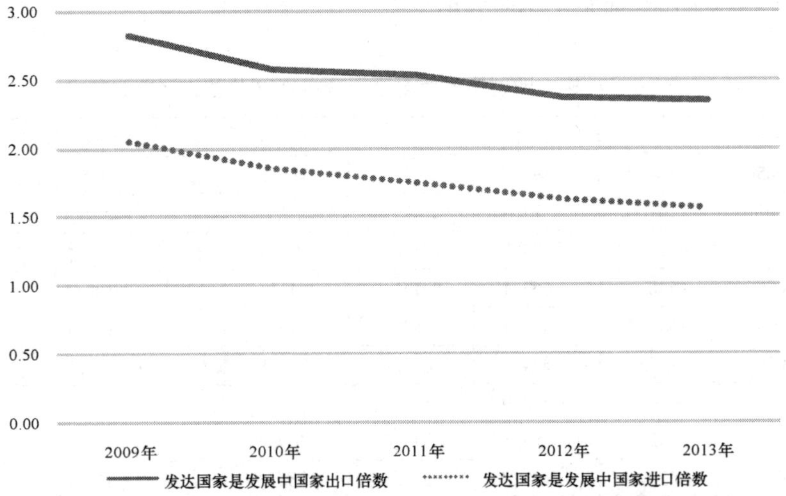

图 2—6　发达国家与发展中国家 2009—2013 年进出口倍数比示意图

资料来源：根据 WTO 数据计算而得。

总体来看，发达国家之所以在服务贸易当中相对于发展中国家存在优势，更大的优势在于服务的输出能力方面，发达国家 2009—2013 年五年平均占世界服务贸易总出口 71.60%，是发展中国家的 2.53 倍，进口的差距相对较小，五年平均占比 63.77%，平均是发展中国家的 1.77 倍。近年来，发展中国家积极发展第三产业，各个国家也对于其服务贸易的发展给予了越来越重视的态度与更多的发展政策，整体的差距在逐年缩小。

（五）全球服务贸易进出口不平衡加剧

从各大洲服务贸易平衡来看，欧洲和北美洲服务贸易始终处于顺差，且呈逐渐扩大趋势。欧洲的服务贸易顺差由 2009 年的 2582.8 亿美元扩大至 2015 年的 3232 亿美元，北美洲则由 2009 年的 1142 亿美元扩大至 2015 年的近 2000 亿美元。亚洲、非洲始终处于服务贸易逆差，中南美洲自 2007 年以来服务贸易开始出现逆差。自 2009 年以来，三大洲服务贸易逆差呈现明显的扩大趋势。其中，中南美洲服务贸易逆差增加了 2 倍，达到 300 多亿美元，亚洲的服务贸易逆差增加了 1 倍多，约

1300亿美元，非洲服务贸易逆差则扩大至600亿美元以上。

表2—5　全球按洲别服务贸易平衡分析表（单位：亿美元）

年份	非洲	亚洲	欧洲	北美洲	中南美洲
2005	-134.2	-893.7	1699.9	682.4	34.8
2006	-201.6	-777.4	2147.7	698.2	25.6
2007	-311.5	-594.7	2732.8	1047.4	-30.9
2008	-540.3	-662.1	2915.4	1117	-100.2
2009	-452.7	-584.5	2582.8	1142	-132.4
2010	-503	-634.5	2657.8	1373.8	-268.6
2011	-666	-652.9	3307.4	1688.2	-383.4
2012	-632.4	-959.5	3348.4	1769.6	-408.7
2013	-679.6	-1034.5	3635.5	1960.2	-479.1
2014	-743.6	-1232	3833.7	2064.3	-467.5
2015	-602.6	-1287.1	3232	1953.8	-304.2

资料来源：根据WTO数据计算而得。

从竞争力来看，非洲和中南美洲的服务贸易竞争力（STC指数）趋于恶化。2005—2015年间，非洲的服务贸易竞争力指数由-0.104下降到-0.238，这一指数也低于2009年的数值；中南美洲的服务贸易竞争力指数则由0.024转变为-0.098，这一指数同样低于2009年的数值。

表2—6　全球按洲别服务贸易竞争力分析表

年份	非洲	亚洲	欧洲	北美洲	中南美洲
2005	-0.104	-0.079	0.065	0.086	0.024
2006	-0.133	-0.060	0.073	0.078	0.016
2007	-0.167	-0.039	0.078	0.104	-0.015
2008	-0.236	-0.037	0.074	0.101	-0.042
2009	-0.219	-0.037	0.075	0.110	-0.060
2010	-0.218	-0.033	0.076	0.121	-0.104
2011	-0.266	-0.029	0.084	0.136	-0.126
2012	-0.242	-0.041	0.085	0.136	-0.127

续表

年份	非洲	亚洲	欧洲	北美洲	中南美洲
2013	-0. 263	-0. 042	0. 086	0. 145	-0. 143
2014	-0. 273	-0. 044	0. 085	0. 149	-0. 137
2015	-0. 238	-0. 048	0. 079	0. 141	-0. 098

资料来源：根据 WTO 数据计算而得。

根据 WTO 对 2004—2013 年的服务贸易数据统计，世界所有发展中国家的平均服务贸易逆差呈逐年上升趋势，已经从 2004 年的 2. 33 亿美元上升到 2013 年的 19. 43 亿美元；与发达国家逐渐上升的顺差额呈鲜明对比，2004 年所有发达国家平均服务贸易顺差 45. 11 亿美元，2013 年平均顺差上升到 170. 39 亿美元。发展中国家的服务贸易输出能力有待进一步提升（参见图 2—7）。

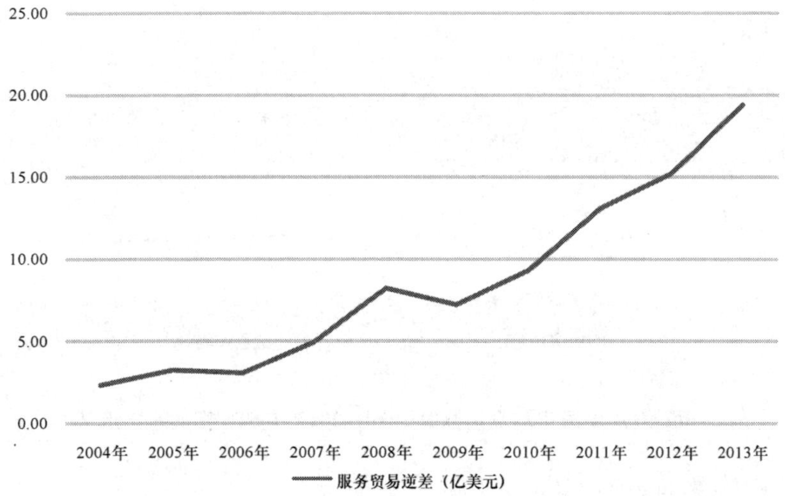

图 2—7　发展中国家 2004—2013 年服务贸易逆差示意图

资料来源：根据 WTO 数据计算而得。

各国在服务贸易上的竞争力可以用服务贸易竞争力指数来表示。服务业竞争力指数即 STC（Service Trade Competitiveness）指数，是对国际服务贸易竞争力分析时比较常用的测度指标之一，表示一国服务贸易进出口贸易的差额占进出口贸易总额的比重，即 STC 指数 =（服务贸易出口额 - 服务贸易进口额）/（服务贸易出口额 + 服务贸易进口额）。该指标在 -1 至 1 之间，其值越接近于 0 表示竞争力越接近于平均水平。-1 表示只出口不进口，越接近于 -1 表示竞争力越薄弱；指数为 1 时表示该产业只出口不进口，越接近表示竞争力越大。根据 WTO 发布的 2010—2013 年四年的服务贸易进出口数据显示，发展中国家的平均 STC 指数与发达国家有着较大的差距，如图 2—8 所示，发展中国家仍需提高自身的服务业输出能力。

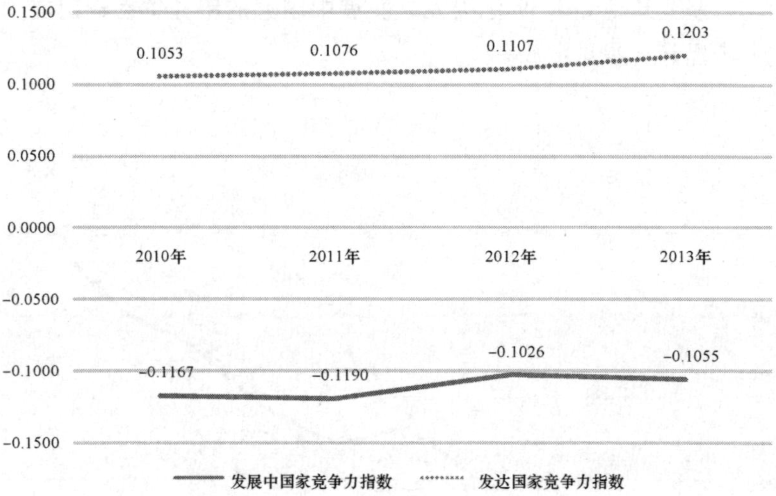

图 2—8　发展中国家与发达国家 2010—2013 年 STC 指数对比示意图

资料来源：根据 WTO 数据计算而得。

（六）全球 FDI 重点转向服务业，“商业存在”模式将占主导地位

第二次世界大战尤其是 20 世纪 80 年代以后，科学技术革命推动了生产力的发展，促进了社会分工的扩大和深化，加强了各经济部门之间和各经济部门内部的相互联系和依赖，这种情况要求有一种非生产的要

素加入到生产过程中，以便协调各个生产经营活动环节之间的关系，合理配置生产要素。服务行业就是所需要的这种要素，它适应时代的要求迅速崛起，成为生产经营活动中不可缺少的重要组成部分。随着服务产品重要性的不断提升，全球 FDI 的重点开始转向服务业，且“商业存在”模式将占主导地位。

1. 全球 FDI 重点转向服务业

服务业跨国投资的迅速增长，已成为 20 世纪 80 年代以来国际直接投资格局变动的一个显著特征。按关税与贸易总协定的 1991—1992 年度国际贸易报告，在国际服务贸易分类中，投资收益项目增长最快，年平均增长率达 17.5%，反映了各国对外投资大幅度增长。20 世纪 80 年代中期，在年均 500 亿美元的对外直接投资流量中，服务业投资超过一半。1989—1991 年，全球服务业 FDI 流量占全球 FDI 流量的比重为 51.7%。据联合国跨国公司中心统计，在 20 世纪 80 年代中期，在约 7000 亿美元的世界直接投资存量中，有大约 40% 是在服务业，而在 20 世纪 70 年代初，这个比例仅约为 25%。1990 年流入服务业的 FDI 存量所占比重为 49%，到 2006 年服务部门的 FDI 所占比重已经高达 62%。进入 20 世纪 90 年代后，全球跨国并购由传统制造业向服务业集中的趋势不断加强，服务业投资比重急剧增加，以每年 15% 的幅度增长，远远高于其他行业。从跨国并购规模看，1991 年全球服务业跨国并购出售额为 432 亿美元，随后逐年增加，到 2000 年高达 8423 亿美元，2001 年到 2003 年有所下降，由 2001 年的 3685 亿美元下降到 2003 年的 1620 亿美元，但在 2004 年和 2005 年又开始回升，分别为 2404 亿美元和 3792 亿美元。从全球服务业跨国并购出售额占全球跨国并购的比重看，1987—2003 年，全球服务业跨国并购出售额占全球跨国并购的比重年均高达 58%，2004 年和 2005 年的比重分别为 63% 和 56%。

2. “商业存在”模式的服务贸易规模将继续扩大

服务产品的生产、交换和消费的特点以及国际服务贸易市场的不完全竞争特征决定着以直接投资为前提的“商业存在”模式的服务贸易规模将继续扩大。

在跨国公司新一轮产业调整中，资本向服务业转移的趋势越来越明显，同时全球跨国并购业务由传统制造业向服务业集中的趋势不断增强。FDI 加速向服务业转移以及服务业的跨国并购，使得通过商业存在实现的服务贸易规模日益扩大。根据世界贸易组织估计，目前通过商业存在实现的服务贸易大约是跨境提供的 1.5 倍。同时，越来越多的服务离岸外包也带动了服务业跨国投资的发展，服务业转移由制造业追随型加速向服务业自主扩张型转变，众多跨国公司开始在全球范围内建立服务供应网络。

第二节　国际服务贸易规则多边协调及演进趋势

在多边层面，国际服务贸易政策协调主要体现在以 WTO 为代表的多边贸易谈判中关于服务贸易的谈判和 TISA 谈判上。

一、WTO 关于服务贸易的谈判

2000 年 2 月 25 日，WTO 服务贸易理事会召开特别会议，开启了新回合服务贸易领域的谈判。由于服务贸易种类具有复杂多样性，且规则制定缺少相应的智力支持，服务贸易规则的谈判一直不顺畅。依据各个成员的承诺表采取“要价—出价”方式进行谈判，该程序也为发展中国家参与服务贸易谈判的程度做出了贡献。《服务贸易谈判准则和程序》充分考虑了发展中国家服务贸易的发展现实，并逐步确认自由化、提高发展中国家的参与度、提高发展中国家的谈判灵活性，同时在谈判过程中坚决不改变服务贸易总协定的目的和原则。它们都使发展中国家积极参与服务贸易规则谈判并维护自身利益，提高了部分发展中国家的谈判积极性。2011 年 3 月，为使谈判能够进一步推进，在规则谈判进行的过程中，同时进行市场准入谈判。

依据 GATS 第 19 条第 1 款的规定，各个成员应自《建立 WTO 协定》生效日期 5 年内开始定期举行数回合谈判，逐步实现高水平的自由化，谈判的方式主要是减少贸易壁垒提供有效的市场准入的方式。市场准入谈判一直以来是服务贸易谈判领域中重点关注的问题，自 2000 年 2 月 25 日起，服务贸易理事会特别会议即正式启动服务贸易新一轮谈判，其中谈判中最重要的市场准入谈判在服务贸易理事会特别会议上进行。

服务贸易市场准入自由化的谈判一直以来都采取“要价—出价”的方式进行。该方式是在乌拉圭回合谈判之后所采用的最主要也是唯一的方式。要价邀约由WTO成员之一基于自身利益向其他成员提出进一步开放市场准入门槛金额、降低贸易壁垒的请求，该要价邀约并不具有明确指向性，对任何WTO成员均开放。而其他成员在收到要价邀约后根据自身的实际情况做出出价，每个成员只能有一份出价，并且该出价适用于最惠国待遇原则，在谈判结束前，每个成员都有进行修改和撤回的权利。出价不同于要价，并不需要递交给WTO秘书处，所有的出价都会以WTO文件的形式向各成员分发，直至谈判结束，最终出价将受到有关法律的约束。

多哈部长级会议宣言于2002年6月发布了首次出价，并将2003年3月31日作为首次出价的最终提价日，并且所有谈判均不得晚于2005年1月1日。而在2003年9月的坎昆会议失败后，将2005年5月作为修正出价的提交日期，在2005年12月召开的香港部长级会议上，又将2006年6月31日作为第二次修正出价提交日期。由于谈判在其他领域一直裹足不前，多哈回合谈判一直从6月中旬延期至2007年1月。至此，服务贸易谈判对市场准入出价提交并不在设定时间表。在2011年4月底，71份出价提交至WTO成员，同期，31份修正出价也提交至WTO成员。在20年间，市场准入谈判收效甚微，很多成员表达了对市场准入谈判进展状态的担忧，于是寄希望于在可能的谈判内容中结合自主自由化、提高服务贸易提供模式三（包括对于外资参股的限制以及商业存在的形式）的准入标准以及完善服务贸易提供模式四。在相当长的一段时间里，服务贸易市场准入谈判存在不平衡，主要是因为在其他成员要价的过程中并没有考虑到发展中国家的利益诉求，缺乏灵活性，同时给予的出价也并未完全基于自身本门的出口利益；而对于有些要价，有的成员已经完全不合理地超越了香港部长级会议上达成的声明。因此，如果要推动市场准入谈判，必须在“要价—出价”的过程中赋予发展中国家更多的灵活性。服务贸易总协定也表示充分考虑发展中成员的利益，并适当增加灵活性，开放较少的部门，放开较少类型的交易，以符合其发展状况的方式逐步扩大市场准入。从目前成员提交的出价水平来看，大部分的出价水平并不高，并且只是对出价水平现状的描述。

此外，在服务贸易提供模式方面的谈判也初步达成一致，尽管各个成员在对服务贸易提供模式的商业存在和自然人流动上意见不一致，但是对跨境交付基本上达成一致，有的成员则同意暂时不对跨境交付征收关税。

综上，服务贸易谈判这20多年来，谈判的焦点主要集中在市场准入、国内规则、GATS规则、谈判议题、服务贸易提供模式等关键议题上，尽管多边服务谈判进展缓慢，成果不多，甚至有的时候出现停滞，但总体说来，WTO成员对推进服务贸易市场开放以及减少服务贸易壁垒的努力仍值得肯定。

二、TISA框架下服务市场准入谈判现状与未来趋势

多边框架下服务贸易自由化谈判几乎陷于停滞，因此以美国、欧盟、日本等为首的所谓“服务贸易挚友”（Real good friends of services，简称RGF）尝试通过诸边协商方式来推动服务贸易自由化进程和主导高标准的全球服务贸易投资规则制定。这24个经济体于2012年初启动关于《服务贸易协定》（Trade in Service Agreement，简称TISA）的早期磋商，2013年3月开始正式谈判，截至2015年10月已进行了14轮谈判。

概括而言，TISA框架下的正式谈判主要依照两条主线展开。一是进一步补充完善TISA谈判的框架文本，商议适用于服务分部门（包括“信息通信技术ICT服务”“金融服务”“专业服务”和“海运服务”等）的特定纪律，以及包括“自然人移动”“国内规制”“透明度”等一般纪律。此外，TISA谈判另一条主线是围绕“市场准入”，即“服务市场开放减让表”展开。自2013年9月美国、欧盟和日本率先提交服务市场开放初始清单开始，截至2014年11月，除巴基斯坦、巴拉圭之外的其余21个RGF成员均已完成该工作。

由于只有瑞士、挪威等少数经济体市场开放承诺表可公开获得，其余均处于保密状态且只是初始清单，要对TISA框架下所能实现的服务市场开放水平进行精准定量评估显然不可行。由于RGF多数成员是区域服务贸易自由化进程的积极参与者和推动者，且TISA成员在经过协商后已达成共识，即各成员提出的第一份市场准入承诺清单应以各成员

迄今为止开放程度最高的自由贸易协定的承诺内容作为基础。以下尝试以 TISA 谈判关键成员在区域服务贸易安排中所做市场准入承诺及其特征为基础，对 TISA 中市场准入谈判及其发展趋向展开分析。

(一) 对 TISA 谈判寄予厚望的成员——基于参与 RTAs 现状的判断

根据 WTO 的统计数据显示，除少数经济体外，绝大多数 TISA 成员均为区域服务贸易自由化进程的积极参与者，特别是智利、欧盟、冰岛、日本、巴拿马、美国、瑞士。根据 WTO 的数据库资料显示，这些国家对外签订的区域服务贸易安排数量分别高达 19、17、13、13、13、13 和 12 个。若从正在谈判的区域服务贸易安排数量看，欧盟、加拿大和挪威表现比较突出，其数目分别为 11、5 和 5 个。若从南、北国家来区分，根据已签订和正在谈判的区域服务贸易安排总数为基础，两类 TISA 成员的表现尤其引人注目，一是“最积极的发达经济体”，主要包括欧盟（28）、加拿大（15）、冰岛（17）、瑞士（16）、美国（14）、日本（13）；二是“最不积极的且多数是发展中经济体”，包括以色列（0）、巴拉圭（1）、土耳其（1）、巴基斯坦（2）。

TISA 成员彼此之间既有的区域服务贸易安排数量也相当可观，俨然已形成“意大利面碗”效应。第一，TISA 成员中发达经济体普遍已与区内经济体缔结了 5 项以上区域服务贸易安排，其中 8 项以上的有冰岛（11）、列支登士敦（10）、挪威（11）、瑞士（10）、美国（8）、欧盟（8）、韩国（9）；其次是澳大利亚（6）、加拿大（7）、日本（6）、新西兰（6）。从正在与区内成员进行谈判的区域服务贸易安排数量看，发达经济体中欧盟、日本、韩国、美国、瑞士的数据分别为 3、2、2、1 和 1。第二，TISA 中发展中经济体与区内成员缔结和谈判区域服务贸易安排表现呈现出两极分化。一端是积极的推动者和参与者，地处拉美的发展中成员普遍与区内其他成员缔结了 8 项以上区域服务贸易安排，如：智利（13）、秘鲁（10）、巴拿马（9）、哥斯达黎加（8）、墨西哥（7）。另一端是被动消极的经济体，如土耳其、巴基斯坦、以色列均未与区内成员缔结或谈判任何区域服务贸易安排。值得关注的是，尽管中国台湾参与缔结的区域服务贸易安排总数为 7，但其缔结伙伴多数为非 TISA 成员且非主要服务贸易伙伴，台湾地区仅与 TISA 区内成员缔结 3

项区域服务贸易安排。第三，就 TISA 的 6 个关键成员美、欧、日、加、澳、韩而言，尽管这些经济体与其他 TISA 成员已缔结相当数量的区域服务贸易安排，但大多数是与区内发展中经济体缔结的“南北型”区域服务贸易安排，它们彼此间缔结的区域服务贸易安排仅有 7 项。这 6 个成员之间区域服务贸易自由化谈判启动时间较晚，除美—加（1992）、澳—美（2004）外，澳—日（2014）、澳—韩（2014）、欧—加（2014）、韩—加（2014）、欧—韩（2010）FTA 均在 2010 年后才签订。从理论上讲，6 个经济体间应该对应 15 对双边关系，除 7 对已签订 FTA 外，还有 4 对（日—欧、日—韩、美—欧、韩—日 FTA）谈判正在区域层面进行，但澳—加、澳—欧、加—日、欧—日这 4 对重要双边服务贸易协商依然游离于区域服务贸易安排管辖外。

通过以上分析，至少有三类成员会对 TISA 框架下服务贸易协商寄予厚望：第一，尽管多数 TISA 成员对外以及彼此间缔结区域服务贸易安排数量可观，但仍有少数成员属于例外，主要包括以色列、巴拉圭、土耳其、巴基斯坦。这些国家在区域服务贸易自由化进程中表现被动消极，由于在区域层面缺乏机会来拓展市场准入和参与服务开放规则制定，这些经济体会对 TISA 框架下的诸边谈判更加重视。第二，区域服务贸易安排缔约对象与自身贸易流向特别是服务贸易流向错配的成员，典型的如中国台湾地区。尽管台湾地区已缔结 7 项区域服务贸易安排，但多是出于政治因素或其他非经济因素，通过 TISA 协商来实现对真正服务贸易之友的市场准入，会成为台湾地区参与 TISA 协商的重要诉求。第三，自 2010 年以来尤其在过去几年中，TISA 中 6 个主要发达成员间虽然开始在区域层面展开服务贸易协商，但仍有一些较重要的双边关系游离于区域服务贸易规则外。另一方面，由于较区域而言，诸边层面的 TISA 规则更易于实现多边化，这些主要的发达成员会更关注利用 TISA 平台来设定高标准国际服务贸易和投资规则并推而广之。TISA 框架下，以美、欧、日、加、澳、韩为代表的发达经济体存在两方面的利益诉求：一是追求在区域层面尚被遗漏的部分市场准入机会；二是借助 TISA 平台设定高标准服务贸易与投资规则并谋求将其多边适用。由于 TISA 成员不扩围，后者会是其关注的重点。

（二）RTAs 中 TISA 成员市场准入承诺普遍具备明显的"GATS +"特征

绝大多数 TISA 成员都是区域服务贸易自由化进程的重要参与者和推动者。为在 TISA 中进一步深入推进服务贸易自由化，各成员在 RTAs 中的服务部门（模式）上所做的"最优"市场准入承诺应成为 TISA 相关协商的基础和逻辑起点。事实的确如此，经过协商 TISA 成员已达成共识，即各成员提出的第一份市场准入承诺清单应以各成员迄今为止开放程度最高的自由贸易协定承诺内容为基础。

基于 Roy（2011）的方法和数据库，Juan A. Marchetti and Martin Roy（2013）将 TISA 成员在 RTAs 和 GATS（包括之后的多边出价）中的市场准入水平（只考虑服务模式一和三）进行定量测度和比较，[①] 其结果如图 2—9 所示。

相对而言，除基本游离于区域服务贸易自由化进程外的以色列，其他发达经济体（美、日、欧、加）在区域层面所做服务开放承诺较多边承诺的提升幅度均较低。

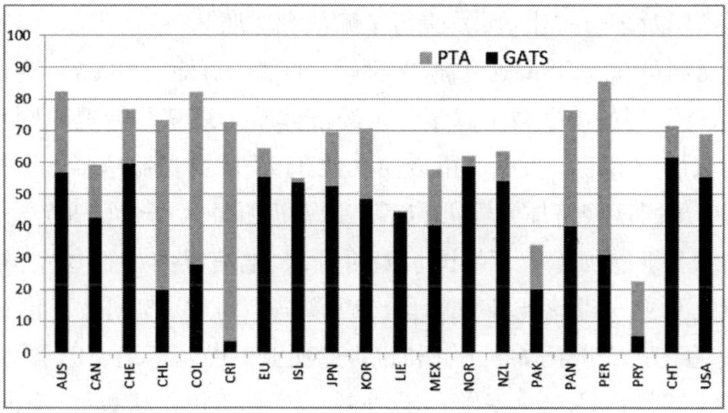

图 2—9　TISA 成员在区域和多边市场准入承诺水平比较（包括模式一和三）

资料来源：Juan A. Marchetti and Martin Roy（2013）。

① Juan A. Marchetti and Martin Roy（2013），The TISA Initiative：an Overview of Market Access Issues，WTO Economic Research and Statistics Division Staff Working Paper ERSD－2013－11.

(三) 各成员“区域最优承诺”可以在 TISA 内部进行扩展

将区域层面的“最优承诺”在 TISA 内部基于最惠国待遇原则进行扩展适用是可行的，事实上 TISA 成员就此已形成共识。TISA 中多数发达成员在区域层面做出的“最优承诺”，即使在区域层面通常也不是只给予某单一的缔约对象，而是给予多个甚至全部缔约伙伴。这些经济体在区域层面的缔约伙伴有相当多数是 TISA 成员，这为在 TISA 框架下将“区域最优承诺”进行扩展适用提供了现实基础。

(四) TISA 成员并不满足于将“区域最优承诺”在内部扩展适用

将区域层面的“最优承诺”在 TISA 内部基于最惠国待遇原则扩展适用，能够在多大程度上匹配 TISA 主要成员服务出口利益呢？要回答这一问题，首先要弄清楚 TISA 成员服务出口有哪些利益诉求，即它们更青睐于哪些经济体开放哪些服务部门。由于 TISA 成员都是 GATS 成员，GATS 成员对服务市场开放的利益诉求，可通过其在多哈回合谈判中的“要价”体现。Juan A. Marchetti and Martin Roy（2013）将 TISA 成员在区域层面所做“最优承诺”与其“多边承诺”（包括在 GATS 中所做承诺以及多边“出价”）进行了赋值和对照[①]。

有对照可知，TISA 成员被“要价”的部门可知，“RTA”列的数据比“GATS”列的数据高出越多，该经济体基于最惠国待遇原则将该部门“区域最优承诺”扩展适用会使其他 TISA 成员受益越多。经初步估计，这些部门（经济体）主要包括：计算机服务（哥伦比亚）、邮政服务（澳大利亚、加拿大、韩国、墨西哥）、电信服务（智利）、视听服务（澳大利亚、哥伦比亚、韩国、巴拿马、秘鲁、瑞士）、建筑服务（智利、秘鲁）、分销服务（智利、哥伦比亚、巴基斯坦、巴拿马）、教育服务（智利、日本、韩国、墨西哥、巴基斯坦、秘鲁）、环境服务（智利、哥伦比亚、哥斯达黎加、墨西哥、巴基斯坦、秘鲁、新西兰）、保险服务（哥斯达黎加）、银行（哥斯达黎加）、旅游服务（澳大利亚、

---

① Juan A. Marchetti and Martin Roy（2013），The TISA Initiative：an Overview of Market Access Issues，WTO Economic Research and Statistics Division Staff Working Paper ERSD－2013－11.

加拿大、韩国、瑞士）、航海运输（智利、哥伦比亚、秘鲁、美国）和航空运输（加拿大、韩国、中国台湾地区、美国）。

由此可以看出，第一，多哈回合中被要价的部门中，大量大型经济体（包括欧盟、美国和日本）的“区域最优承诺”并没有显著超越多边承诺；第二，对 TISA 成员而言，只有较少比例的部门在多哈回合中被“要价”。出现这种情况最重要的原因无非是，对 GATS 成员而言，TISA 成员大多数服务市场并没有蕴含足够多的服务出口机会和潜在经济利益。由此，如果只将 TISA 成员既有“区域最优承诺”在区内进行简单扩展，不足以满足 TISA 成员对服务市场开放的利益诉求，即对 TISA 成员而言，最有吸引力的大部分服务市场并不在 TISA 内部。

（五）TISA 扩围的优先对象——基于获取更好市场准入的视角

根据以上分析，接下来的问题就是哪些非 TISA 成员服务市场是 TISA 主要成员服务出口利益所在？Juan A. Marchetti and Martin Roy（2013）曾对非 TISA 成员被“要价”部门的“区域最优承诺”和“多边承诺”进行了量化对比，研究发现，如下经济体的一些服务部门，对应于“RTA”列的数据高于“GATS”列较多：计算机服务（巴西、中国、印度尼西亚、菲律宾、泰国）、邮政服务（菲律宾、泰国）、电信服务（巴西、印度尼西亚、马来西亚、摩洛哥、菲律宾、泰国）、视听服务（阿根廷、巴西、中国、印度尼西亚、摩洛哥、菲律宾、泰国）、建筑服务（巴西、中国、印度、印度尼西亚、马来西亚、菲律宾、泰国）、分销服务（阿根廷、巴西、印度、印度尼西亚、马来西亚、菲律宾、泰国）、教育服务（阿根廷、巴西、马来西亚、菲律宾、新加坡、泰国）、环境服务（阿根廷、巴西、中国、印度尼西亚、马来西亚、菲律宾、新加坡）、保险（阿根廷、巴西、中国、马来西亚、摩洛哥、新加坡）、银行和其他金融服务（马来西亚、摩洛哥、菲律宾、新加坡）、航海运输服务（阿根廷、巴西、中国、印度尼西亚、马来西亚、摩洛哥、菲律宾、新加坡、泰国）、航空运输服务（巴西、中国、印度尼西亚、马来西亚、菲律宾、新加坡）。这就意味着如果将上述经济体的这些部门纳入到 TISA 框架，并基于最惠国待遇原则将其“区域最优承诺”在区内扩展适用，会使其他 TISA 成员受益更多。根据非 TISA 成员在上述经济体出现的频率，再结合服务市场规模和既有服务市场开放水平，可以认为，中国、印度、巴西、东盟服务市场对TISA成员最具吸引力。因此，若单从追求市场准入看，这些经济体无疑是TISA扩围的优先考虑对象。

（六）TISA成员市场准入承诺水平的突破方向

服务贸易谈判中，每个经济体都有传统的敏感部门，TISA中主要发达经济体也不例外。对美国而言，航海运输是传统受保护的部门，在开放服务提供模式四（自然人移动问题）上也是顾虑重重，甚至自2004年与澳大利亚缔结FTA后，美国在缔结的FTA中从未就服务提供者临时进入做出承诺。对欧盟、加拿大而言，视听服务是传统的敏感部门。此外，多数TISA成员对开放受公共财政资助的健康和教育服务市场也是异常谨慎。另外，对航空运输服务而言，其开放程度几乎不受贸易谈判引发的自由化进程影响。对于这些传统敏感部门，TISA框架下的市场准入谈判进展可谓喜忧参半。由于没有大的发展中经济体（中国、印度、巴西、南非、东盟等）参与TISA谈判，这些传统敏感部门很可能会被纳入TISA谈判桌。日—欧、日—韩、美—欧、韩—日等重要双边经贸谈判在区域层面正在推进，在没有大的发展中经济体参与的情形下，TISA框架下的市场准入谈判某种程度上与这些大的发达经济体彼此之间正在谈判或已缔结的巨型FTA谈判（如TTIP）有相似之处，即会涉及敏感部门的开放问题。但与区域层面相比，由于涉及的成员更多，谈判协调更加困难，TISA在敏感部门上的开放突破可能性更低，目前尚未有明显证据表明美国会对航海运输和模式四的市场准入问题有很大改观。同时，加拿大、欧盟对传统敏感部门（如提供具有显著公共品特征的教育、健康等）的开放也很难改变长期的保守立场。就视听服务市场准入而言，欧盟未见松动迹象，欧盟甚至宣称“在TISA谈判中仍不会向欧洲以外的国家开放电影、电视、广播及其他视听和文化服务领域”。所以，TISA框架下就传统敏感部门市场准入取得进展的可能性不是没有但会很小。

实际上，RTA列与GATS列数值越接近，就意味着该成员该部门的开放水平在区域层面与在多边层面差别越小，也表明该成员在区域层面对开放该部门的态度越保守，即使按照最惠国待遇原则将“区域最优承诺”在TISA成员内扩展适用，其他TISA成员从该经济体该部门开放上获益也会比较有限。既然该经济体该部门在多哈回合中被列入集体要求开放的“要价”部门，那就表明该部门市场规模可观且进入壁垒应该不低。有鉴于此，从理论上讲，这些经济体的这些部门应该会成为TISA谈判中被要求开放的压力部门，也是最有可能做出超越既有开放承诺的部门。

（七）TISA成员市场准入谈判方式的创新

相较于GATS，目前TISA谈判所做的机制或规则创新主要包括：（1）基于“混合清单”的减让承诺表。尽管对所开放的服务部门，TISA采取了与GATS相似的正面清单方式，即只对列入减让表的服务部门进行承诺，但对已做承诺的服务部门，针对“市场准入”义务成员是基于正面清单做出承诺，对“国民待遇”义务则是基于负面清单做承诺。（2）引入禁逆转机制。冻结条款和棘轮条款共同构成禁逆转机制。冻结条款要求缔约方承诺从协定生效时起，不得实施新的或更严格的限制措施，由此锚定现有开放水平。尽管GATS文本在“经济一体化”、“国内规制”等条款中也存在某些隐性冻结义务，但TISA出现了特定的、外在显性的冻结条款。该条款能够排除缔约方在新的减让表中做出的新承诺虽表面上高于原减让表但低于实际执行水平，可杜绝事后对既有承诺的“注水”现象。棘轮条款针对单边、自主方式实现的贸易投资自由化，一旦做出，在下回合谈判时要将其纳入贸易投资协定中并永久受约束。（3）引入“非成员最惠国待遇”原则。TISA成员若在其他自由贸易协定中就市场准入针对非成员做出更优惠承诺，则该承诺自动适用于TISA成员。

除这些具备“GATS+”特征的机制创新外，市场准入谈判可能超越RTA的机制创新思路有如下三点：第一，基于公式的市场开放承诺方法（formula-based approach to market opening）。在对服务贸易领域内非关税壁垒量化的基础上，服务贸易领域可以引入货物贸易开放的思路，根据特定服务部门和提供模式，按照相关壁垒的特征和作用大小，设计出逐渐削减该壁垒的组合方案（package），对服务开放内容和节奏进行集体定制并统一掌控和适用，以提升谈判效率。第二，对关联度高的服务部门进行市场准入问题聚类谈判。服务部门和提供模式尽管分类繁复，但可依据其性质和特征，对联系密切的多个服务部门（模式）进行聚类（cluster）谈判。目前呼声较高的两类典型聚类包括：（1）关于贸易便利化的服务部门聚类，包括运输、分销、海关经纪和与之相关联的广阔管理咨询服务、仓储、快递和后勤服务。（2）与IT相关的商业服务（包括一些与模式四承诺相关的经过选择的专业服务），特别是与模式一相关的贸易。此领域的谈判结果可作为WTO《信息技术协议》框架下相关谈判的补充。第三，将相关承诺扩展到GATS框架下没有涵盖或归属不明确的新服务上。随着技术进步，GATS所依据的W/120分类标准稍显陈旧和落后，越来越多的新服务并没有被纳入其中。自发起TISA谈判开始，从进一步深入推进全球服务贸易自由化进程出发，美国便致力于将这类新服务纳入到减让表。由于针对受约束的服务部门，TISA市场准入谈判采取正面清单形式，如何深入推进“新服务”贸易自由化并将此成果纳入到谈判文本中，比较现实的办法就是采取类似于GATS《金融服务谅解》或TISA《金融服务附件》的方法，在TISA中加入缔约方允许其他缔约方在自己领土内提供新服务的义务。

通过以上分析，我们得到如下结论与启示。第一，根据TISA各成员参与及相互缔结服务贸易区域协定情况看，那些区域服务贸易自由化进程相对消极的成员、区域服务贸易安排缔约对象与自身服务贸易流向错配的成员以及致力于利用TISA平台来制定高标准国际服务贸易和投资规则的成员更需要TISA的谈判平台。第二，总体上，TISA成员在RTAs中的市场准入承诺普遍具有“GATS +”特征，因此将各成员服务市场准入“区域最优承诺”以最惠国待遇原因为基础扩展到TISA中是可行的，但这不足以满足TISA成员对服务市场开放的利益诉求，也就是说，对现有TISA成员而言，最具吸引力服务市场并不存在于TISA内部，而在于中国、印度、巴西、东盟等国家和地区，所以这些国家和地区将是未来TISA扩围优先考虑的对象。但由于这些国家目前并未加入谈判，在市场准入方面，一些传统的敏感部门很可能会被纳入到TISA谈判，但取得进展的可能性很小，只可能在部分成员的部分服务部门取得一定的进展。另外，TISA谈判在市场准入方面已经采取“混合清单”

的减让承诺表，并引入了禁逆转机制和“非成员最惠国待遇”原则，在这些创新的基础上，未来还可能采取基于公式的市场开放承诺方法，对关联度高的服务部门市场准入问题进行聚类谈判，以推动 TISA 谈判进展。

第三节 区域贸易协定与服务贸易政策协调

目前，在国际经贸规则构建过程中，最具有代表性的区域贸易协定是已经完成谈判并签署协定的《跨太平洋伙伴关系协定》（TPP）和正在进行谈判的《跨大西洋贸易与投资伙伴协定》（TTIP）。虽然美国新任总统特朗普上台执政后宣布退出 TPP，但是 TPP 中有关服务贸易的规则仍然代表了今后一个时期世界服务贸易规则的走向，对中国今后服务贸易开放与发展方向具有重要参考价值。本节主要对 TPP 涉及的服务贸易政策协调内容进行介绍。

一、TPP 谈判进程与主要创新

TPP 最初由 APEC 成员国中的新西兰、新加坡、智利和文莱四国发起，简称 P4，旨在促进亚太地区的贸易自由化。美国对外战略重心转移至亚太地区后，对 P4 产生极大兴趣，并于 2009 年高调宣布要加入 TPP 谈判，提出不仅要由美国领导，还要基本实行美国的贸易准则，并认为扩大后的 TPP 需要通过谈判缔结新的协定，[①] 从而将 TPP 视为美国“主动影响地区经济整合的重要途径”，[②] 因其不仅反映了以美国为首的发达国家成为新规则领导者的目的，还体现了发达国家跨国公司进一步开拓全球市场的利益诉求。

---

① 杜兰：“美国力推跨太平洋伙伴关系战略论析”，《国际问题研究》2011 年第 1 期，第 50 页。

② Mark E. Manyin, Coordinator and Stephen Daggett and Ben Dolven and Susan V. Lawrence and Michael F. Martin and Ronald O' Rourke and Bruce Vaughn, "Pivot to the Pacific? The Obama Administration's 'Rebalance' Toward Asia," *Congressional Research Service Report*, March 28, 2012, p. 22.

TPP谈判始于2010年3月。2013年5月，日本正式加入TPP谈判。2015年10月5日，TPP谈判结束。2016年2月4日，美国、加拿大、墨西哥、日本、澳大利亚、新西兰、文莱、智利、马来西亚、秘鲁、新加坡和越南等12个TPP成员国正式签署TPP协定。虽然各成员国（尤其是美国）放弃了此前一直坚持的诸多自由化和规制融合领域的强硬要求，[①] 但总体看，TPP是“全面、高标准”的贸易投资自由化协定，[②] 其中无论是关税与非关税自由化、知识产权或者投资保护，还是劳工与环境条款等重要组成部分都是基于美国领导的经济体系，[③] 已被亚洲人看成是美国有能力转向亚太而且在亚太的经济架构上发挥领导作用的一个重要象征。[④] TPP将会极大地影响全球贸易规则的发展方向，美式“市场至上主义”将成为新一轮全球贸易规则制定的基本理念。[⑤]

表2—7　TPP在贸易规则领域的创新

领域	创新情况
环境	较任何现有贸易协定所涵盖的范围更加广泛。它包含了减少渔业补贴，加强渔业管理和严厉打击野生动物走私和非法伐木等领域的新的重要的规定，旨在促进生物多样性保护和加强推进“低排放”的经济增长，以应对全球变暖；要求参与国执行多边环境协议（Multilateral Environmental Agreements，MEAs）；对参与国国内环境法律法规改革也提出要求，并引入争端解决程序

① 李文韬：“TPP谈判未来走势及中国的应对战略”，《南开学报（哲学社会科学版）》2016年第2期，第46页。

② Ian F. Fergusson, Mark A. McMinimy, Brock R. Williams. “The Trans - Pacific Partnership (TPP) Negotiations and Issues for Congress,” *Congressional Research Service Report*, March 20, 2015.

③ CRS. R44361. The Trans-Pacific Partnership: Strategic Implications.

④ 刘国柱：“东南亚与美国的亚太再平衡战略”，《求是学刊》2014年第6期，第172页。

⑤ 樊勇明、沈陈：“TPP与新一轮全球贸易规则制定”，《国际关系研究》2013年第5期，第3页。

续表

领域	创新情况
劳工标准	WTO 协定中并不包含与劳工标准有关内容。美国不仅希望加强国内劳工法，并且希望 TPP 将其进行国际化推广，目标是从原来的对执法不力进行有限补救，最终改善为完整的争端解决程序。一方面提升标准的兼容性，另一方面避免劳工标准成为贸易保护主义工具。[①] 创新点主要集中在明确可接受的“工作条件”内容，并完善法律要求；强化对出口加工区（Export processing zone，EPZs）劳工的保护；[②] 反对强迫劳动生产的产品进口；保护国内国际流动劳动力；签订双边劳工计划，保证一致性，并拟定为劳工设立劳工合作、对话、委员会、公众意见、磋商等平台
数字贸易	承诺建立自由和开放的数字商品和服务贸易环境：取消数字商品关税；禁止税收、屏蔽及其他歧视性措施；建立数据跨成员自由流动；减少本地化要求对数字服务提供的障碍。从知识产权层面保护数字贸易发展：强制披露以保护专有技术；减少政府干预；加强版权保护。保护消费者及隐私
竞争政策	继续推行基于管辖权的全球竞争制度；寻求国际竞争网络、软法的融合。建立符合美国利益的规则：反竞争活动的定义；加强执法公正；提升透明度；引入争端解决等
国有企业	禁止国有企业在货物与服务采购和销售过程中拥有特权，对外国企业产生歧视（即旨在确保国有企业采购和销售仅仅基于商业考虑），且禁止对国有企业实施任何补贴援助等形式的偏袒
其他	促进贸易便利化和减少腐败的一个重要途径就是建立清晰、简单的规则。例如，TPP 协定第五章要求成员公开海关法律法规，并且要求通关各环节设定目标时限。中小企业规则有两个核心——信息共享与信息合作。信息共享涉及到海关法律程序以及针对 FDI 的税务、商务法规、知识产权、技术标准、录用标准等规则

资料来源：根据 TPP 文本以及彼得森经济研究所的《Assessing the Trans-Pacific Partnership》报告整理得出。

---

① Jeffrey J. Schott and Barbara Kotschwar and Julia Muir, “Understanding the Trans - Pacific Partnership”, *PIIE Policy Analyses in International Economics 99*, 2013. 01.

② 根据世界银行（2008）估计，全球有近 135 个国家拥有 3000 个出口加工区，雇佣了 7000 万左右的劳工，且绝大部分在中国，这些加工区长期以来因工作环境和劳工合规问题而饱受诟病。

根据已经达成的TPP协定，其中涉及到服务贸易政策协调的章节主要包括投资、跨境服务贸易、金融服务、电信、商业人员临时入境、电子商务等。

二、TPP文本投资章节主要内容

投资是指一个投资者直接或间接拥有或控制的具有投资特征的各种资产，此类特征包括资本或其他资源的投入、收益或利润的期待或风险的承担等。在投资过程中，遵循国民待遇和最惠国待遇，即在投资的设立、获取、扩大、管理、运营、出售或其他处置方面，每一缔约方给予另一缔约方投资者的待遇和给予涵盖投资的待遇不应低于在其领土内在相似情况下给予本国投资的待遇，也不得低于在其领土内给予其他任何缔约方或非缔约方的投资者的待遇。

每一缔约方应根据适用的习惯国际法原则给予涵盖投资待遇，包括公平公正待遇和充分保护与安全，并将国际法中给予外国人待遇的最低标准作为给予涵盖投资的待遇标准。在武装冲突或内乱使其领土内的投资遭受损失时，每一缔约方在其采取或维持的关于这些损失的措施方面，应给予另一缔约方的投资者和涵盖投资非歧视待遇。

缔约方不得对涵盖投资进行直接征收或国有化，或采取与征收、国有化等效的投资措施进行间接征收或国有化，除非满足相应的条件。而且，每一缔约方应允许所有与涵盖投资有关的转移自由、无延迟。缔约方均不得对另一缔约方或非缔约方的投资者在其领土内的投资，在设立、获取、扩大、管理、经营、运营、出售或其他处置方面，强加或强制执行不正当的要求。缔约方不得要求作为涵盖投资的该缔约方的企业任命具有特定国籍的自然人担任高级管理职务。但另一缔约方可要求作为涵盖投资的该缔约方的企业的董事会或董事会的任何委员会的多数人员具有特定国籍或为该缔约方领土内的居民，只要此要求不实质性损害该投资者控制其投资的能力。

最后，投资章节还规定了投资争端解决的问题，如果发生投资争端，申请人与被申请人可首先寻求通过磋商与谈判解决争端，包括使用无约束力的第三方程序，如斡旋、调解或调停，在一定时限内如果不能通过磋商和谈判解决争端，可以提交仲裁，并对仲裁申请提交、仲裁员的选择、仲裁的进行、仲裁的透明度、准据法、仲裁报告、合并审理、裁决以及文书送达等进行了规定。

三、跨境服务贸易

跨境服务贸易主要适用于一缔约方采取或维持的、影响另一缔约方服务提供者的跨境服务贸易的措施，包括：（1）服务的生产、分销、营销、销售或交付；（2）服务的购买、使用或支付；（3）接入或使用与服务的提供有关的分销、运输或电信网络和服务；（4）另一缔约方的服务提供者在一缔约方领土内的存在；（5）作为提供服务的条件，提供保函或其他方式的财务担保，但不适用于航空服务，包括国内和国际航空运输服务。

跨境服务贸易要求各缔约方遵循最惠国待遇和国民待遇原则。

任何缔约方不得要求另一缔约方的服务提供者在其领土内设立或维持办事处或任何形式的企业或成为居民作为跨境提供服务的条件，但同时需要考虑缔约方所实施的有关国际组织的国际标准。

如果一缔约方要求对提供服务进行批准，应保证其主管机关满足一定的要求，同时保证其任何主管机关收取的任何批准费用是合理和透明的，并且其本身不会对相关服务的提供构成限制。如许可或资格要求包括通过考试，应保证考试应安排在合理的间隔期限，并提供合理期限使利害关系人能够提交申请，且每一缔约方应保证国内对有另一缔约方专业人员的能力进行评估的程序。在满足一定的条件下，一缔约方可承认在另一缔约方领土内或非缔约方领土内获得的教育或经历、满足的要求或授予的许可或证明。

在透明度方面，每一缔约方应维持或设立适当的机制以对利害关系人进行询问，在可行的范围内，每一缔约方应允许在最终法规公布和生效日期之间给予一段合理期限。

四、金融服务

金融服务同样要遵循国民待遇和最惠国待遇，同样不能有跨境服务贸易中所提及的限制措施，但在不影响跨境金融服务贸易其他审慎监管方法的前提下，缔约方可要求另一缔约方的跨境金融服务提供者或金融工具进行注册或获得授权。

每一缔约方应允许另一缔约方的金融机构提供新金融服务，如该缔约方允许其本国金融机构在相似情况下提供该新金融服务，且无需制定新法或修改现行法律。同时，一缔约方可决定提供新金融服务可使用的组织和法律形式，可要求该服务提供获得授权。如果一缔约方要求金融机构获得授权方能提供新金融服务，则该缔约方应在合理时间内决定是否给予授权，且仅可基于审慎原因拒绝授权。

但无论如何，不得要求一缔约方提供或允许可获得与金融机构或跨境金融服务提供者的个人客户的财务和账户有关的信息；如果披露该信息将会妨碍执法或违背公共利益或损害特定企业的合法商业利益，也不能披露任何机密信息。

任何缔约方不得要求另一缔约方的金融机构任用特定国籍的自然人作为高级人员或其他重要人员，任何缔约方不得要求另一缔约方的金融机构董事会中超过少数成员由该缔约方国民、居住在该缔约方领土内的人或以上两种人组成。

最后，缔约方同意设立金融服务专门委员会，监督该内容的执行，审议一缔约方提交的金融服务有关议题，同时参与争端解决程序。

五、电信

电信服务内容涵盖有关接入和使用公共电信服务的任何措施、有关公共电信服务供应商义务的任何措施以及有关电信服务的其他任何措施，但不适用于有关广播或有线播放电台或电视节目的任何措施。

竞争市场为电信服务供应提供广泛选择，并增进消费者福利，如存在有效竞争或属于市场上的新型服务，则可无需进行经济监管，因此每一缔约方可决定如何实施电信部分内容所规定的义务，可进行直接监管或依靠市场力量的作用，尽管可以进行直接监管，但在其法律规定的范围内，监管仍不可对该缔约方归为公共电信服务的服务适用。

每一缔约方应保证，另一缔约方的企业可按照合理和非歧视的条款和条件，接入和使用其领土内或跨境提供的任何公共电信服务，包括专用线路；允许另一缔约方的任何服务提供商购买或租赁并连接终端或其他公共电信网络接口设备，通过专用或自有线路向个人或多个终端使用者提供服务；允许将专用或自有线路接入公共电信网络和服务，或直接接入另一企业的专用或自有线路执行交换、信号传输、处理或转换功能，以及使用供应商选择的操作规程。

每一缔约方应保证，任何缔约方的企业可使用公共电信服务在其领土内或跨境传输信息，包括公司内部通信，以及使用任何缔约方领土内数据库所包含的或以机器可读形式存储的信息，但是一缔约方仍可采取必要措施，以保证信息的安全和机密性，并保护公共电信网络或服务的终端使用者的个人数据隐私。

除保障公共电信网络和服务供应商的公共服务责任，特别是其公共电信网络或服务可使公众的普遍获得的能力，或保护公共电信网络或服务的技术完整性外，每一缔约方保证不对公共电信网络和服务的接入和使用附加条件。同时，要保证其领土内的公共电信服务供应商可在其领土内与另一缔约方的公共电信服务供应商直接或间接互联互通，同时保证其领土内的公共电信服务供应商及时提供号码携带，且不减损质量和可靠性，并给予合理和非歧视的条款和条件。

缔约方应努力合作提高国际移动漫游服务费率的透明度和合理性，以助于促进缔约方间的贸易增长并提高消费者福利，保证其领土内的主要供应商给予另一缔约方公共电信服务供应商的待遇，不低于该主要供应商在相似情况下，就同类公共电信服务的可用性、供应、费率或质量以及互联互通必备技术接口的可用性等给予其下属、关联或非关联服务供应商的待遇。

而且，每一缔约方应维持合理措施，阻止本领土内公共电信服务提供商单独或联合成为主要供应商，并不得禁止任何公共电信服务的转售。每一缔约方有权定义其希望维持的普遍服务义务，但应以透明、非歧视及竞争中立的方式实施，保证其普遍义务不超出其定义的普遍服务所必要的负担。

六、商务人员的临时入境

商务人员的临时入境适用于影响一缔约方商务人员临时进入另一缔约方领土的措施，但不适用于影响自然人寻求进入另一缔约方就业市场的措施，也不适用于与公民身份、国籍、永久居留或永久雇佣有关的措施。其任何规定不得阻碍一缔约方对另一缔约方的自然人进入其领土或在其领土内临时停留采取管理措施。

每一缔约方在收到完备移民手续申请后，应尽快对申请做出决定并通知申请人，如批准应通知其停留期限和其他条件。应申请人请求，一缔约方在收到完备移民手续后，应努力及时提供有关申请状态的信息，同时列明该缔约方对各类商务人员临时入境或临时停留的条件和限制。如果商务人员遵循该缔约方相关移民手续规定的申请程序，符合临时入境或临时停留延期所需的所有条件要求，一缔约方应准予另一缔约方商务人员临时入境或临时停留延期。但准予另一缔约方商务人员临时入境，不得将该事实解释为免除该商务人员从事某些专业或从事商业活动而需满足的任何适用许可或其他要求。如果该商务人员对正在雇佣地或拟雇佣地进行的任何劳动争议的解决以及对该类争议涉及的自然人雇佣造成不利影响，则一缔约方可以拒绝向另一缔约方商务人员签发移民手续。

一缔约方应尽可能及时在互联网上公布或以其他方式使公众知悉临时入境的现行要求，包括能够使其他缔约方的利害关系人知晓此类要求的解释性材料、相关表格和文件，以及办理移民手续申请时通常所需时间，并建立或维持适当的机制，答复利害关系人对该问题的询问。

七、电子商务

任何缔约方不得对一缔约方和另一缔约方的人之间的电子传输包括电子传输的内容征收关税，但不得阻止缔约方以符合本协定的方式对电子传输的内容征收国内税、费用和其他收费。

除其法律另有规定的情况外，缔约方不得仅基于签名属于电子方式而否认其法律效力，但可以针对特定交易种类要求认证方法须符合特定绩效标准或经依法授权机构认证。

各缔约方应采取和维持透明度及有效的措施，禁止对线上商业消费者造成损害或潜在损害的诈骗和商业欺诈行为，应采取或维护保护电子商务用户个人信息的法律框架，在此过程中应考虑相关国际机构的原则和指导方针。在保护电子商务用户免于受到其管辖范围内发生的违反个人信息保护行为的侵害时，努力采取非歧视做法。同时，需要公布其对电子商务用户提供个人信息保护的相关信息，包括个人如何寻求救济、企业如何符合所有法律要求。

每一缔约方应做到，将贸易管理文件以电子方式向公众提供，并接受以电子方式递交的贸易管理文件与此类文件的纸质版具有同等法律效力。

在通过电子方式跨境传输信息是为特定人执行其业务时，缔约方应允许此跨境传输，包括个人信息，但不得阻止缔约方为实现合法公共政策目标而采取或维持其他措施，只要此措施不构成任意或不合理歧视的方式适用或对贸易构成变相限制，以及不对信息传输施加超出实现目标所需要的限制。

考虑到每一缔约方对于计算机设施的使用可能有各自的监管要求，缔约方不得将要求特定使用该缔约方领土内的计算设施或将设施置于其领土之内作为其领土内从事经营的条件，但不得阻止缔约方为实现合法公共政策目标而采取或维持不同的措施，前提条件是该措施不得以构成任意或不合理歧视的方式适用，或对贸易构成变相限制，以及部队计算设施的使用或位置施加超出实现目标所需要的限制。

任何缔约方不得将要求转移或获得另一缔约方的人所拥有的软件源代码作为在其领土内进口、分销、销售或使用该软件及包含该软件的产品的条件。其中，软件限于大众市场软件或含有该软件的产品，不包括关键基础设施所使用的软件，但是不得理解为在商业谈判的合同中包含或实施的关于源代码的条款或条件，或缔约方要求修改软件源代码，使该软件符合与本协定一致的法律或法规。同时，也不得理解为影响专利申请或授予的专利的有关要求，包括司法机关作出的任何关于专利争端的命令，但应遵守缔约方保护未授权披露的法律或实践。

第四节　新一代国际服务贸易规则的主要内容和特征

1995 年开始正式实施的《服务贸易总协定》（GATS）是全球第一套具有法律约束力的国际服务贸易行为准则，其实施 20 多年来，在促进服务市场开放、推动全球服务贸易发展发挥了重要作用。伴随着大数据、物联网、云计算、移动互联等信息技术快速兴起，服务新产业、新业态、新模式不断涌现，服务业尤其是现代服务业成为全球价值链的核心，服务业和服务贸易成为全球经济发展的新趋势和新热点。尤其是金融危机后，世界政治经济格局呈现大变动大调整，多哈回合谈判停滞不前，GATS 原有规则已无法完全适应服务业和服务贸易快速发展的现实需求，以美、欧为主的发达国家加紧在诸边或区域推进《跨太平洋伙伴关系协定》（TPP）、《跨大西洋贸易与投资伙伴协议》（TTIP）、《国际服务贸易协定》（TISA）等，以谋求确立新的全球贸易投资规则标准，巩固自身在国际经贸规则制定上的话语权和控制权。

相比 GATS 达成的服务贸易自由化规则，新一代服务贸易规则力推高标准，积极推进更高水平和更全面的服务贸易自由化，纳入了更多的 21 世纪新议题，将服务贸易自由化措施从边境前延伸到边境后。以已经达成协议的 TPP 为例，其在整体架构、承诺方式、重点服务领域自由化推进以及借助“监管一致性”议题促进服务市场开放等方面都呈现出高标准，“GATS +”特征明显，主要表现有：

一、基本规则标准更高

（一）采用负面清单模式进行开放承诺

GATS 采取的是正面清单模式进行服务业开放承诺，新一代服务贸易规则积极推动以负面清单方式进行开放。在 GATS 下，WTO 成员方根据承诺表的服务门类进行开放，而高标准协定中如 TPP 缔约方的服务提供商享有完全的市场准入和国民待遇，除非是以负面清单形式列出的服务门类或措施。在负面清单模式下，对于随着技术或经济发展新出现的服务门类、服务业态或服务模式，都将自动开放。尽管正面清单模式和负面清单模式都能积极促进服务贸易自由化，但相比正面清单，负面清单承诺模式更具透明度、稳定性等优势，蕴含高标准的服务贸易自由化。

（二）服务贸易内容更加丰富和具体

GATS 正文中只是对服务贸易基本规则进行了解释，文本中并没有针对专门的服务设立章节，空运服务、金融服务、电信服务、海运服务等仅以附件的形式出现。而TPP正文中，专门的服务贸易就有五章，分别是跨境服务贸易、金融服务、商务人员临时入境、电信和电子商务。除了专门的章节对金融、电信、电子商务三个重点服务领域开放做出详细规定外，同时TPP中以附件形式将专业服务和快递服务做出明确规定，表明TPP对于专业技术人员流动所必需的资格认定、教育背景认定以及邮政垄断等问题的高度重视，力图降低准入门槛，为专业技术人员和快递的跨境服务创造条件。TTIP设有单独的服务章节，涉及电信、邮政与快递、航运等关键的服务部门，将来还很可能把金融、公共服务和数据保护等重要内容纳入其中。TISA则是专门的服务贸易协定，包含国内规制、自然人移动和电子商务、金融、电信等十个附件，也涉及争议性的跨境数据流动和隐私保护。

（三）核心义务条款指向高标准的开放

TPP已达成协定，TISA和TTIP还在推进当中，因此本部分以TPP文本的相关要求为例。

国民待遇。在GATS协定中，国民待遇的承诺方式是正面清单，只适用于成员承诺开放并列出清单的部门或领域。TPP通过负面清单的方式承诺的国民待遇，追求的是服务业的全面开放，即除了清单列明不能开放的领域外，其他领域外资一律享受国民待遇。另外，还特别提出地方政府也应对服务提供商给予国民待遇。

最惠国待遇。GATS中包含所有承诺之间无条件的最惠国待遇，TPP属于自由贸易协定，最惠国待遇具有一定的歧视性和排他性，它仅在协定成员国之间采取高度开放的服务贸易政策，扩大市场准入的范围和深度，增加协定集团内服务贸易往来。

市场准入。和国民待遇类似，GATS中采用正面清单承诺，市场准入相关的限制措施只针对列出清单的部门或领域。TPP强调除列入负面清单的部门外，均不得对服务提供者采取以下限制措施：服务提供者数量的限制；服务贸易总额或资产的限制；服务提供者数量或服务总产出的限制；服务领域雇佣或相关自然人总数的限制；提供服务的法人或合资事业形态的限制。TPP明确了各缔约方不能对服务供给采取量化的限制措施（如数量或交易数），或要求特定法律主体或合资企业。

国内规制。GATS 虽然有国内规制条款，并对成员国提出了一定的义务和要求，但缺乏“必要性测试”，而必要性测试是各国实现国内规制自主权的工具，是合理调控与滥用调控权的界限。TPP 规定各缔约方应以合理、客观、公正的方式来管理影响贸易的一般适用的所有措施，以确保其不构成对服务贸易的障碍，在必要的情况下，需对国内规制进行“必要性测试”。

当地存在。与 GATS 不同的是，TPP 当地存在规定：任何缔约方不得要求另一缔约方的服务提供者在其领土内设立或维持办事处或任何形式的企业或称为居民，以作为跨境提供服务的条件。从原则上禁止各方提出“当地存在”要求，这就意味着服务提供商可以不设立办公室、分支机构或称为居民，而为东道国境内提供跨境服务。

棘轮条款。棘轮条款是指当一个国家通过自主方式实现服务贸易自由化方式，其后不得回退使其永久效力，并纳入贸易协定中而受其约束。棘轮条款一般和不符措施紧密相连，因为 GATS 中使用的是正面清单承诺方式，没有涉及到棘轮条款，但在 TPP 核心文本中有专门的、显性的不符措施棘轮条款。TPP 第 10.7 条明确规定：任何不符措施的修正，与修正前相比，未降低该措施与国民待遇、市场准入、当地存在的相符程度。不符措施棘轮条款保证了服务贸易自由化不断向更高水平推进。任何缔约方不管是以诸边方式还是单边方式减少或取消的歧视性措施，一旦做出承诺就被锁定，不得回退。

表 2—8　GATS 与 TPP 服务贸易核心义务对比

内容	GATS	TPP
承诺模式	正面清单，仅对清单上列明的领域有开放约束	负面清单，所有缔约方的所有服务部门均受到约束，除非在清单中列明保留或例外
国民待遇	不是一般义务，成员方可以对国民待遇做出保留，通过承诺和谈判方式逐步做到市场自由化	是普遍适用的一般义务，基本包括所有服务部门，包括不可预知的服务部门，实行准入前国民待遇

续表

内容	GATS	TPP
最惠国待遇（MFN）	包含所有 WTO 成员之间的无条件的 MFN 义务，但 WTO 成员可以提出豁免，通常不超过 10 年	有条件的 MFN 规则。TPP 属于自由贸易协定，是 WTO 协定所允许的最惠国待遇的例外。非 TPP 成员不能自动从 TPP 自由化中获益
市场准入	强调只是在做出市场准入承诺的部门（除非其在减让表中另有列明）不得实施限制	强调除列入负面清单的部门外，均不得对服务提供者强制实施限制。尤其明确缔约方不能对服务提供采取量化的限制措施（如供应商数量或交易额），或要求特定法律主体或合资企业
国内规制	包含国内规制条款，但通常缺乏“必要性”测试	强调各缔约方应确保以合理、客观、公正的方式来管理影响贸易的一般适用的所有措施，以确保其不构成对服务贸易的障碍。在必要的情况下，要对国内规制进行“必要性测试”
不符措施	负面清单列出	更具透明性，明确所有不适用的范围和部门
不适用规则	负面清单列出	更具透明性，明确所有不适用的范围和部门
棘轮机制	没有相关内容	有专门的不符措施棘轮条款，这保证了缔约方做出的服务贸易自由化承诺不得后退
当地存在	没有相关要求	原则上禁止“当地存在”要求，外国服务提供商不用在东道国设立公司或代表处，可以直接跨境提供服务

二、重点服务贸易领域规则标准显著提升

一方面是 GATS 中涉及的服务分类，在原有规则基础上进一步扩大

服务业开放，包括提高市场准入、扩大非歧视待遇的覆盖范围以及放松监管等，如电信、金融；另一方面是对新兴服务贸易领域的相关问题制定新规则，主要是与数字贸易相关的电子商务等。

（一）电信服务

2011 年美国与欧盟在跨大西洋经济理事会（TEC）框架下确立了关于 ICT 服务贸易的十项基本原则：政策透明度、开放网络接入和使用、跨境信息流动、取消本地存在要求、ICT 服务部门全面的外资准入、最大化频段开放、监管机构公平独立、授权许可的简化和便利化、互联以及国际合作。同时，双方承诺将在双边经济关系及与第三方的贸易谈判中促进这些原则的推广和实施。其中有不少原则都在当前服务贸易规则的制定中得到体现。

新一代服务贸易规则中在电信领域的核心内容不外乎以下几个方面：一是要求及时合理的网络“互联”，目的是限制缔约方主要电信服务商在物理设施或运营安排上阻止竞争对手的接入；二是要求公平分配稀缺电信资源，旨在保证缔约方监管机构不会在频率、号段和通路等稀缺电信资源的分配上为本地服务商提供优惠准入；三是要求监管机构公平独立，所谓的“独立”仅仅是指独立于利益相关的电信服务商，而不是独立于缔约方政府；四是要求监管中的技术中立原则，即不得强制要求服务商使用特定的技术标准，服务商也不应因使用新的技术标准而受到歧视。此外，关于本地所有权和本地存在要求的内容，在当前的规则制定中仍然存在较大分歧。例如 TPP 并未就此做出规定，而在已知 TISA 谈判文本中（电信服务附件的第二条“电信服务市场的开放”），部分成员建议彻底取消外资股权限制，并禁止对跨境提供的电信服务实施市场准入或国民待遇上的限制。

（二）金融服务

新一代金融服务贸易规则在很多方面都超出了 GATS 所规定的义务，大幅扩大了市场准入，实施高度的金融自由化和去监管化，使得缔约方政府很难收紧对金融行业的监管政策。一是在金融服务章节采取“负面清单”的承诺方式。TPP 要求缔约方以“负面清单”的形式接受国民待遇、最惠国待遇、市场准入以及最低标准待遇的义务，已知 TISA 谈判文本同样采取“负面清单”的承诺方式。相比于 GATS 下的正面清单，“负面清单”具有更高的规则透明度和更强的开放稳定性，代表了更高的自由化水平。二是扩展了金融服务的定义范围。TPP 专门将电子支付纳入管辖范畴，而 TISA 几乎将整个金融部门都列入金融附件中，当然最终的承诺范围要以缔约方各自的清单为准。三是引入禁止逆转自由化水平的机制。TISA 试图在金融服务附件中引入“冻结条款”和“棘轮条款”。“冻结条款”要求各缔约方锁定当前的自由化水平（即将来不能增加新的限制措施），“棘轮条款”则使得未来任何以自主方式实现的金融服务贸易自由化措施都要自动纳入 TISA 承诺。四是放宽对新型金融服务的准入。TPP 文本规定，一缔约方如果允许本地金融机构提供某种新型金融服务，也必须允许其他缔约方的金融机构提供此种服务。已知 TISA 谈判文本中一些成员甚至建议，只要某项新型金融产品或服务的提供不需要制定新的法律或修改现行法律，一缔约方就应允许来自其他缔约方的服务商提供该新型金融产品或服务。

（三）电子商务规则

以美国为代表的发达经济体极力要在跨境电子商务领域建立规制框架，在弥补 GATS 规制不足的同时制定对自身有利的贸易规则。新一代规则致力于确立以下几个新的原则：一是禁止对电子传输征收关税。TPP 与已知 TISA 文本均禁止对电子传输征收关税，TPP 还另外规定要给予数字产品非歧视待遇。二是禁止要求企业开放源代码，即不得以转移或共享软件源代码作为允许其他缔约方企业在境内提供与之相关的服务的前提条件。三是确保数据自由流动。在保证合法公共政策目标的前提下，确保服务商和消费者可以自由获取、使用、传输及存储数据。四是禁止基础设施本地化要求，即规定不能将使用本地计算或存储设施作为允许服务商进入市场的前提条件。五是推进数字贸易便利化，例如鼓励无纸化贸易、电子认证和电子签名等。六是开展网上消费者保护，例如要求实施并保持针对网上诈骗和商业欺诈行为的消费者保护法。

（四）数字贸易规则（跨境数据流动与数据存储本地化）

在新一代服务贸易规则中有关数字贸易的规则主要是美国在积极推

动，其主要目标包括：促进数字货物或数字服务的跨境移动并寻求降低贸易壁垒；追求实现网络基础设施、信息通信技术设备互联互通和相关技术规范及标准的内在协调。在协定中通过跨境数据流动和数据存储本地化的规定来体现，但目前达成的文本中并没有表现为独立的章节或附件，而是分散为电信、金融、电子商务等领域下的具体条款。主要原因是，在服务贸易条件下，数据的获取、使用、传输及存储的重要性并非源于数据本身的价值，而是源于数据作为企业管理、运作以及研发创新的关键投入要素所创造的价值，因而要依附于具体的产业部门（如金融、电子商务）来产生，同时还要借助信息传输与信息技术服务（包括电信服务）来实现。

由美国主导的 TPP 率先达成了保证跨境数据自由流动。TPP 中“确保全球信息和数据自由流动”可谓是其中最大胆、最具有抱负的条款。该规则要求缔约方在“保护个人信息等合法公共政策目标”得到保障的前提下，确保全球信息和数据自由流动，以驱动互联网和数字经济。TPP 协定为实现“全球信息和数据自由流动”，对传统“跨境自由流动”的概念进行了如下扩展：（1）淡化国境概念，强调信息和数据自由流动的“全球性”；（2）在合法公共政策目标（例如确保对个人信息保护）得到保障的前提下，强调信息和数据流动的“自由性”。

美国在其主导的双边及区域贸易协定中，一贯旗帜鲜明地反对“数据当地化”政策。美国认为这类政策的蔓延会造成全球范围的“网络割据”，进而对生产力形成人为破坏。在美国主导的 TPP 文本中有专门的“禁止数据存储设备和存储技术强制当地化”的规定：“缔约方不将设立数据中心作为允许其他缔约方的企业进入市场的前提条件，并且禁止缔约方以转移或获得软件源代码，作为在该缔约方境内进口、分销、销售或使用此软件或包含此软件的产品的条件。”

（五）自然人移动

自然人移动是服务贸易的第四种提供模式。由于牵涉人员居留等敏感问题，自然人移动一直受到各国较为严格的限制，在四种提供模式中的自由化水平最低。当前的服务贸易规则制定则将此作为其中一个可以突破的议题。TPP 关于此的规定主要体现在商务人员临时入境章节，主要内容包括三点：一是缔约方主管机构为商务人员入境提供更多便利，确保合理费用；二是透明度要求，及时提供临时入境的要求等信息；三是在签证等临时入境问题上开展合作。已知 TISA 谈判文本对此的规定也基本类似。总体来看，这些规定对自然人移动的要求并不高，仅仅涉及商务人员临时入境，并不适用于与永久雇佣相关的措施，更不涉及移民问题，因而不会对缔约方就业市场造成直接的冲击。

三、相关的综合性规则不断提高标准或被纳入

新一代国际贸易投资规则中有些条款或规则尽管不是专门针对服务领域的，但却会对服务贸易产生重要影响，包括传统的知识产权、政府采购等重要规则，更包括监管一致性、竞争中立、反腐败、环境及劳工标准等新议题，并且新议题或新规则不再是原则性表达，增强了强制执行力。

（一）知识产权规则

提高知识产权保护标准，增强刑事执法力度。TPP 将专利宽限期提高到 12 个月，将农业化学品数据保护期提高为 10 年，同时增加了对于地理标识、生物制品、互联网领域的保护要求。对于执法程序，TPP 也提出更加严格的要求，要求缔约方增强对知识产权违反行为的刑事执法力度。

（二）政策采购

更低的政府采购门槛价和更严格的程序要求。TPP 的政府采购门槛较世界贸易组织《政府采购协定》（GPA2012）更低，将涵盖更多的政府采购范围，对一国的影响和约束范围更大。同时，各缔约方就国民待遇和非歧视两大核心原则作出承诺，较 GPA2012 更加严格，在程序上也更加强调要保证采购过程的公正性和提高透明度。

（三）监管一致性

TPP 明确要求标准统一和兼容，提高透明度，取消过多的检测和认证，就食品安全、药品监管、信息技术产业标准等特定领域进行合作，

实现成员之间市场“无缝”和“高效”对接。

（四）竞争政策和国有企业

TPP 在竞争政策方面，要求国有企业成为真正的市场主体，承担更多的信息披露义务，包括公布管理层人员官方身份、接受财政资助、贷款信贷及担保等详细信息，规范国有企业参与政府采购、获得补贴和贷款等行为，不能享受过度保护。尽管 GATS 有垄断和专营服务提供者条款，但 TPP 对于竞争政策的规定更为广泛和全面，对缔约国经济活动的介入程度也更深，议程超过一半的边境措施和贸易政策，涉及到一国国内的竞争立法和政策。此外，GATS 并没有涉及国企问题，TPP 专门针对国有企业参与国际贸易投资设立了规则。

（五）透明度和反腐败

透明性是 GATS 的重要原则之一，但 TPP 将透明度和反腐败捆绑在一起，不仅大大提高了对透明度的要求，同时要求有效执行反腐败法律法规，加强良好治理，应对腐败对贸易投资的不利影响。各缔约方要求承诺在规章中提供更大透明度，尽早公布普遍适用的法律、法规和行政裁定，以及影响贸易和投资的其他程序，承诺抑制腐败并制订提倡政府官员高尚道德标准的行为准则。

（六）环境和劳工标准

环境和劳动标准都是新一代国际贸易投资规则中发达国家主推的新议题。TPP 制定了严格、详细的环境法实施原则与程序，要求提高环境政策决策、实施和执行的透明度。同时，TPP 对劳动条款提出了严格的标准，要求按照国际劳工租住公约的规定，确保缔约方保障劳工结社自由、保障集体谈判薪酬权利、废除强制劳动、禁止童工、取消就业歧视等，禁止以较低的劳工标准谋求贸易投资方面不公平的竞争优势，将基本属于国内的政策法规纳入国际协定的约束。

第三章 服务贸易对经济增长、就业与结构转型的贡献

第一节 服务进出口对增长、就业与结构转型的作用机制

一、服务进出口对经济增长的作用机制

最近 20 多年来，中国服务贸易发展较快，服务进出口总额已经从 1995 年的 432 亿美元增加到 2014 年的 6043 亿美元，服务进出口贸易结构也在不断优化。但是与发达国家和一些发展中国家相比，中国服务贸易对经济增长的拉动作用还有很大的提高空间。经济新常态下，依赖于传统增加要素投入进而拉动经济增长的发展模式已经不再适用中国新形势的要求，转变经济发展方式，优化对外贸易结构，特别是提高服务贸易在整个对外贸易的比重，通过提升服务贸易规模和质量来促进经济增长和实现就业提升，已经成为中国未来重要的发展战略。在发达国家和一些发展中国家大力提倡服务贸易的背景下，中国有必要进一步推动服务贸易的发展，提高国内服务业部门的国际竞争力，增加服务贸易对经济增长的拉动力。

服务贸易拉动经济增长的机制是怎样的？根据新古典贸易理论，一国通过出口自己具有比较优势的服务产品，进口自己具有比较劣势的服务产品，可以使国内的各种生产资源得到优化配置，增加相关部门的产出水平，提高和扩大国内居民者的效用水平和选择范围，从而提升整个经济体的福利，也必然会促进国家的经济增长。从服务贸易出口来看，

与货物贸易类似，通过增加服务产品的出口，首先可以直接导致国内总需求的增加，进而通过国内各产业之间的投入产出关联机制，形成凯恩斯经济学所论述的乘数效应，从而拉动国内各相关产业的经济的增长。从服务贸易进口来看，通过国外服务产品的引入，一方面可以提高国内服务业最终产品的消费水平，从而为更好地产生经济增加值奠定基础；另一方面，国内可以将进口的服务产品作为重要的中间投入品，进而从供给方面推动经济增长，增加国内相关部门产出。另外，服务贸易进口可以产生竞争效应、示范效应和技术溢出效应，通过国外进口服务产品的引入，激励国内相关产业的发展。例如，Amiti and Konings（2005）证实了中间投入品服务部门的自由化对国内下游制造业部门的生产率具有明显的推动作用。知识密集型服务产品的进口，还可以通过促进服务进口国人力资本的积累，提高进口国的技术吸收和创新能力，从而产生技术溢出效应。通过分享进口服务产品带来的技术外溢效应，可以提升国内相关产业的技术水平，进而提高其国际竞争力水平。

二、服务进出口对就业的拉动机制

服务进出口贸易在拉动国内各部门实现经济增长的同时，还可以提供更多的服务业工作岗位以及其他相关部门的就业机会，对于缓解中国当前劳动力就业压力具有不可忽视的重要意义。服务进出口对就业的影响机制是：通过国内部门之间的关联效应，服务贸易额的增长会引起为服务贸易部门提供中间产品的上游部门的产出扩张，从而提高劳动力的就业水平，乘数效应会使得服务贸易所实际拉动的就业数量成倍地扩张。例如，刘遵义等（2007）通过构建一种反映中国加工贸易特点的非竞争型投入占用产出模型，发现 2002 年中国对美国出口对中国国内就业的拉动是美国对中国出口对美国国内就业拉动的 17 倍之多。服务贸易可以通过价格效应提高所在服务业部门对劳动力的吸纳能力，例如当服务贸易出口增加时，所在服务业部门的产品价格会相应提高，该部门的工资水平会出现上升，从而吸引更多的劳动力流入该部门，从而促进就业水平的提高。另外，服务贸易进口对相关部门所产生的技术外溢效应会提高各部门的技术水平和生产能力，因而可能在扩大规模的基础上进一步提高吸纳劳动力的数量。周申等（2006）、赵成柏（2009）、范爱军等（2011）、魏君英等（2013）均发现中国的服务贸易对劳动力就业水平有促进作用。

第二节　服务进出口对经济增长贡献的实证分析

一、服务进出口对经济增长贡献的计算方法

我们利用投入产出技术计算中国服务进出口对经济增长的贡献率。投入产出表是全面反映国民经济各部门投入产出关联的重要资料，对于一个既有进口又有出口的开放经济体来说，投入产出表的基本结构可如表3—1所示。从表3—1中可以看出，中国投入产出表的行表示各部门产品的中间使用和最终使用，投入产出表的列表示各部门产品的投入情况。根据投入和产出相等的原则，投入产出表的行和和列和相等。

表3—1　中国投入产出表的基本结构

<table>
<tr><td rowspan="2"></td><td colspan="3">中间使用</td><td colspan="3">最终使用</td><td rowspan="2">进口</td><td colspan="2" rowspan="2">总使用</td></tr>
<tr><td>部门1</td><td>……</td><td>部门n</td><td>消费</td><td>投资</td><td>出口</td></tr>
<tr><td>中间投入</td><td>部门1
…
部门n</td><td colspan="3">x_{ij}</td><td>C_i</td><td>IN_i</td><td>EX_i</td><td>$-M_i$</td><td>X_i</td></tr>
<tr><td colspan="2">增加值</td><td colspan="3">v_{ij}</td><td colspan="5" rowspan="2"></td></tr>
<tr><td colspan="2">总投入合计</td><td colspan="3">X_j</td></tr>
</table>

进口产品不仅提供中间使用，也提供最终使用，因此为了详细反映进出口商品在国民经济中的作用以及对GDP的贡献，我们对原投入产出表进行拆分，将中间投入进一步分解为国内中间投入和进口中间投入，相应的消费、投资和出口也进行了国内外的分解，具体结果如表3—2所示。

表 3—2 拆分后的投入产出表

		中间使用			最终使用				进口	总使用
		部门 1	……	部门 n	消费	投资	出口	合计		
国内中间投入	部门 1 … 部门 n		x_{ij}^D		C_i^D	IN_i^D	EX_i^D	Y_i^D		X_i
进口中间投入	部门 1 … 部门 n		x_{ij}^M		C_i^M	IN_i^M	EX_i^M	Y_i^M	M_i	
增加值			v_{ij}							
总投入合计			X_j							

在表 3—2 中，元素上标为 D 的是国内产品，元素上标为 M 的是进口产品。拆分后的投入产出表中的元素与拆分之前的表 3—1 存在以下对应关系：

$$
\begin{cases}
x_{ij}^D + x_{ij}^M = x_{ij} \\
C_i^D + C_i^M = C_i \\
IN_i^D + IN_i^M = IN_i \\
EX_i^D + EX_i^M = EX_i \\
Y_i^D + Y_i^M = Y_i \\
\sum_{i=1}^{n} x_{ij}^M + Y_i^M = M_i
\end{cases}
$$

其中：

$$
Y_i^M = M_i \frac{Y_i}{\sum_{j=1}^{n} x_{ij} + Y_i}, \quad C_i^M = \frac{C_i}{Y_i} Y_i^M, \quad IN_i^M = \frac{IN_i}{Y_i} Y_i^M, \quad EX_i^M = \frac{EX_i}{Y_i} Y_i^M,
$$

$$
Y_i^M = C_i^M + IN_i^M + EX_i^M, \quad Y_i^D = C_i^D + IN_i^D + EX_i^D
$$

上述拆分后的投入产出表仍然满足行和列的平衡关系：

A. 国内产品的行平衡关系式：$\sum_{j=1}^{n} a_{ij}^{D} X_j + Y_i^D = X_i$

B. 进口产品的行平衡关系式：$\sum_{j=1}^{n} a_{ij}^{M} X_j + Y_i^M = X_i$

C. 列向平衡关系式：$\sum_{i=1}^{n} a_{ij}^{D} + \sum_{i=1}^{n} a_{ij}^{M} = X_i + v_j = X_j$

根据上述国内产品的行平衡关系式，我们可以得到：

$$A^D X + Y^D = X \Rightarrow X = (I - A^D)^{-1} Y^D = (I - A^D)^{-1} (C^D + IN^D + EX^D)$$

于是，我们可以得到排除转口贸易的出口所带来的总产出 X^{EX}：

$$X^{EX} = (I - A^D)^{-1} EX^D = (I - A^D)^{-1} (EX - EX^M)$$

令 $\hat{A}_v$ 为增加值对角矩阵，即对角线元素为各部门增加值占该部门总投入的比例：

$$\hat{A}_v = \begin{bmatrix} 1 - \sum_{i=1}^{n} a_{i1} & 0 & \Lambda & 0 \\ 0 & 1 - \sum_{i=1}^{n} a_{i2} & \Lambda & 0 \\ M & M & O & M \\ 0 & 0 & \Lambda & 1 - \sum_{i=1}^{n} a_{m} \end{bmatrix}$$

因此，在开放经济条件下，我们可以得到排除转口贸易的出口对 GDP 总量的贡献率为：

$$\eta_{EX} = \frac{\sum V^{EX}}{\sum_{j=1}^{n} v_j} = \frac{\sum (\hat{A}_v X^{EX})}{\sum_{j=1}^{n} v_j} = \frac{\sum (\hat{A}_v (I - A^D)^{-1} (EX - EX^M))}{\sum_{j=1}^{n} v_j}$$

接下来，我们在进口被拆分后的开放经济投入产出表的基础上分析进口对 GDP 的贡献。我们定义供给系数或分配系数为：$d_{ij}=\dfrac{x_{ij}^{D}}{X_i}$，$e_{ij}=\dfrac{x_{ij}^{M}}{M_i}$，即 $x_{ij}^{D}=d_{ij}X_i$，$x_{ij}^{M}=e_{ij}M_i$。

将上述供给系数代入列向平衡关系式中，我们可以得到：

$$\sum_{i=1}^{n} d_{ij}X_i+\sum_{i=1}^{n} e_{ij}M_i+v_j=X_j,\text{即 } D^TX+E^TM+V=X\text{。}$$

于是，我们可以得到：$X=(I-D^T)^{-1}E^TM+(I-D^T)^{-1}V=X^M+X^V$。其中，进口产品用于投入时所引起的总投入为：

$$X^M=(I-D^T)^{-1}E^TM$$

类似地，我们可以得到进口对 GDP 总量的贡献率为：

$$\eta_M=\frac{\sum V^M}{\sum_{j=1}^{n} v_j}=\frac{\sum(\hat{A}_vX^M)}{\sum_{j=1}^{n} v_j}=\frac{\sum(\hat{A}_v(I-D^T)^{-1}E^TM)}{\sum_{j=1}^{n} v_j}$$

如果能够得到相邻两年出口所产生的增加值（GDP_t^{EX}）或进口所产生的增加值（GDP_t^{M}），就可以计算出口或进口增长对 GDP 增长的贡献。其中，出口增长对 GDP 增长的贡献为：

$$\mu^{EX}=\frac{GDP_t^{EX}-GDP_{t-1}^{EX}}{GDP_t-GDP_{t-1}}=\frac{\eta_t^{EX}GDP_t-\eta_{t-1}^{EX}GDP_{t-1}}{GDP_t-GDP_{t-1}}=\frac{\eta_t^{EX}(1+g_t)-\eta_{t-1}^{EX}}{g_t}$$

进口增长对 GDP 增长的贡献为：

$$\mu^{M}=\frac{GDP_t^{M}-GDP_{t-1}^{M}}{GDP_t-GDP_{t-1}}=\frac{\eta_t^{M}GDP_t-\eta_{t-1}^{M}GDP_{t-1}}{GDP_t-GDP_{t-1}}=\frac{\eta_t^{M}(1+g_t)-\eta_{t-1}^{M}}{g_t}$$

上述公式中的 η_t^{EX} 与 η_t^M 分别为进口与出口对 GDP 的贡献率，g_t 为 GDP 的增长率。

一般来说，由出口或进口所产生的增加值（X^{EX}或 X^M）不等于出口总额或进口总额。于是，我们进一步定义出口贡献系数（δ^{EX}，单位出口所产生的增加值）与进口贡献系数（δ^M，单位进口所产生的增加值）：

$$\delta^{EX} = \frac{\text{出口产生增加值}}{\text{出口总额}} = \frac{\text{出口产生增加值}/GDP}{\text{出口总额}/GDP} = \frac{\text{出口对}\,GDP\,\text{的贡献率}}{\text{出口占}\,GDP\,\text{比例}}$$

$$\delta^{M} = \frac{\text{进口产生增加值}}{\text{进口总额}} = \frac{\text{进口产生增加值}/GDP}{\text{进口总额}/GDP} = \frac{\text{进口对}\,GDP\,\text{的贡献率}}{\text{进口占}\,GDP\,\text{比例}}$$

二、中国服务进出口对国内就业的贡献的计算方法

与计算服务进出口对经济增长影响的计算方法类似，我们继续利用投入产出方法计算服务贸易对国内就业的影响效应。为计算服务进出口贸易对就业的贡献，我们用 L_i 表示 i 部门的就业人数，l_i 表示 i 部门的劳动产出比，那么，$l_i = L_i/X_i$。令 $\hat{l}$ 表示各部门劳动产出比的对角矩阵，我们将上式写成矩阵的形式，即：$L = \hat{l} * X$。因此，在上述计算服务贸易对 GDP 的贡献的基础上，我们可以得到服务出口对就业的贡献：

$$L^{EX} = \hat{l} * X^{EX} = \hat{l}(I - A^D)^{-1}EX$$

类似地，我们也可以得到服务进口对就业的贡献：

$$L^M = \hat{l} * X^M = \hat{l}(I - D^T)^{-1}E^TM$$

我们利用上面的计算方法，采用 1995—2011 年世界投入产出表对中国服务进出口的经济增长贡献率和就业拉动情况进行了计算。之所以使用世界投入产出表，是因为在全球价值链分工迅猛发展的今天，世界

各国相互依赖的程度日益深化，利用世界投入产出表可以更好地反映出一国在全球价值链分工中的真实贸易地位。近年来，包括 WTO、OECD 以及欧盟等国际组织和学术机构都在积极编制各类国家间的投入产出表或世界投入产出表，在欧盟委员会的资助下，由荷兰格罗宁根大学和其他研究机构组成的研究团队发布了 1995—2011 年的 17 张世界投入产出表，为研究各国制造业部门产品的增加值结构提供了很好的分析工具。世界投入产出表包含 41 个国家和地区，涵盖 35 个农业、矿业、制造业和服务业部门，能够清晰地展示各国各部门之间的投入产出关系。表 3—3 描绘了一个简单的两国两部门世界投入产出表的框架结构。该表的水平方向表示各国各部门产品的使用情况，包括本国和外国的中间使用和最终使用，垂直方向描绘了各国各部门产品在生产过程中所使用的中间投入和要素的增加值等。从本质上看，世界投入产出表的基本结构与单个国家的投入产出表基本相同，只是前者利用国际贸易数据把各类产品的使用情况以及各类产品生产所需的中间投入品进行了国别分解。

表 3—3　世界投入产出表的基本结构（2 国 2 部门）

	A 国 1 部门	A 国 2 部门	B 国 1 部门	B 国 2 部门	A 国 1 部门	A 国 2 部门	B 国 1 部门	B 国 2 部门	总产出
	中间使用				最终使用				
A 国 1 部门	对本国 1 部门的中间使用	对本国 1 部门的中间使用	对 A 国 1 部门的中间使用	对 A 国 1 部门的中间使用	对本国 1 部门的最终使用	对本国 1 部门的最终使用	对 A 国 1 部门的最终使用	对 A 国 1 部门的最终使用	A 国 1 部门的产出
A 国 2 部门	对本国 2 部门的中间使用	对本国 2 部门的中间使用	对 A 国 2 部门的中间使用	对 A 国 2 部门的中间使用	对本国 2 部门的最终使用	对本国 2 部门的最终使用	对 A 国 2 部门的最终使用	对 A 国 2 部门的最终使用	A 国 2 部门的产出
B 国 1 部门	对 B 国 1 部门的中间使用	对 B 国 1 部门的中间使用	对本国 1 部门的中间使用	对本国 1 部门的中间使用	对 B 国 1 部门的最终使用	对 B 国 1 部门的最终使用	对本国 1 部门的最终使用	对本国 1 部门的最终使用	B 国 1 部门的产出
B 国 2 部门	对 B 国 2 部门的中间使用	对 B 国 2 部门的中间使用	对本国 2 部门的中间使用	对本国 2 部门的中间使用	对 B 国 2 部门的最终使用	对 B 国 2 部门的最终使用	对本国 2 部门的最终使用	对本国 2 部门的最终使用	B 国 2 部门的产出

续表

	A 国 1 部门	A 国 2 部门	B 国 1 部门	B 国 2 部门	A 国 1 部门	A 国 2 部门	B 国 1 部门	B 国 2 部门	总产出
	中间使用				最终使用				
	增加值	增加值	增加值	增加值					
	A 国 1 部门的产出	A 国 2 部门的产出	B 国 1 部门的产出	B 国 2 部门的产出					

资料来源：根据 Timmer（2012）整理得到。

三、中国服务出口对经济增长的贡献率

首先，我们列出了 1995—2011 年中国服务出口的规模，发现所有服务业部门的出口贸易规模都呈现增长态势，其中，设备租赁及其他业务、水路运输业、邮电业、航空运输业、金融业等服务部门出口增幅较大。服务出口贸易额在中国加入世界贸易组织之后获得了高速发展，对国民经济增长提供了有利的支持。

表 3—4 历年中国服务出口规模（单位：百万美元）

服务业部门	1995	1997	1999	2001	2003	2005	2007	2009	2011
建筑业	781	304	412	789	1639	3168	5613	5563	8911
批发贸易和经纪贸易	0	12442	12653	18228	27518	37265	46262	45854	73451
零售业；家庭用品维修业	0	2574	2618	3771	5693	7709	9571	9486	15195
餐饮业	3726	3008	2740	3535	5272	7779	10523	10430	16708
内陆运输业	2120	1366	1745	3157	5439	7635	9826	9739	15601
水路运输业	1422	1271	2020	4550	9582	16150	24955	24734	39620
航空运输业	2316	2316	2548	3970	6905	11475	17482	17328	27757
其他辅助运输；旅行社业务	4086	4139	2130	1553	1758	2643	3642	3610	5782
邮电业	793	1295	1210	1601	2611	4494	7091	7029	11259
金融业	314	215	159	168	279	613	1238	1227	1965
房地产业	0	0	0	0	0	0	0	0	0
设备租赁及其他业务	1051	732	5697	8067	14088	25481	42249	41876	67079
公共行政、国防；社会保障	185	68	101	212	377	485	571	566	907

续表

服务业部门	1995	1997	1999	2001	2003	2005	2007	2009	2011
教育	148	231	156	149	189	269	352	349	559
卫生与社会工作	97	67	70	104	0	0	550	545	873
其他社区、社会和私人服务业	3422	4454	5081	8687	11338	9856	8576	8500	13616
加总	20461	34482	39340	58541	92688	135022	188501	186836	299283

数据来源：历年世界投入产出表。

从表3—5可以看出，1995—2011年中国服务出口拉动的国内增加值整体上都在逐年稳步上升，已经从1995年的18339上升到2011年的259682，增长了12倍。这说明，服务出口作为拉动国内增加值的重要力量，在国民经济发展中做出了重要贡献。从服务出口的贡献系数来看，1995—2011年间，基本上都在0.85以上，说明服务出口所引发的国内增加值在服务出口总值中的比例是比较高的。我们计算了服务出口对GDP总量的贡献率，这个贡献率是由服务出口产生的国内增加值除以GDP得到的，虽然比例系数较低，1995—2011年有一定增长，从1995年的0.0252上升到2011年的0.0356，但该贡献率也经历了一定的波动，有一个先上升后下降的过程，在2005年达到最高点0.0509，美国次贷危机爆发以来，服务出口对GDP的贡献率呈现下滑。这说明服务出口对GDP的贡献率还有很大的上升空间。

表3—5 中国服务贸易出口贡献系数和GDP贡献率

年份	服务出口拉动的国内增加值	服务出口贡献系数	服务出口对GDP总量的贡献率（%）
1995	18339	0.8963	0.0252
1996	17269	0.9046	0.0202
1997	31326	0.9085	0.0329
1998	35021	0.9200	0.0344
1999	35840	0.9110	0.0331
2000	45990	0.8924	0.0384
2001	52570	0.8980	0.0397

续表

年份	服务出口拉动的国内增加值	服务出口贡献系数	服务出口对 GDP 总量的贡献率（%）
2002	67660	0.8913	0.0465
2003	80997	0.8739	0.0494
2004	98045	0.8530	0.0508
2005	115000	0.8517	0.0509
2006	134752	0.8488	0.0497
2007	161248	0.8554	0.0461
2008	192528	0.8619	0.0426
2009	166001	0.8885	0.0333
2010	215864	0.8747	0.0364
2011	259682	0.8677	0.0356

数据来源：根据历年世界投入产出表计算得到。

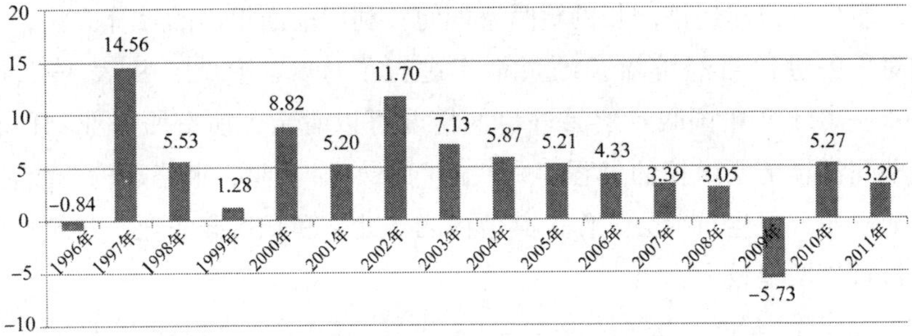

图 3—1 中国服务贸易出口对经济增长的贡献率（单位:%）

数据来源：根据历年的世界投入产出表计算得到。

从中国服务贸易出口对经济增长的贡献率来看，总体上讲，中国服务出口对 GDP 增长的拉动力较小，一些年份的数值很低，甚至出现负拉动。1997 年，中国服务出口对 GDP 增长的贡献率最大，达到 14.56%，此后几年出现下降。在中国加入世界贸易组织之后，服务出口对 GDP 增长的贡献率在 2002 年又达到了一个高点，即 11.7%，此后又呈现下降趋势。2009 年由于全球经济危机爆发，中国服务出口出现较大下滑，对当年 GDP 增长的贡献率为负值，为 -5.73%。从服务出口对经济增长的贡献率来看，中国服务贸易出口对 GDP 增长的拉动还是比较有限的，而发达资本主义国家的服务贸易出口对 GDP 增长的拉动较多。因此，从这个指标来看，中国服务贸易出口拉动经济增长的空间还是非常大的，在国内经济增长速度放缓，进入经济新常态的背景下，扩大服务贸易出口，增强服务贸易对 GDP 增长率的拉动作用是实现经济保持持续增长的重要路径之一。

表 3—6　中国服务贸易出口对经济增长的贡献率（单位:%）

1996	1997	1998	1999	2000	2001	2002	2003	2004	2005	2006	2007	2008	2009	2010	2011
-0.84	14.56	5.53	1.28	8.82	5.2	11.7	7.13	5.87	5.21	4.33	3.39	3.05	-5.73	5.27	3.2

数据来源：根据历年世界投入产出表计算得到。

四、服务进口对经济增长的贡献率

服务进口对经济增长的贡献率如何？利用前面提出的计算方法，我们对服务进口对经济增长的贡献率进行了计算。首先，从表 3—7 中 1995—2011 年中国服务贸易进口的情况可以看出，所有服务业部门在此期间都经历了增长的过程，一些部门，如邮电业、水路运输、教育、房地产业、卫生与社会工作、其他社区、社会和私人服务业、建筑业的进口贸易增幅较大。

表 3—7　中国服务贸易进口（单位：百万美元）

服务业部门	1995	1997	1999	2001	2003	2005	2007	2009	2011
建筑业	6025	6585	9527	14390	23631	32273	40109	47479	83376
批发贸易和经纪贸易	3098	3213	3429	4603	6625	6007	10866	12167	21232
零售业；家庭用品维修业	641	665	709	952	1371	3953	2248	2517	4392
餐饮业	746	740	741	1005	1898	3082	4586	5787	9344
内陆运输	1417	1733	1464	2057	2980	4362	5953	5700	11056
水路运输	239	488	775	1514	2106	2782	3291	2945	5792
航空运输	313	450	452	652	944	1458	2488	2307	4330
其他辅助运输；旅行社业务	550	775	387	420	841	2168	3469	3180	6005

续表

服务业部门	1995	1997	1999	2001	2003	2005	2007	2009	2011
邮电业	439	751	1428	2950	5247	7784	8153	7345	11923
金融业	1584	1290	1195	1453	2041	2787	5017	5499	9429
房地产业	351	334	465	741	1632	2674	3252	3383	5826
设备租赁及其他业务	3440	3905	3838	5635	9650	18021	23159	19345	30549
公共行政、国防；社会保障	1391	1592	1501	2178	3304	5343	7125	6821	11343
教育	777	1006	1123	1544	3010	5451	8485	8643	13971
卫生与社会工作	1311	2385	2677	3075	4429	8679	12650	13054	20970
其他社区、社会和私人服务业	877	1241	1716	2740	4376	6730	9002	9031	13995
加总	23199	27153	31427	45909	74085	113554	149853	155203	263533

数据来源：根据历年世界投入产出表整理得到。

从表3—8中可以看到，中国服务进口贸易推动的国内增加值在1995—2011年呈现比较明显的增长态势，已经从1995年的27423百万美元上升到2011年的352739百万美元。特别是2009年以后，服务贸易进口推动的国内增加值增长非常快。进口国外的服务产品，既可以满足国内消费者的需求，又可以作为国内企业重要的中间投入品，进而推动国内增加值的提升。我们可以发现服务进口的贡献系数，也就是服务进口推动的国内增加值与服务进口总额之间的比例，在1995—2011年间都超过了1.13，说明服务进口推动的国内增加值超过了服务进口贸易总额的价值。我们可以看到，服务进口贡献系数逐年提高，从1995年的1.1820上升至2011年的1.3385，增长了13.24%。我们重点关注一下服务进口对GDP总量的贡献率，从总体上看，这一贡献率在1995—2011年间呈现先下降再上升，然后又下降再上升的变化趋势，在2004年，服务进口对GDP的贡献率达到最高的0.0614。近年来，这一贡献率指标有所提升，表明服务进口对GDP的贡献开始提升。从服务进口对GDP总量的贡献率来看，近年来这一指标的绝对值水平要高于服务出口对GDP总量的贡献率，说明服务进口对GDP的形成同样非常重要，这可能是我们以前所忽视的。

表 3—8　中国服务进口贸易对 GDP 的拉动及其贡献率

年份	服务进口推动的国内增加值（百万美元）	服务进口贡献系数	服务进口对 GDP 总量的贡献率（%）
1995	27423	1.1820	0.0377
1996	27300	1.1820	0.0319
1997	30906	1.1382	0.0324
1998	32060	1.2585	0.0314
1999	39988	1.2724	0.0369
2000	51574	1.2441	0.0430
2001	58650	1.2775	0.0443
2002	74443	1.3112	0.0512
2003	94176	1.2712	0.0574
2004	118549	1.1716	0.0614
2005	129901	1.1440	0.0576
2006	146245	1.1364	0.0539
2007	170862	1.1402	0.0489
2008	201233	1.1714	0.0445
2009	209657	1.3509	0.0421
2010	272358	1.3170	0.0459
2011	352739	1.3385	0.0483

数据来源：根据历年世界投入产出表计算得到。

从图 3—2 所描绘的中国服务贸易进口对经济增长的拉动率来看，目前服务进口对 GDP 增长率的拉动作用较小，平均在 0.8 左右。从拉动的水平来看，2004 年中国服务进口对经济增长的拉动率最高，达到 1.49%，而 1996 年服务进口对经济增长的拉动率为 -0.02%，不但没有拉动经济增长，反而拖累了经济增长率的提高。从服务进口对经济增长的拉动率变化特点来看，波动特征较为明显。1996—2004 年，服务进口对 GDP 增长的拉动率呈增长态势且绝对值水平较高，但 2005 年比 2004 年的拉动率下降较多，此后虽然呈现较为稳定的增长态势，但是由于 2009 年全球经济衰退的影响，中国服务进口也出现一个较大的下滑，对经济增长的拉动从 2008 年的 0.87% 下降到 2009 年的 0.19%。

好在2010年和2011年中国服务进口对经济增长的推动力开始有较大幅度提升，分别达到1.26%和1.36%，恢复到2003年的水平。当然，中国服务进口对经济增长的推动作用还有很大的提升空间。

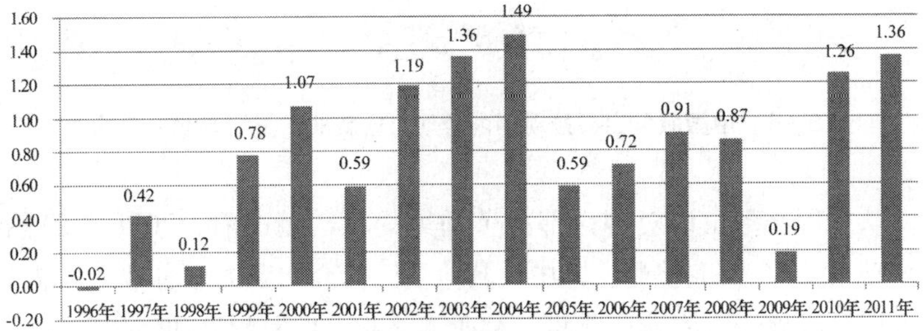

图3—2　中国服务贸易进口对经济增长的贡献率（单位:%）

表3—9　中国服务贸易进口对经济增长的贡献率（单位:%）

1996	1997	1998	1999	2000	2001	2002	2003	2004	2005	2006	2007	2008	2009	2010	2011
-0.02	0.42	0.12	0.78	1.07	0.59	1.19	1.36	1.49	0.59	0.72	0.91	0.87	0.19	1.26	1.36

数据来源：根据历年世界投入产出表计算得到。

第三节　服务进出口对就业贡献的实证分析

一、服务出口对就业的贡献率

从中国服务出口拉动的国内劳动力总量来看，从1995年的2027.8万人上升到2011年的2565万人，增长了26.5%。从服务出口拉动国内劳动力总量的变动趋势来看，1995—2004年呈现上升态势，而2004—2009年呈现下降态势，2009—2011年又趋于上升。

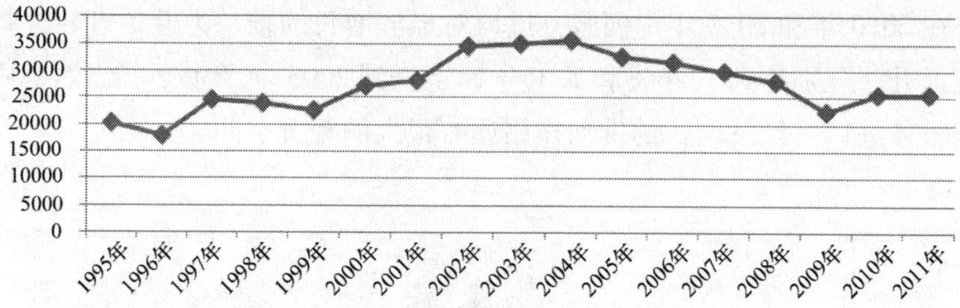

图 3—3 中国服务出口拉动国内劳动力的就业数量（单位：千人）

从中国服务出口对国内部门劳动力的拉动情况看，2011 年服务出口拉动了 2565 万人就业，其中对其他社区社会和私人服务业、零售业、家庭用品维修业、农业、狩猎、林业和渔业、批发贸易和经纪贸易、餐饮业等部门拉动了较多的劳动力就业，对皮革、皮革制品和鞋类、房地产业等部门拉动的劳动力就业较少。

表 3—10 中国服务出口拉动国内各部门劳动力的就业数量（单位：千人）

部门名称	1995	1997	1999	2001	2003	2005	2007	2009	2011
农业、狩猎、林业和渔业	3150	3273	3328	3888	5147	5674	5203	3793	3593
采矿业	245	260	215	224	281	315	304	241	246
食品、饮料和烟草	139	177	180	191	213	313	309	244	276
纺织原料及纺织制品	69	114	150	196	246	254	286	285	268
皮革、皮革制品和鞋类	8	14	17	14	18	23	32	32	33
木材、木材产品和软木	35	57	67	81	98	132	148	115	119
纸浆、纸张、印刷和出版	85	167	237	304	303	535	571	447	444
焦炭、精炼石油及核燃料	37	36	35	38	53	68	70	54	65
化学品和化工产品	88	106	100	117	148	155	169	139	151
橡胶和塑料制品	60	100	135	162	195	218	234	196	194
其他非金属矿产品	128	132	96	112	114	98	96	61	65
基本金属和金属制品	110	132	120	135	139	128	140	115	122
机械电气产品	137	150	116	140	162	125	150	125	128
电气和光学设备	49	106	139	155	159	137	194	201	248
运输设备	89	97	101	132	159	157	188	140	177
其他制造业和回收业	80	109	126	103	67	43	49	47	51

续表

部门名称	1995	1997	1999	2001	2003	2005	2007	2009	2011
电力、天然气和自来水的供给	51	65	68	83	107	116	108	82	78
建筑业	241	143	179	266	307	317	386	248	390
批发贸易和经纪贸易	140	1429	1282	1525	2061	3120	1965	1374	1754
零售业；家庭用品维修业	375	3844	3448	4101	5541	3239	5282	3696	4765
餐饮业	1300	1133	873	902	1151	1594	1664	1291	1519
内陆运输	887	680	764	1010	1520	1720	1475	1186	1276
水路运输	564	391	230	264	453	600	671	525	575
航空运输	235	206	175	200	295	515	536	479	678
其他辅助运输；旅行社业务	689	582	327	263	282	208	183	134	168
邮电业	420	428	301	289	343	453	515	377	479
金融业	94	121	146	182	228	243	213	164	196
房地产业	11	19	16	18	26	31	32	24	34
设备租赁及其他业务	165	141	330	327	439	579	606	452	533
公共行政和国防义务社会保障	61	15	18	28	40	44	42	33	36
教育	135	164	105	86	112	152	148	129	128
卫生与社会工作	30	17	19	24	18	22	43	36	41
其他社区社会和私人服务业	10368	10177	9225	12590	14536	11430	7901	5988	6820
加总	20278	24582	22666	28150	34960	32757	29911	22450	25650

注：汽车、摩托车的销售、维修和燃料零售；最后一个部门因没有数据，因此予以剔除。

二、服务进口对就业的贡献

从中国服务进口对就业的推动来看，总体上1995—2011年服务进口对国内劳动力就业具有较强的促进作用，特别是1997—2004年保持了较快的增长势头，2004—2009年虽有下滑，但2009—2011年服务进口对劳动力就业的推动作用不容忽视。特别是自2005年以来，服务进口所推动的劳动力数量比服务出口所拉动的劳动力数量要更多，对就业的贡献也更大一些。

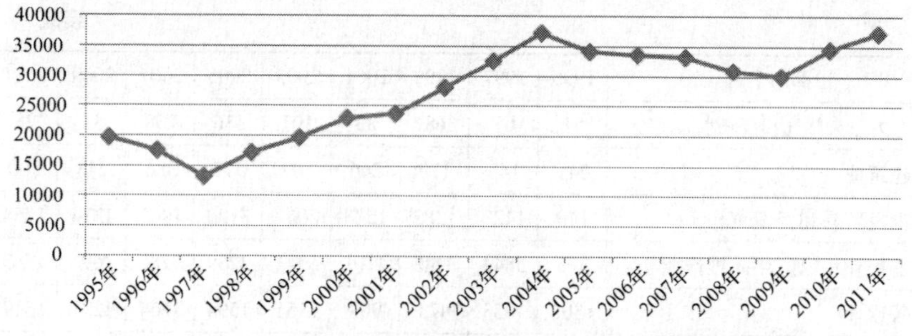

图 3—4 中国服务进口推动国内各部门劳动力就业数量

表 3—11 列出了中国服务进口对国内各部门劳动力就业的带动情况，服务进口对其他社区社会和私人服务业的劳动力就业带动最多，其次是零售业、家庭用品维修业、建筑业等。从总体上看，服务进口对各类服务部门的劳动力就业具有较为明显的推动作用，对一些制造业部门的推动作用较弱，当然，与服务业部门关系较为密切的制造业部门的劳动力就业也得到相应的提高。

表 3—11 中国服务进口推动国内各部门劳动力就业数量（单位：千人）

部门名称	1995	1997	1999	2001	2003	2005	2007	2009	2011
农业、狩猎、林业和渔业	580	542	1067	1904	2975	2642	2181	2092	2149
采矿业	475	242	462	469	620	490	453	468	571
食品、饮料和烟草	38	36	52	63	85	131	118	123	145
纺织原料及纺织制品	55	49	87	100	140	161	168	214	213
皮革、皮革制品和鞋类	32	45	57	46	55	78	95	122	134
木材、木材产品和软木	392	395	769	1010	1449	1770	1364	1456	1700
纸浆、纸张、印刷和出版	238	250	344	447	491	786	911	870	895
焦炭、精炼石油及核燃料	68	36	74	61	76	69	75	76	98
化学品和化工产品	103	60	110	133	162	158	139	148	173
橡胶和塑料制品	139	145	222	271	357	407	377	419	452
其他非金属矿产品	594	312	493	674	1094	1069	922	820	990
基本金属和金属制品	140	88	159	211	227	184	138	153	185
机械电气产品	155	70	137	174	202	144	143	160	182
电气和光学设备	73	51	79	81	82	66	70	89	118

续表

部门名称	1995	1997	1999	2001	2003	2005	2007	2009	2011
运输设备	86	48	81	98	85	77	77	73	99
其他制造业和回收业	705	551	836	630	529	495	379	478	550
电力、天然气和自来水的供给	150	98	139	178	216	154	154	154	162
建筑业	1449	1157	1811	2343	2821	2622	2389	1838	3131
批发贸易和经纪贸易	505	380	470	544	731	883	692	589	807
零售业；家庭用品维修业	3161	2377	3199	3753	5106	3271	4848	4468	6098
餐饮业	544	450	534	570	830	1236	1408	1373	1663
内陆运输	985	686	869	967	1470	1801	1732	1774	2101
水路运输	734	139	335	275	340	320	281	292	344
航空运输	149	112	154	157	190	237	253	304	441
其他辅助运输；旅行社业务	260	278	338	540	1163	792	645	637	881
邮电业	1129	396	741	761	879	974	860	703	940
金融业	181	156	203	257	364	445	326	270	356
房地产业	38	23	26	31	50	61	54	44	65
设备租赁及其他业务	517	224	265	261	343	439	377	276	331
公共行政和国防义务社会保障	456	240	268	283	340	442	445	316	390
教育	632	379	483	487	766	1062	1086	853	994
卫生与社会工作	374	339	434	422	490	628	563	444	569
其他社区社会和私人服务业	4636	2971	4434	5457	7897	10183	9561	7988	9353
加总	19772	13325	19732	23657	32626	34279	33285	30084	37281

第四节 服务增加值对中国制造业部门产出的影响

一、制造业产品服务增加值比例的定义和计算方法

随着通信技术的不断进步和运输成本的日益下降，贸易投资自由化所推动的全球价值链分工日趋深化，服务业部门在制造业产品的全球价值链上的重要作用日益凸显。与发达国家相比较，中国依然处于制造业全球价值链的中低端环节。在面临日益激烈的国际市场竞争的同时，国

内的劳动力成本优势在逐渐减弱，人民币逐步升值，经济增长速度放缓，结构调整任务艰巨。在全球价值链分工日益发展、国内经济发展进入新常态的背景下，我们认为，提高中国制造业部门产品的服务含量是增强制造业国际竞争力、提升全球价值链分工地位、提高货物贸易的附加值和外贸综合效益的有效途径。

制造业产品的服务增加值比例是指，制造业产品中国内外服务业部门所贡献的增加值在产品总价值中所占的比例。在全球价值链分工和服务业日益发达的今天，制造业产品的生产需要直接和间接投入来自国内外的各种中间投入品，其中包括国内外服务业部门提供的各类中间产品。例如，生产性服务业部门可以在制造业产品全球价值链上的每一个环节提供中间服务，既可以在价值链上游提供研发、设计服务，又可在价值链中下游提供营销、运输、售后服务等。假设世界市场对某国某制造业部门产品的最终需求提高，那么为了满足这一新增需求，该制造业部门产品的产量需要相应增加，这就会拉动国内外提供相关中间产品的服务业部门的产出，进而产生了各服务业部门的增加值。如果把这些国内外服务业部门贡献的增加值加总起来，即为该制造业部门产品的服务增加值。我们可以这样认为，如果某制造业产品的服务增加值在产品总价值中的比例较高，则表明该产品的服务化水平较高。

假设世界有 N 个国家，每个国家有 S 个部门、F 种生产要素，每个部门只生产一种产品，这样整个世界共有 SN 种产品。每种产品的生产需要投入本国的生产要素和来自国内外的各种中间投入品，每种产品的产出可以用来满足国内外部门的中间需求和最终需求。我们用 i 表示来源国，用 j 表示目的地国，用 s 代表来源国部门，用 t 代表目的地国部门，则产品市场的出清条件为：

$$y_i(s) = \sum_j f_{ij}(s) + \sum_j \sum_t m_{ij}(s,t) \tag{1}$$

其中，y_i（s）表示 i 国 s 部门的产出价值，f_{ij}（s）表示 j 国对 i 国 s 部门产品的最终使用价值，m_{ij}（s，t）表示 j 国 t 部门对 i 国 s 部门产品的中间使用价值。利用矩阵代数，SN 种产品的市场出清条件可以构成一个世界投入产出系统，令 y 为 SN×1 的包含世界各国各部门产出的列向量，f 为 SN×1 的对各国各部门产品的世界最终需求向量。令世界投入产出系数矩阵为 A，其中的每个元素 $a_{ij}(s, t) = m_{ij}(s, t)/y_j(t)$ 描绘了 i 国 s 部门的产品作为 j 国 t 部门的中间投入在 j 国 t 部门总产出中的比重。这样，整个世界市场的出清条件可以写作 $y = Ay + f$，世界投入产出恒等式为 $y = (I - A)^{-1}f$，其中，I 是 SN×SN 的单位矩阵，$(I - A)^{-1}$ 为世界里昂惕夫逆矩阵，这个逆矩阵的第 m 行第 n 列元素表示生产 1 单位价值的最终产品 n 所需要的 m 部门产品的产出价值。我们要得到某最终产品的增加值分布，需要把对该产品的最终需求价值转化为各国各部门通过直接和间接参与此最终产品的生产过程而产生的增加值。为此，定义 $p_i(s)$ 为 i 国 s 部门的增加值系数，即生产单位产品的增加值，然后构建 SN 维的增加值系数向量 p，考虑对增加值的间接贡献，我们得到为满足最终需求向量 f 的增加值向量 v，即 $v = \hat{p}(I - A)^{-1}f$，其中，$\hat{p}$ 为增加值系数对角矩阵，该矩阵对角线上的元素与向量 p 的元素相同。我们可以用 $\hat{p}(I - A)^{-1}$ 左乘任意最终需求向量，就可以得到与此最终需求向量相对应的世界各国各部门贡献的增加值。因此，利用世界投入产出表，我们可以把世界任何国家任何部门产品的增加值分布计算出来，当然也可以将制造业部门产品生产过程中服务业所贡献的增加值比例计算出来。下面，我们利用世界投入产出表对中国制造业部门产品的服务增加值比例进行计算和分解。

二、中国制造业产品的服务增加值比例及其内部分解

（一）中国制造业部门产品的服务增加值比例

从表 3—12 所列的中国制造业部门产品的服务增加值来看，1995—2011 年，大部分制造业部门产品的服务增加值比例都经历了增长过程，特别是 2005 年以后，制造业部门产品的服务增加值比例呈现快速上升趋势，但 2009 年以后，由于受国际金融危机和经济衰退的影响，金融业、运输业等服务业部门受冲击较大，后面分析发现这两类服务业部门是中国制造业产品服务增加值的重要来源，因此绝大部分制造业部门产品的服务增加值比例都出现不同程度的下滑。从具体制造业部门产品的服务增加值比例来看，增幅较大的部门有运输设备，食品、饮料和烟

草，电气和光学设备产品制造业，1995—2011 年间分别增长了 27.84%、20.47% 和 17.11%。服务增加值比例降幅较大的部门有其他制造业和回收业，皮革、皮革制品和鞋类，基本金属和金属制品制造业，1995—2011 年间分别下降 15.01%、13.26% 和 8.3%。从服务增加值比例的绝对值水平来看，1995 年，服务增加值比例较高的制造业产品有基本金属和金属制品，电器和光学设备以及皮革、皮革制品和鞋类，服务增加值比例分别为 0.2459、0.2379 和 0.2316；到 2011 年，服务增加值较高的部门变为运输设备、电气和光学设备、机械电气产品，其服务增加值比例分别为 0.2792、0.2786 和 0.2455。1995 年，食品、饮料和烟草，木材、木材产品和软木，焦炭、精炼石油及核燃料产品的服务增加值比例较低，到 2011 年，食品、饮料和烟草，其他制造业和回收业，焦炭、精炼石油及核燃料产品是服务增加值比例较低，其服务增加值比例分别为 0.1754、0.1812 和 0.1914。

表 3—12　1995—2011 年中国制造业部门产品的服务增加值比例

部门名称	1995	1997	1999	2001	2003	2005	2007	2009	2011
食品、饮料和烟草	0.1456	0.1443	0.1586	0.1735	0.1710	0.1565	0.1686	0.1754	0.1754
纺织原料及纺织制品	0.2144	0.1909	0.2006	0.2141	0.2117	0.1991	0.2068	0.2065	0.2040
皮革、皮革制品和鞋类	0.2316	0.2140	0.2259	0.2395	0.2274	0.2025	0.2001	0.2026	0.2009
木材、木材产品和软木	0.1991	0.1895	0.2015	0.2101	0.2031	0.1836	0.1918	0.2033	0.1991
纸浆、纸张、印刷和出版	0.2206	0.2054	0.2180	0.2263	0.2213	0.2069	0.2259	0.2370	0.2326
焦炭、精炼石油及核燃料	0.2083	0.2100	0.2170	0.2298	0.2223	0.1920	0.1989	0.2043	0.1914
化学品和化工产品	0.2159	0.2119	0.2210	0.2291	0.2267	0.2141	0.2335	0.2382	0.2338
橡胶和塑料制品	0.2188	0.2123	0.2176	0.2223	0.2196	0.2112	0.2282	0.2282	0.2300

续表

部门名称	1995	1997	1999	2001	2003	2005	2007	2009	2011
其他非金属矿产品	0. 2202	0. 2224	0. 2288	0. 2364	0. 2272	0. 2072	0. 2273	0. 2434	0. 2325
基本金属和金属制品	0. 2459	0. 2486	0. 2440	0. 2397	0. 2289	0. 2090	0. 2250	0. 2386	0. 2255
机械电气产品	0. 2201	0. 2030	0. 2184	0. 2310	0. 2322	0. 2268	0. 2400	0. 2553	0. 2455
电气和光学设备	0. 2379	0. 2309	0. 2432	0. 2529	0. 2557	0. 2561	0. 2721	0. 2886	0. 2786
运输设备	0. 2184	0. 2095	0. 2217	0. 2279	0. 2294	0. 2353	0. 2498	0. 2672	0. 2792
其他制造业和回收业	0. 2132	0. 1891	0. 1914	0. 1945	0. 1859	0. 1707	0. 1772	0. 1850	0. 1812

数据来源：笔者根据历年世界投入产出表计算得到。

（二）中国制造业部门产品的国内服务增加值比例

为了更深入地分析中国制造业产品的服务增加值来源，我们利用世界投入产出表，将制造业部门产品的服务增加值分解为国内服务增加值和国外服务增加值，并分别研究这两部分服务含量的变化特征和发展趋势。从表3—13 可以看出，1995—2011 年中国制造业部门产品的国内服务增加值比例经历了波动过程。1995—2001 年，制造业部门产品的国内服务增加值比例呈现增长趋势，但在2001—2005 年间，国内服务增加值比例转为下降态势，在 2005—2009 年间，国内服务增加值比例又恢复了增长，但受国际金融危机和全球经济衰退的影响，国内服务增加值比例在2009—2011 年间出现较为明显的下滑。从制造业产品的国内服务增加值比例的整体增幅来看，食品、饮料和烟草，电气和光学设备，运输设备的国内服务增加值比例在 1995—2011 年增长较多，分别为 19. 73%、13. 9% 和 13. 62%，而在此期间降幅较大的部门有炼焦、精炼石油及核燃料，基本金属和金属制品、其他制造业和回收业，分别下降 38. 03%、19. 98% 和 17. 76%。从国内服务增加值比例的绝对值水平来看，2011 年排在前列的部门产品有电气和光学设备、运输设备、其他非金属矿产品等，国内服务增加值比例分别为 0. 1959、0. 1936 和 0. 1871。对于电气和光学设备产品来说，价值 10000 元的该产品包括

1959元的国内服务增加值。由此可见，电气和光学设备产品的生产投入了较多的国内服务业增加值，表明该产品生产的国内服务化程度较高。2011年国内服务增加值比例较小的部门有焦炭、精炼石油及核燃料，其他制造业和回收业以及食品、饮料和烟草，其国内服务增加值比例分别为0.0955、0.138和0.1438，这些部门主要依赖物质型中间投入品进行生产，因此对服务型中间投入品需求较少。

表3—13 1995—2011年中国制造业部门产品的国内服务增加值比例

部门名称	1995	1997	1999	2001	2003	2005	2007	2009	2011
食品、饮料和烟草	0.1201	0.1233	0.1380	0.1492	0.1399	0.1222	0.1342	0.1464	0.1438
纺织原料及纺织制品	0.1634	0.1462	0.1527	0.1602	0.1508	0.1384	0.1539	0.1668	0.1618
皮革、皮革制品和鞋类	0.1739	0.1677	0.1776	0.1846	0.1664	0.1426	0.1482	0.1621	0.1591
木材、木材产品和软木	0.1544	0.1577	0.1682	0.1740	0.1585	0.1351	0.1435	0.1658	0.1560
纸浆、纸张、印刷和出版	0.1772	0.1689	0.1799	0.1847	0.1698	0.1481	0.1605	0.1829	0.1726
焦炭、精炼石油及核燃料	0.1541	0.1575	0.1733	0.1669	0.1414	0.1039	0.1067	0.1286	0.0955
化学品和化工产品	0.1707	0.1693	0.1775	0.1783	0.1626	0.1435	0.1631	0.1890	0.1715
橡胶和塑料制品	0.1671	0.1637	0.1691	0.1696	0.1539	0.1373	0.1555	0.1804	0.1680
其他非金属矿产品	0.1869	0.1921	0.1992	0.2012	0.1822	0.1580	0.1769	0.2031	0.1871
基本金属和金属制品	0.2007	0.2080	0.2046	0.1926	0.1681	0.1423	0.1564	0.1809	0.1606
机械电气产品	0.1755	0.1610	0.1782	0.1819	0.1681	0.1520	0.1663	0.1991	0.1819
电气和光学设备	0.1720	0.1716	0.1770	0.1701	0.1523	0.1442	0.1685	0.2072	0.1959
运输设备	0.1704	0.1641	0.1794	0.1784	0.1636	0.1599	0.1761	0.2090	0.1936
其他制造业和回收业	0.1678	0.1543	0.1561	0.1558	0.1396	0.1214	0.1287	0.1459	0.1380

数据来源：笔者根据历年世界投入产出表计算得到。

（三）中国制造业部门产品的国外服务增加值比例

表3—14列出了1995—2011年中国制造业部门产品的国外服务增加值比例。我们发现，随着中国制造业部门日益参与全球价值链分工，制造业产品包含的国外服务增加值也日益增多。从发展趋势来看，绝大部分部门产品的国外服务增加值比例都呈现增长态势，特别是2001年以后，制造业产品的国外服务增加值比例增长很快，虽然在2007—2009年出现一定程度的下滑，但很快又恢复了增长态势。从制造业产品国外服务增加值比例的增长幅度来看，平均增幅高于国内服务增加值。1995—2011年国外服务含量增幅较大的部门产品有运输设备，焦炭、精炼石油及核燃料，基本金属和金属制品等，分别增长了78.33%、76.94%和43.58%。国外服务增加值比例下降幅度较大的部门有皮革、皮革制品和鞋类、纺织原料及纺织制品、其他制造业和回收业，1995—2011年间分别下降了27.56%、17.26%和4.85%。从国外服务增加值比例的绝对值水平来看，2011年，焦炭、精炼石油及核燃料，运输设备，电气和光学设备产品的国外服务增加值比例较高，分别达到0.0959、0.0856和0.0827，以上部门也是参与全球价值链分工程度较高的部门。而国外服务增加值比例较低的有食品、饮料和烟草，皮革、皮革制品和鞋类，纺织原料和纺织制品。

表3—14　1995—2011年中国制造业部门产品的国外服务增加值比例

部门名称	1995	1997	1999	2001	2003	2005	2007	2009	2011
食品、饮料和烟草	0.0255	0.0210	0.0206	0.0243	0.0311	0.0343	0.0344	0.0290	0.0316
纺织原料及纺织制品	0.0510	0.0447	0.0479	0.0539	0.0609	0.0607	0.0529	0.0397	0.0422
皮革、皮革制品和鞋类	0.0577	0.0463	0.0483	0.0549	0.0610	0.0599	0.0519	0.0405	0.0418
木材、木材产品和软木	0.0447	0.0318	0.0333	0.0361	0.0446	0.0485	0.0483	0.0375	0.0431

续表

部门名称	1995	1997	1999	2001	2003	2005	2007	2009	2011
纸浆、纸张、印刷和出版	0.0434	0.0365	0.0381	0.0416	0.0515	0.0588	0.0654	0.0541	0.0600
焦炭、精炼石油及核燃料	0.0542	0.0525	0.0437	0.0629	0.0809	0.0881	0.0922	0.0757	0.0959
化学品和化工产品	0.0452	0.0426	0.0435	0.0508	0.0641	0.0706	0.0704	0.0492	0.0623
橡胶和塑料制品	0.0517	0.0486	0.0485	0.0527	0.0657	0.0739	0.0727	0.0478	0.0620
其他非金属矿产品	0.0333	0.0303	0.0296	0.0352	0.0450	0.0492	0.0504	0.0403	0.0454
基本金属和金属制品	0.0452	0.0406	0.0394	0.0471	0.0608	0.0667	0.0686	0.0577	0.0649
机械电气产品	0.0446	0.0420	0.0402	0.0491	0.0641	0.0748	0.0737	0.0562	0.0636
电气和光学设备	0.0659	0.0593	0.0662	0.0828	0.1034	0.1119	0.1036	0.0814	0.0827
运输设备	0.0480	0.0454	0.0423	0.0495	0.0658	0.0754	0.0737	0.0582	0.0856
其他制造业和回收业	0.0454	0.0348	0.0353	0.0387	0.0463	0.0493	0.0485	0.0391	0.0432

数据来源：笔者根据历年世界投入产出表计算得到。

为详细分析中国制造业部门产品的国内服务增加值比例，我们以电气和光学设备制造业为例，对其产品的国内服务增加值来源进行了分解。从表3—15可以看出，国内各服务业部门对电气和光学设备产品贡献了程度不同的增加值，在1995年，国内的批发贸易和经纪贸易、金融业和内陆运输业对电气和光学设备制造业产品的贡献增加值比例较高，分别为0.0483、0.04和0.0241；到2011年，贡献增加值比例较高的服务业部门分别是批发贸易和经济贸易、金融业和设备租赁及其他业务部门，分别贡献了0.0467、0.0382和0.0258，反映出金融和租赁服务在电气和光学设备产品生产中的重要性。从国内各服务业部门贡献增加值的增长情况来看，公共行政和国防、卫生与社会工作、水路运输、设备租赁、邮电部门等增长较快。但总体来看，国内服务业部门在1995—2011年间对电气和光学设备产品贡献的增加值还不高，低于我们的预期，特别是有些部门的增加值贡献率出现下降，说明电气和光学设备产品的国内服务含量还不是很高，服务化程度水平较低。

表3—15　1995—2011年中国各服务业部门在电气和光学设备中贡献的增加值比例

部门名称	1995	1997	1999	2001	2003	2005	2007	2009	2011
批发贸易和经纪贸易	0.0483	0.0456	0.0492	0.0460	0.0383	0.0219	0.0371	0.0476	0.0467
零售业；家庭用品维修业	0.0100	0.0094	0.0102	0.0095	0.0079	0.0169	0.0076	0.0098	0.0096
餐饮业	0.0070	0.0093	0.0084	0.0071	0.0066	0.0066	0.0069	0.0084	0.0080
内陆运输	0.0241	0.0265	0.0261	0.0242	0.0189	0.0172	0.0175	0.0185	0.0177
水路运输	0.0012	0.0013	0.0055	0.0091	0.0078	0.0065	0.0057	0.0066	0.0063
航空运输	0.0013	0.0013	0.0020	0.0022	0.0014	0.0006	0.0007	0.0009	0.0008
其他辅助运输；旅行社业务	0.0038	0.0041	0.0027	0.0011	0.0011	0.0020	0.0024	0.0024	0.0023
邮电业	0.0053	0.0073	0.0094	0.0112	0.0108	0.0101	0.0103	0.0121	0.0119
金融业	0.0400	0.0344	0.0301	0.0258	0.0223	0.0204	0.0312	0.0410	0.0382
房地产业	0.0135	0.0103	0.0080	0.0067	0.0065	0.0069	0.0099	0.0121	0.0119
设备租赁及其他业务	0.0093	0.0123	0.0145	0.0156	0.0181	0.0208	0.0230	0.0292	0.0258
公共行政和国防义务社会保障	0.0000	0.0000	0.0000	0.0000	0.0001	0.0002	0.0002	0.0004	0.0003
教育	0.0011	0.0015	0.0013	0.0011	0.0011	0.0012	0.0013	0.0019	0.0014
卫生与社会工作	0.0002	0.0003	0.0005	0.0006	0.0010	0.0015	0.0017	0.0024	0.0019
其他社区社会和私人服务业	0.0031	0.0038	0.0048	0.0051	0.0050	0.0054	0.0063	0.0081	0.0071

数据来源：笔者根据历年世界投入产出表计算得到。

为详细分析中国电气和光学设备产品的国外服务增加值比例，我们利用世界投入产出表，对其产品的国外服务增加值按照来源地进行分解。从表3—16可以看出，大部分国家提供的服务增加值比例在1995—

2011年间都有所增长。2011年，来自美国、其他经济体、日本、台湾地区、德国的服务业增加值较高，说明这些经济体在中国电气和光学设备产品的生产过程中，提供了较多的服务业中间产品，贡献了较多的服务业增加值，也说明中国电气和光学设备的制造过程离不开这些经济体的服务业部门的参与。

表3—16 中国电气和光学设备产品的国外服务增加值分布

经济体	1995	2011	经济体	1995	2011
澳大利亚	0.001762	0.003728	意大利	0.001446	0.001914
奥地利	0.000305	0.000831	日本	0.017242	0.011186
比利时	0.000724	0.000964	韩国	0.004313	0.005331
保加利亚	0.000012	0.000043	立陶宛	0.000007	0.000035
巴西	0.000384	0.001372	卢森堡	0.000103	0.000196
加拿大	0.001252	0.001425	拉脱维亚	0.000008	0.000027
塞浦路斯	0.000008	0.000017	墨西哥	0.000239	0.000662
捷克	0.000058	0.000178	马耳他	0.000016	0.000041
德国	0.003217	0.005784	荷兰	0.001035	0.001722
丹麦	0.000230	0.000408	波兰	0.000084	0.000357
西班牙	0.000622	0.000575	葡萄牙	0.000218	0.000097
爱沙尼亚	0.000004	0.000027	罗马尼亚	0.000080	0.000099
芬兰	0.000228	0.000579	俄罗斯	0.000888	0.002996
法国	0.001769	0.002848	斯洛伐克	0.000022	0.000066
英国	0.002636	0.002190	斯洛文尼亚	0.000017	0.000040
希腊	0.000036	0.000203	瑞典	0.000529	0.001317
匈牙利	0.000052	0.000211	土耳其	0.000162	0.000303
印度尼西亚	0.000736	0.000490	台湾地区	0.006428	0.010690
印度	0.000259	0.001025	美国	0.012845	0.014550
以色列	0.000118	0.000423	其他经济体	0.009728	0.013530

数据来源：笔者根据世界投入产出表计算得到。

三、中国制造业产品的服务含量对制造业产出的影响

（一）模型设置和数据来源

前面我们对中国制造业产品的服务含量进行了解构分析，下面我们采用1995—2011年中国制造业部门的面板数据对各部门的生产函数进行估计，研究制造业产品的服务含量对制造业产出的影响。假设制造业部门的生产函数形式为Cobb-Douglas形式，即

$$Y_{it} = A_{it} K_{it}^{\beta} L_{it}^{\beta} \tag{2}$$

其中，Y_{it}代表i部门在t年的产出，A_{it}表示i部门在t年的全要素生产率，K_{it}代表i部门在t年的资本存量，L_{it}表示i部门在t年的劳动力数量，β_1和β_2表示资本和劳动的产出弹性。我们对上述生产函数取自然对数得到：

$$\log Y_{it} = \log A_{it} + \beta_1 \log K_{it} + \beta_2 \log L_{it} \tag{3}$$

借鉴Frank和Christian（2007）的方法，假设制造业部门的服务化水平是影响制造业部门全要素生产率的主要因素，因此我们假定全要素生产率$A_{it} = DS_{it}^{\beta_3} FS_{it}^{\beta_4}$，其中，$DS_{it}$表示第t年i部门产品的国内服务增加值比例；$FS_{it}$表示第t年i部门产品的国外服务增加值比例。我们对全要素生产率表达式两边取自然对数可以得到：

$$\log A_{it} = \beta_3 \log DS_{it} + \beta_4 \log FS_{it} \tag{4}$$

然后将（4）式代入（3）式，并加入常数项β_0、随机扰动项ε_{it}和部门固定效应d_i和时间固定效应λ_i，用于控制不可观测的部门和时间因素影响，最终得到需要估计的回归方程：

$$\log Y_{it} = \beta_0 + \beta_1 \log K_{it} + \beta_2 \log L_{it} + \beta_3 \log DS_{it} + \beta_4 \log FS_{it} + d_i + \lambda_i + \varepsilon_{it} \tag{5}$$

通过估计这个方程，可以分析制造业产品国内外服务含量对制造业全要素生产率和产出的影响。所有变量数据均来自于欧盟委员会资助开发的世界投入产出数据库（WIOD）。1995—2011 年中国制造业各部门的产出、资本存量、劳动力投入来自世界投入产出数据库中的社会经济账户（SEA）。制造业部门产品的国内外服务增加值比例已在前面利用计算得到，在此直接利用。为剔除价格变动的影响，产出、资本存量等数据均利用世界投入产出数据库提供的以 1995 年为基期的相关价格指数进行了调整。

（二）模型估计结果分析

我们将解释变量逐次加入，得到四个模型的回归结果，参见表 3—17。我们直接对模型 4 进行分析，资本存量 LOG（K）和劳动力数量 LOG（L）的回归系数为正，且都通过了 1% 的显著性水平检验，说明资本存量和劳动力投入增加会提高制造业部门的产出水平。我们发现，制造业产品的国内服务增加值比例 LOG（DS）的回归系数为正，且通过了 1% 水平的显著性检验，表明制造业产品的国内服务增加值能够显著提升制造业部门的全要素生产率水平，进而提高制造业部门的产出水平。与发达国家的经验研究结果相一致，制造业部门产品的国内服务化水平对于制造业部门的效率提升和规模增长具有重要的促进作用。同样，我们也发现制造业产品的国外服务增加值比例 LOG（FS）的回归系数显著为正，而且在绝对值上要大于国内服务增加值比例的系数水平，说明来自国外的服务增加值对中国制造业全要素生产率和产出也具有正面的促进作用，制造业产品国外服务含量的提高会提升生产效率和产出水平，而且来自国外的中间服务产品很可能会对制造业部门产生技术外溢效果。

表 3—17 中国制造业产品国内外服务含量对制造业产出水平的影响

解释变量	模型一	模型二	模型三	模型四
LOG（K）	0.8379 ***	0.9281 ***	0.7230 ***	0.8221 ***
	（0.0667）	（0.1009）	（0.0799）	（0.0903）

续表

解释变量	模型一	模型二	模型三	模型四
LOG（L）	0.2289 *** (0.0442)	0.2013 *** (0.0401)	0.2740 *** (0.0415)	0.2443 *** (0.0383)
LOG（DS）		0.3909 *** (0.1401)		0.4567 *** (0.1141)
LOG（FS）			0.4929 *** (0.1124)	0.5198 *** (0.0979)
常数项	2.3792 *** (1.0210)	2.3034 ** (1.2445)	4.7646 *** (1.1616)	4.8064 *** (1.1045)
部门固定效应	有	有	有	有
时间固定效应	有	有	有	有
调整后 R^2	0.9859	0.9865	0.9881	0.9889

注：***表示通过了1%的显著性水平检验，**表示通过了5%的显著性水平检验。括号内为标准差。

资料来源：SPSS软件回归结果。

需要指出的是，我们前面对中国制造业部门的国内服务增加值比例进行了计算，发现制造业部门的国内服务增加值比例虽然在1995—2009年间有所增长，但存在波动特征且还处于比较低的水平。同样，制造业部门产品的国外服务含量比例虽然增幅大于国内服务含量，但是绝对值水平也比较低。我们的研究结论与顾国达（2010）的结果相一致，近年来中国生产性服务业虽然发展较快，但各制造业部门的服务业中间投入率水平仍然不高。而回归结论表明制造业产品国内外服务含量均能显著促进未来制造业部门全要素生产率和产出水平的提高。因此，加快提升中国制造业产品的国内外服务增加值比例，将会有力增强其在全球价值链分工中的竞争优势。

四、政策启示与建议

通过上述研究，可以得到如下政策启示及建议：

第一，大力发展生产性服务业，推动制造业和服务业实现更紧密的融合发展。尽管中国制造业中的服务增加值不断提高，但与发达国家相比，中国制造业部门产品的服务化程度还较低，这大大制约了制造业发展水平和国际竞争力的提升。为此，应继续加强工业化和信息化、先进制造业与现代服务业的深度融合，通过大力发展软件和信息技术服务、物流运输、租赁、金融、工业设计、科技服务等生产性服务发展，提升国内服务业部门对制造业部门产品增加值的贡献率。要紧密结合《中国制造业 2025》规划、互联网 +、电子商务等新的国家战略和发展导向，发展智能制造、智慧工厂、大规模定制化生产等项目，通过应用移动互联网、物联网、工业互联网、大数据等现代信息技术，改造传统制造业生产方式和商业模式，提升中国制造业发展水平，实现中国制造与中国服务双轮驱动的经济新格局。

第二，中国制造业部门应重视通过扩大服务进口来参与全球价值链分工。为此，有关部门要进一步提高服务业部门的开放水平、扩大服务业市场准入，积极利用国外优质的服务业中间投入对本国制造业的技术溢出效应，提高中国制造业部门产品的国际竞争力。我们建议有针对性扩大有利于中国制造业生产效率提升的服务进口，例如金融服务、租赁服务、物流服务、信息技术服务、工业设计服务等，进一步完善《重点鼓励进口技术和产品目录》《战略性新兴产业重点产品和服务指导目录》等政策文件，进一步增加对制造业生产效率有提升作用的服务条目。

第三，服务业对于制造业升级换代和竞争力的提升已然成为共识，近两年，国务院及各部委发布了诸多促进服务业和服务贸易发展的政策文件，如《国务院关于加快发展服务贸易的若干意见》（国发〔2015〕8号）、《国务院关于促进服务外包产业加快发展的意见》（国发〔2014〕67号）、《国务院关于加快科技服务业发展的若干意见》（国发〔2014〕49号）、《国务院关于促进海运业健康发展的若干意见》（国发〔2014〕32号）、《国务院关于加快发展生产性服务业促进产业结构调整升级的指导意见》（国发〔2014〕26 号）等十多份政策文件。这些政策文件旨在通过加快服务业和服务贸易发展来促进经济结构实现战略性调整，这些政策文件的实施不仅有利于提升服务业竞争力，也必将有利于制造业实现转型升级和提升国际竞争力。为此，相关部门应积极落实上述政策文件精神，加快政策配套和落地实施，在产业政策、财税政策、区域政策、金融政策、贸易政策等方面的制定要跟进政策，并在“十三五”规划编制中充分体现制造业与服务业融合发展的思路，推进国内服务业特别是生产性服务业和服务贸易发展，这必将有力促进制造业部门转型升级，使之沿着全球价值链实现国际分工地位的跃升。

第五节 小结与启示：大力发展服务贸易是实现中国经济发展目标的必然选择

本章首先从理论上分析了中国服务进出口对经济增长和就业的拉动机制，指出服务进出口可以通过多种渠道对经济增长和就业起到重要的拉动作用。其次，本章利用投入产出技术推导了服务进出口对经济增长的贡献率以及服务进出口对就业拉动数量的计算公式，采用最新可得的1995—2011年世界投入产出表计算了中国服务进出口对经济增长和劳动力的贡献率和拉动数量。计算结果表明，中国服务进出口在此期间拉动了较多的国内增加值，对GDP的贡献不容忽视，当然服务进出口对经济增长的拉动率还不高，具有很大的增长空间。与服务出口相比，服务进口在拉动国内增加值方面以及在对GDP贡献率方面要更强一些，在拉动经济增长方面比服务出口要弱一些。在劳动力就业数量的拉动方面，服务进出口都做出了重要的贡献，特别需要指出的是，近年来服务进口对劳动力就业数量的推动作用比服务出口要更大。然后，本章利用世界投入产出表计算了1995—2011年中国制造业出口产品中的服务含量后发现，从整体上看，无论是国内服务含量还是国外服务含量均有所增长。回归结果表明，国内外服务含量对中国制造业产出和全要素生产率的贡献都是正向的，说明了服务进口和国内服务业对制造业国际竞争力的提升具有重要的推动作用。本章的政策启示是中国要实现经济转型，促进经济增长，拉动就业数量，必须重视和推动服务贸易的发展，既要扩大服务出口的规模，也应重视服务进口的重要作用，只有这样，才能真正实现经济转型的宏伟目标。

第四章
中国服务贸易发展现状与面临的形势

改革开放近40年来，中国有序扩大服务业开放，积极承担国际服务业转移，服务贸易由小到大，逐步成长为中国开放型经济的重要组成部分，中国也跻身世界服务贸易大国行列。当前，中国经济正处于转型升级关键阶段，经济的服务化趋势日趋明显，中国服务业和服务贸易迎来加速发展的黄金机遇。

第一节　中国服务贸易发展现状与特点

一、中国服务贸易发展概况

中国服务贸易紧随改革开放步伐不断发展，中国也由小到大逐步成长为世界服务贸易第二大国。据国家外汇管理局统计，2015 年中国服务贸易进出口 7554 亿美元，[①] 是 1982 年 47 亿美元的 161 倍，年均增长 16.65%，其中出口由 1982 年的 27 亿美元增长至 2015 年的 2865 亿美元，进口由 20 亿美元增长到 4689 亿美元。同时，服务贸易差额由 1982 年的顺差 6 亿美元，转变为 2015 年的 1824 亿美元。

---

① 据商务部统计数据，2015 年中国服务贸易进出口总额为 7130 亿美元。此处为保持统计数据来源的连续性和一致性，采用国家外汇管理局数据。

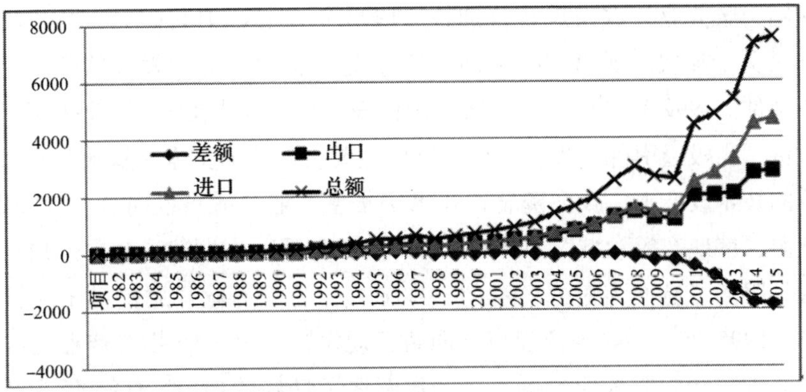

图 4—1　1982—2015 年中国服务贸易进出口额（单位：亿美元）

资料来源：国家外汇管理局。

服务贸易发展阶段基本与改革开放进程一致，可划分为以下四个阶段。

第一阶段，改革开放起步至 1992 年。以加工贸易和制造业领域吸收外资起步，逐步扩大到旅游、运输等服务业。这一阶段，服务业不是对外开放的重点领域，为配合制造业开放和加工贸易发展需要，为港澳台胞和华侨商人提供便利的营商环境，重点在国际饭店、国际运输等少数领域开放，并扩大了引进技术规模。总体上，这一时期服务业开放水平总体较低，各行业开放层次不一，服务贸易的发展也仅限行旅游、运输以及少量的技术贸易。1982 年，服务贸易进出口总额仅 46 亿美元，其中运输服务贸易 24 亿美元，旅游服务贸易 9 亿美元；到 1992 年，服务贸易进出口总额达 187 亿美元，其中，运输服务贸易 60 亿美元，旅游服务贸易 64 亿美元，总体呈现 2 亿美元的小幅逆差。旅游服务贸易以入境游为主，出境游受国家政策、外汇和国民收入水平限制增长不大，1992 年旅游服务贸易顺差 14 亿美元。国际运输服务进口增长较快，1992 年运输服务贸易逆差 27 亿美元。这一阶段，服务贸易基数小，增长速度快是其主要特点，1982—1992 年服务贸易年均增长 16.7%。

第二阶段，1992 年至 2001 年加入 WTO。为了更好地融入经济全球化进程并与国际规则相衔接，中国在这一时期加快了复关和加入 WTO

谈判，服务业开放发展步伐加快。1992 年 6 月，中共中央、国务院发布《关于加快发展第三产业的决定》，这是促进服务业发展的第一个重要文件。1992 年党的第十四次全国代表大会明确指出，“还要按照产业政策，积极吸引外商投资，引导外资主要投向基础实施、基础产业和企业的技术改造上，投向资金、技术密集型产业，适当投向金融、商业、旅游、房地产等领域”。1994 年《外贸法》第一次明确了技术进出口和国际服务贸易作为对外贸易的基本形式，为服务业开放提供了法律保障。1995 年《指导外商投资方向暂行规定》和《外商投资产业指导目录》的出台为服务业的进一步开放营造了良好的环境。1997 年党的十五大明确提出“有步骤地推进服务业的对外开放”。20 世纪 90 年代以后，中国服务贸易进入一个快速增长期。1992—2001 年服务贸易总额从 220 亿美元增加到 784 亿美元，年均增幅 15. 17%，占世界贸易的份额也相应从 0. 6% 上升到 2. 5% 左右。这一阶段，服务贸易实现由顺着向逆差的历史性转变，至此之后，服务贸易一直处于逆差状态。这一时期，除旅游、运输服务外，金融、保险服务，建筑服务，电信和计算机服务，商业服务贸易等都有不同程度发展。

第三阶段，加入 WTO 以后（2001—2012 年）。2001 年 12 月 11 日，中国加入世贸组织，服务业对外开放进入了一个全面开放的崭新阶段，形成了服务业整体开放的新格局。在加入 WTO 议定书中中国对服务贸易总协定 12 大类中的 9 个大类、近 100 个小类进行了渐进的开放承诺。中国在加入 WTO 最初的五年过渡期内，更加重视服务业在国民经济中的作用，服务业开放取得了积极的成效。从 2006 年 11 月 12 日起，除个别领域外，中国取消服务业对外资的限制。至此，服务业开放的过渡期结束后，中国服务业进入了全面开放的新阶段。服务业外资在中国利用外资总规模占比明显上升。2001 年 12 月 20 日，国务院办公厅转发国家计委《关于“十五”期间加快发展服务业若干政策措施意见的通知》。2007 年和 2008 年国家又连续出台了《国务院关于促进服务业加快发展的若干意见》《服务贸易发展“十一五”规划纲要》《国务院办公厅加快发展服务业若干政策措施的实施意见》。这一时期，虽受 2008 年国际金融危机影响，服务贸易发展有所波折，但总体仍呈快速发展态势。2001—2012 年服务贸易年均增长 17. 96%，到 2012 年服务贸易额达到4823亿美元，跻身世界第三，仅位于美国和德国之后，其中出口额为2016亿美元，位居世界第五；进口额2813亿美元，位居世界第三。中国世界服务贸易大国的地位已经确立。

第四阶段，国际金融危机以后（2012年以来）。2013年11月9—12日，党的十八届三中全会召开，通过了《中共中央关于全面深化改革若干重大问题的决定》，为新时期服务业的进一步开放指明了道路和方向。这一时期，政府特别重视服务业和服务贸易的发展，十八大以来发布了一系列有关促进服务业发展的政策文件和重大举措，对新时期服务业和服务贸易发展提出新要求。中国同意与美国按照“准入前国民待遇+负面清单”模式开启BIT谈判，并在上海、天津、广东、福建等地开展自由贸易试验区试点，自主扩大服务业开放持续深入推进，为服务贸易的发展创造了良好环境。2014年初中央领导就服务贸易发展问题做出专门批示，2015年初国务院发布《关于加快发展服务贸易的若干意见》（国发〔2015〕8号），2016年初国务院常务会议通过《关于同意开展服务贸易创新发展试点的批复》（国函〔2016〕40号）。2012—2015年，服务贸易总额由4829亿美元增长到7554亿美元，年均增长16.09%。中国的服务贸易大国地位进一步巩固，成为仅次于美国的第二大服务贸易国。

二、近年来中国服务贸易发展特点

近年来，中国大力发展服务贸易，积极扩大服务业对外开放，服务业产业基础不断增强。据世界贸易组织（WTO）统计，2015年中国服务贸易总额位居世界第二位，仅次于美国，服务出口额与进口额的全球占比分别为4.9%和9.6%，位居全球第五位和第二位。2015年，中国服务业增加值占比已上升至56.9%，服务业吸收外资金额占中国实际利用外资总额的67.6%。中国已逐步进入以服务业为主导的经济发展新常态阶段，服务贸易在国民经济和社会发展中的战略性地位进一步凸显，在世界服务贸易中的大国地位进一步巩固。

（一）服务贸易成为对外贸易新的增长点

根据商务部的统计，2010—2015年服务贸易进出口总额从3624亿美元增长至7130亿美元，年均增长14.5%。其中，服务出口从1702亿美元增至2882亿美元，年均增长11.1%；服务进口从1922亿美元增至4248亿美元，年均增长17.2%。“十二五”以来，服务贸易在对外贸易总额（货物和服务进出口额之和）中的比重不断提高，由2010年的10.9%上升至2015年的15.3%。2015年服务出口占总出口（货物和服务出口之和）的比重为11.2%，服务进口占总进口（货物和服务进口之和）的比重为20.2%，均比上年有所提升，在货物贸易下行压力不断加大的背景下，服务贸易已成为对外贸易新的增长点。

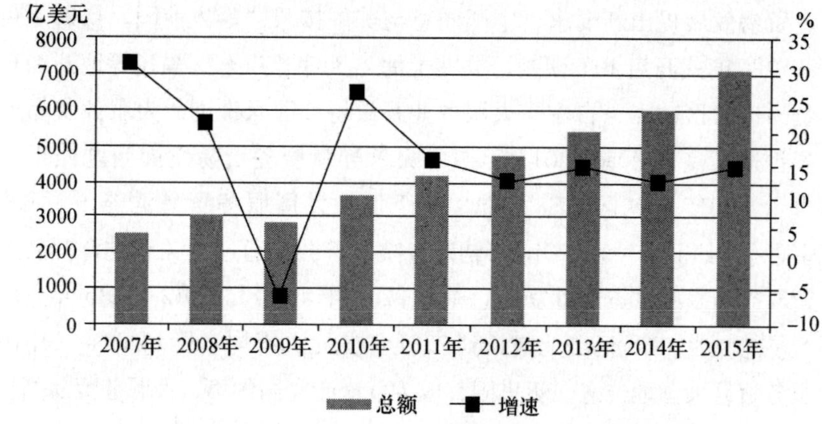

图4—2　2007—2015年中国服务贸易总额及增速

数据来源：商务部。

（二）服务贸易成为经济转型升级的推动力

“十二五”以来，中国金融服务、计算机和信息服务、通信服务、咨询、专有权利使用费和特许费等高附加值服务快速发展，进出口年均增长率均高于同期服务进出口总额增幅。根据商务部统计，2015年电信、计算机和信息服务进出口同比增长22.1%，文化服务进出口同比增长25.6%，专业管理和咨询服务进出口同比增长9.3%。高附加值服务贸易的发展有效提高了产业链的整体竞争力，延伸了参与国际分工的价值链条，成为推动经济转型升级、实现对外贸易新常态的重要推动力。

出口方面，中国积极优化服务出口结构，着力扩大高附加值服务出口，稳步发展传统服务出口，服务贸易出口结构不断优化与提升。2015年高附加值服务出口增长迅速，知识产权使用费和文化服务出口分别大增64.9%和37.2%，电信、计算机和信息服务出口增长25.1%，专业管理和咨询服务出口增长13.6%。

（三）"一带一路"建设支撑服务贸易快速发展

目前中国正积极与"一带一路"沿线国家签订服务贸易合作协议，在双边框架下开展务实合作。2015年中国承接"一带一路"沿线国家服务外包的执行额121.5亿美元，同比增长23.4%。通过深入开展与沿线国家的国际产能和装备制造合作，带动了工程承包、研发设计、施工建设、装备供应、运营维护等与制造业密切相关的服务贸易发展，也将促进第三方咨询和认证、金融保险、物流采购等服务业企业走出去。此外，中国还与"一带一路"沿线国家共同培育具有丝绸之路特色的国际精品旅游线路和产品，推进承载中华文化的特色服务贸易发展。

三、中国服务贸易发展存在的问题

（一）服务贸易结构不尽合理

目前，世界服务贸易占全球贸易（货物贸易与服务贸易之和）的比重为20%左右，而2015年中国服务贸易占对外贸易总额的比重仅为15.3%。2015年，中国三大传统行业（旅游、运输服务和建筑服务）服务进出口合计3703.5亿美元，占服务贸易总额的51.9%，而高技术含量和高资本密集型的服务行业占比较低，国际竞争力弱。2014年，中国金融服务以及专有技术使用费和特许费进出口额分别占服务贸易总额的1.5%和3.8%，且都呈现大量逆差；相应的美国这两个行业占其服务贸易总额的比重分别为9.4%和15.3%，且呈现大量顺差；日本专有技术使用费和特许费进出口额占比达16.6%，德国金融服务进出口总额占比达6.0%，同时都是顺差状态。

（二）服务贸易逆差逐年扩大

中国服务贸易长期处于逆差，逆差规模呈扩大趋势。2007年中国服务贸易逆差仅为76亿美元，2008年逆差额首次超过100亿美元，2015年服务贸易逆差已达到1824亿美元。[①] 目前逆差主要集中于旅行、运输服务、专有权利使用费和特许费、保险服务领域，旅行贸易逆差仍是服务贸易逆差的最主要来源，达1781亿美元。[②]

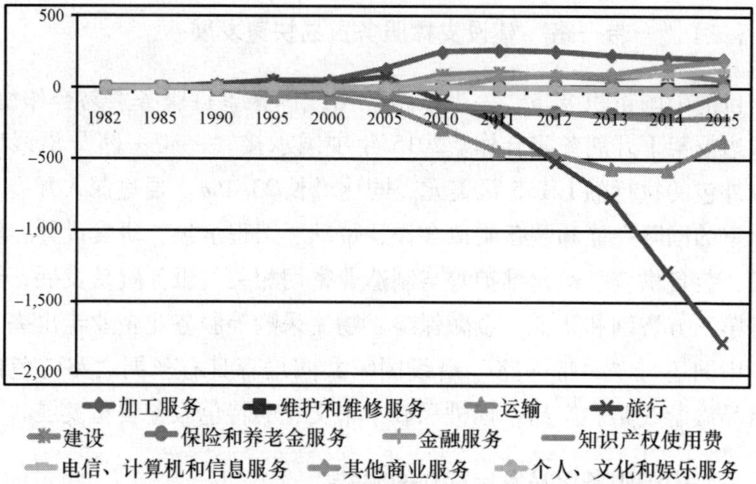

图4—3 1982—2015年主要行业服务贸易差额（单位：亿美元）

资料来源：国家外汇管理局。

（三）服务贸易政策支持力度较弱

中国服务贸易领域立法滞后，与《外贸法》相配套的《货物进出口管理条例》和《技术进出口管理条例》早已出台，但服务贸易领域尚无单独立法。与发达国家相比，中国服务贸易促进力度不足，缺乏类似货物贸易出口退税这样的总体的、惠及全领域的制度性安排，服务出口还存在不合理征税现象。在财政资金支持方面，虽然对服务外包、文化出口和技术出口有一部分财政资金支持，但相对于服务贸易众多行业，资金覆盖面有限，主要服务出口领域尚未惠及。同时，由于服务贸

① 据商务部统计数据，2015年服务贸易差额为1366.2亿美元。

② 据商务部统计数据，2015年旅行服务逆差1237.4亿美元。

易企业轻资产的特点，企业普遍面临融资难题。

第二节 中国服务贸易竞争优势分析[①]

当前，随着中国工业经济逐步向服务经济的转型过渡，服务业必将成为参与国际分工的重要领域，在继续巩固提升货物贸易竞争优势的基础上，大力培育服务贸易竞争新优势，推动建设货物贸易和服务贸易双强国，必将是未来中国从经济贸易大国迈向经济贸易强国的战略性任务。服务贸易作为服务业参与国际分工的一种形态，虽然与制造业国际分工有诸多不同，但参与国际分工的诸多原理仍然适用于服务贸易。考察当前中国比较优势的动态变迁，将国际分工理论中的内核运用到服务贸易发展中，这对于研究制定服务贸易发展战略与政策，具有十分重要的意义。

一、中国服务贸易要素密集度结构体现出的竞争优势现状

2014 年，中国国际收支口径的国际服务贸易总额为 5686 亿美元，同比增长近6%；其中出口 1853 亿美元，同比增长约 -10%；服务贸易进口 3833 亿美元，比上年增长约 15%；逆差累计 1980 亿美元。[②] 中国服务贸易是短板，服务贸易逆差年年攀升，国际竞争力与发达国家有明显差距。服务贸易逆差连年增长，表明中国服务贸易整体竞争力处于劣势。从具体行业看，中国服务贸易优势主要集中在人力资源密集型行业，而技术知识密集型服务、资本密集型服务、环境资源密集型服务以及与货物贸易紧密相关的服务贸易均呈现逆差，这是当前中国服务贸易领域参与国际分工的比较优势和竞争优势的客观反映。

---

① 参见李钢、李俊："加快培育服务贸易竞争新优势"，《人民论坛·学术前沿》2015 年第 5 期（下）。

② 此数据是国家外汇管理局发布的数据，统计口径仍然依据《IMF 国际收支统计手册（第五版）》，而商务部发布的 2014 年服务贸易数据依据的是《IMF 国际收支统计手册（第六版）》。2014 年商务部发布的新口径数据为：服务进出口总额 6043.4 亿美元，出口 2222.1 亿美元，进口 3821.3 亿美元，逆差 1599 亿美元。

（一）人力资源密集型服务具有一定的竞争优势

中国服务贸易的优势领域主要集中在人力资源密集型服务行业，2013年这一领域的服务贸易顺差达到466亿美元，2014年由于统计口径调整，商务服务差额由正转负，使得这一类服务贸易顺差减少至152亿美元。

（二）技术知识、资本、环境密集型服务是竞争劣势领域

技术知识版权密集型服务、资本密集型服务、环境资源密集型服务总体竞争力不足。2013年逆差分别达到190亿美元、5亿美元、769亿美元，2014年逆差分别变化至219亿美元、9亿美元、1136亿美元。

专有权和特许权的转让与许可贸易是技术贸易的一种形式。由于中国对发达国家的技术追赶仍将持续相当长时间，总体上，中国这类服务逆差还会持续一段时期。但随着中国技术实力的增强，技术引进的增长速度会放慢，而技术出口会有所加快。

广告、影视等文化服务属于知识密集型和版权密集型产业。在这方面，中国要素禀赋优势决定了相关产业的竞争力不会太强。但是，随着国内政策支持力度加大，中国文化“走出去”步伐会逐步加快，这一竞争优势会逐步得到缓解。

金融是典型的资本密集型行业。虽然中国是金融大国，外汇储备全球首屈一指。但是，中国金融业开放度低，体制机制、管理和经营模式、金融产品创新等方面与先进国家还有相当大的差距。

旅游服务是对良好的自然风景、历史文化遗产及良好的生活休闲服务的一种消费。然而，由于目前国内景区旅游环境较差、大气污染等客观因素，加之受国际经济增速回落的影响，国外游客消费能力收缩，入境游市场发展惨淡。

（三）与货物贸易紧密相关服务的竞争优势远未发挥出来

运输和保险这两类服务与货物贸易紧密相关。虽然中国拥有每年超过4万亿美元货物的进出口规模，但是相关的国际运输和国际保险服务却并不掌握在我们手中。中国这两类服务的竞争力仍然较差，并直接体现在贸易差额上。2014年运输服务和保险服务贸易逆差共758亿美元，

仅比上年增长 10 亿美元。但随着中国货物贸易企业在国际贸易中话语权的提升，将逐步掌握跨境运输和国际保险的权利，这会使中国运输和保险服务贸易逆差迅速扩大的趋势有所缓解。

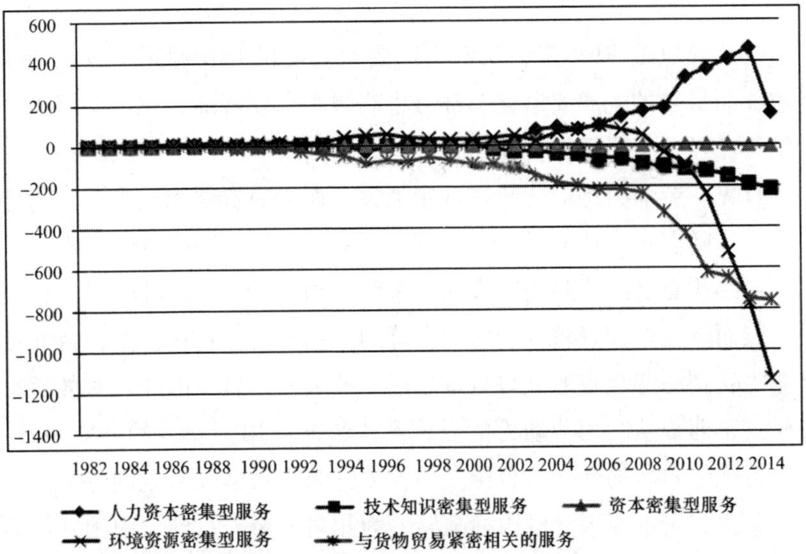

图 4—4 中国不同要素密集型服务贸易差额（单位：亿美元）

资料来源：根据国家外汇管理局数据整理而得。

注：人力资源密集型服务包括建筑服务、计算机服务、咨询服务、其他商务服务；技术知识版权密集型服务包括广告、电影电视、特许权许可、通讯服务；资本密集型服务包括金融服务；环境资源密集型包括旅游服务；与货物贸易紧密相关的服务包括运输和保险两类。

中国服务贸易的优势和劣势领域在短期内很难改变，中国服务贸易逆差高企的态势短期内也难以扭转。

二、培育服务贸易竞争新优势应遵循参与国际分工的客观规律

服务贸易是服务产业参与国际分工的具体体现。国际分工的基本原理与合理内核仍然适用于服务产业的国际分工。[①] 其中，相对比较优势

① 江小涓："服务全球化的发展趋势和理论分析"，《经济研究》2008 年第 2 期。

理论、要素禀赋优势理论等所包含的生产要素分工思想,① 以及生产要素结构与产业结构的匹配互动，对于筹划服务贸易发展战略与政策显得尤其重要。

（一）中国生产要素优势的动态变迁

改革开放近40年来，随着生产要素资源的开发利用，以及随着经济成长而带来的生产要素尤其部分中高级生产要素的积累，中国生产要素结构已经发生了重大变化。

首先，劳动力绝对优势在逐步消弥，而人力资源和人力资本优势正在形成。随着用工成本的上升，劳动力不再是“无限供给”模式，中国人口结构有老龄化趋向，农村富余劳动力减少，“人口红利”正在消失。然而，受过较好教育和职业训练的劳动力占比正在上升，目前新增就业中受到高等教育的人口数量超过一般劳动人口。因此，对外贸易发展模式正面临从利用劳动力的低成本优势向利用劳动力的高效率转变。劳动力优势内涵的转变，也给发展人力资源密集型服务业创造了条件。

其次，资本要素已经由稀缺转变为相对丰裕。目前，中国外汇储备约4万亿美元，高居世界榜首。中国已经由资本净流入国转变为资本的净输出国，其中对外直接投资也已超过千亿美元，在未来几年，对外直接投资规模也有望超过吸收外商直接投资规模。资本要素的相对丰裕，也为发展金融、保险、运输、电信等资金需求大的基础设施服务业创造了条件。但是，要把要素优势转变为产业竞争优势，还需要诸多其他条件。

再次，技术和知识要素仍相对稀缺。主要体现为技术贸易主要以技术引进为主，专有权利转让费和使用费总体处于较大逆差状态，制造业领域的核心零部件、关键设备仍主要依赖进口。中国80%的芯片都要靠进口；在全社会固定资产投资中，有2/3的设备投资还是依靠进口。技术和知识要素的短缺，是制约大文化行业、技术服务以及自主、高端的信息和计算机服务发展的重要因素。

① 李俊：“要素贸易思想综议及对当前对外经济发展战略的启示”,《国际贸易》2011年第7期。

最后，自然资源要素处于严重短缺状态。不仅石油、矿产等资源需要大量进口，而且由于环境污染等因素，导致旅游资源在国际范围内的开发利用和消费也受到影响。这对发展旅游服务极为不利。

（二）生产要素的比较优势亟待转化为服务贸易的竞争优势

1. 服务贸易对生产要素优势的开发利用远不足货物贸易

虽然生产要素优势作为客观既定的现实，反映在货物贸易与服务贸易中的竞争力表现却有较大不同。根据研究，[①] 体现在货物贸易中的劳动密集型商品贸易仍是货物贸易顺差的最大来源，而资本密集型和技术密集型商品贸易也都为顺差。而仅有自然资源密集型商品的贸易为逆差。这与服务贸易的要素密集度结构有较大差异。这表现在，虽然生产要素优势的动态变迁是培育竞争优势的基础，但货物贸易对要素优势的开发利用更加充分，相关政策支持手段更加完善，甚至可以将部分劣势转变为竞争优势。在培育服务贸易竞争中应加以借鉴。

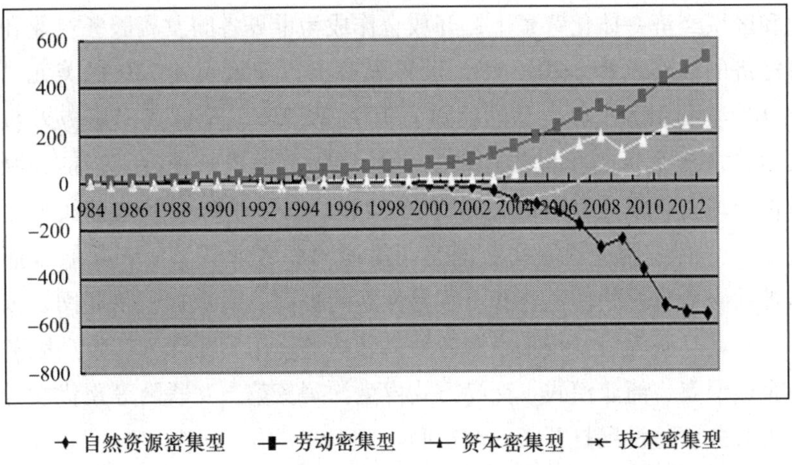

图 4—5　1987—2013 年四类要素密集度产品贸易差额（单位：亿美元）

资料来源：作者根据 COMTRADE 数据库数据整理统计而得。

① 李俊：《中国要素贸易问题研究》，对外经济贸易大学博士论文，2009 年。

第三节　新常态下中国服务贸易发展进入黄金期

“十三五”时期，中国服务产业和服务经济将进入加快发展新阶段，服务贸易将迎来全面发展的黄金期，但问题与差距仍在，机遇与挑战并存。

一、服务贸易发展面临的国际形势

一是世界服务经济的战略地位更加突出。服务业是拉动世界经济增长和吸纳就业的主体，世界经济的服务化特征更加明显。服务业与制造业、农业及服务业内部之间不断渗透融合，制造业服务化、服务业跨界化趋势深入发展。作为全球价值链的核心环节，高技术和知识密集型服务等现代服务业成为决定国际分工和国际贸易利益分配地位的关键因素。二是全球服务贸易与投资合作的广度和深度不断拓展。在经济全球化和区域经济一体化背景下，开放合作成为世界各国发展服务产业和服务经济的战略选择。2015 年，世界服务出口额增至 46750 亿美元，占比（货物和服务出口之和的比重）升为 29.2%，全球离岸服务外包增长 18.0%，远远高于世界经济和世界货物贸易增长速度。当前，服务业占全球直接投资存量的比重超过 60%，服务业跨境并购金额占比超过 50%，传统制造领域的跨国公司纷纷向服务业转型。三是服务业创新推动服务贸易的信息化和可贸易性空间提高。大数据、物联网、云计算、移动互联等信息技术在服务贸易领域的运用不断深入，带动服务贸易企业形态、商业模式、交易方式发生深刻变革，互联网等现代交付手段为服务贸易发展打开了广阔空间。

但同时，来自外部环境的竞争与压力仍在。一是世界经济增速放缓。国际金融危机深层次影响依然存在，世界经济进入持续调整、复苏乏力、增速放缓的曲折发展新阶段，中国服务贸易发展将面临外需不振、贸易保护主义抬头的不利环境。二是国际服务贸易竞争加剧。发达国家着力推进金融、文化、信息、知识产权、专业服务等战略性服务行业发展，牢牢占据服务贸易国际竞争制高点。发展中国家纷纷加大服务贸易扶持力度，努力迈向全球价值链分工和国际服务产业分工高端。三是世界经贸规则面临重构。以发达国家为主积极促进跨太平洋伙伴关系协定（TPP）、跨大西洋贸易与投资伙伴协议（TTIP）、国际服务贸易协定（TISA）、数字贸易规则等为代表的国际经贸规则普遍提高服务业开放标准，竞争中立、劳工标准、环境保护、国有企业条款等新议题不断向服务贸易领域渗透。

二、服务贸易发展面临的国内形势

对于服务贸易而言，更多应考虑如何培育服务业和服务贸易竞争新优势，支撑和引领经济新常态。十八大以来，国务院数次召开常务会议，专门探讨服务业和服务贸易发展问题，出台了一系列服务行业发展的指导意见。服务业和服务贸易发展的相关会议如此密切地召开，相关文件如此密集地出台，这在历史上是从未有过的。结合经济新常态的时代背景，服务业和服务贸易必然进入一个大发展、大繁荣的新时代。

一是服务产业进入改革开放加速期。当前，全面深化改革的重点和关键在于服务业，而通过扩大和深化服务业开放，以开放倒逼服务业改革，成为推动当前和今后一个时期服务业和服务贸易体制机制和政策变革的必然选择。十八大以来，通过政府职能转变、简政放权，推动设立国内自由贸易试验区，以及对外签署自由贸易协议等途径，大大加快了服务业改革与开放的步伐。上海、天津、广东、福建等自由贸易试验区的设立和北京市探索扩大服务业自主开放，“一带一路”战略的深度推进以及我国建设面向全球的高标准自由贸易区网络，都将大大拓展服务贸易发展新空间。毫无疑问，2014 年以来，在中国经济进入新常态背景下，服务业的改革开放将进入加速期，一系列重大而艰巨的改革开放任务将由此展开。

二是服务业和服务贸易发展进入政策红利期。近年来，国务院数次召开常务会议，专门研究服务业和服务贸易发展问题，出台了一系列支持服务业和服务贸易发展的政策文件。可以说，服务业和服务贸易发展的确迎来了政策红利期。进入 2015 年，1 月 14 日召开的国务院常务会议再次对服务贸易发展进行了部署，1 月 16 日国务院公开发布了《关于促进服务外包产业加快发展的意见》（国发〔2014〕67 号）和《关于加快服务贸易发展的若干意见》（国发〔2015〕8号），对今后一个时期服务贸易和服务外包发展做出了具体部署，并在增强服务外包示范城市数量、设立国际服务外包产业引导基金、减免税收等方面提出了实质性政策利好。经济发展新常态下推进供给侧结构性改革，将更加有利于推动各类生产要素和资源加快向服务业转移。2016年初，国务院批准在15个地区开展服务贸易创新发展试点，积极探索有利于服务贸易发展的体制机制、政策体系和发展模式，服务贸易发展黄金时期已经到来。

三是服务业和服务贸易发展进入提档升级期。中国经济进入换档升级期，而服务业进入提档升级期。虽然最近十年来，服务业对经济增长和就业的带动作用日渐加大，服务贸易发展的产业基础更加坚实。2015年服务业增加值占比首次超过50%，服务业占固定资产投资总额的55.5%，占就业总额的42.4%，服务消费达到53.5%，预计到2020年服务业增加值比重进一步提高到56%，服务贸易发展的产业基础将进一步巩固。但总体上中国经济增长主要靠制造业拉动，服务业在国民经济和对外贸易、投资合作中的地位仍然不高，带动能力仍显不足。在经济新常态下，需要把经济增长动力逐步从制造业转换到服务业，服务业必须要接过拉动中国经济增长和升级换代这个接力棒。在经济新常态下，升级中国制造必须首先升级中国服务，把服务业作为增加制造业附加价值、提升中国制造国际竞争力的重要途径。同时，中国服务业发展本身也需要提档升级。在经济新常态下，必须大力发展高技术、高智力、高附加价值的生产性服务业，在消费性服务业方面则大力提升服务的品质、品牌和附加价值。要推动中国经济和中国制造升级换代，必须首先推动中国服务升级换代。

四是服务业和服务贸易发展进入国际竞争力跃升期。服务贸易是中国的短板，服务贸易逆差年年攀升，国际竞争力与发达国家有明显差距。虽然近两年服务贸易增长速度均超过货物贸易，从服务业各领域看，除与货物贸易直接相关的运输和保险服务外，其他主要服务领域都保持了较高速度增长，如金融、计算机服务、服务外包等，但服务贸易逆差连年增长，服务贸易整体竞争力处于劣势。2013年，服务贸易逆差超过千亿美元，2014 年服务贸易逆差累计已达 1980 亿美元。[①] 从具体行业看，中国服务贸易的优势领域主要集中在人力资源密集型服务行业，2013 年这一领域的服务贸易顺差达到 466 亿美元，2014 年由于统计口径调整，商务服务差额由正转负，使得这一类服务贸易顺差减少至 152 亿美元。而技术知识版权密集型服务、资本密集型服务、环境资源密集型服务及与货物贸易紧密相关的服务贸易均为逆差，2013 年逆差分别达到 190 亿美元、5 亿美元、769 亿美元和 748 亿美元，2014 年逆差分别变化至 219 亿美元、9 亿美元、1136 亿美元、758 亿美元。据商务部统计，2015 年中国服务贸易逆差仍高达 1366 亿美元。中国服务贸易的优势和劣势领域在短期内很难改变，服务贸易逆差高企的态势短期内也难以扭转。

同时也看到，服务贸易发展也面临诸多国内因素和条件的制约。一是经济下行压力较大。劳动力、土地等要素成本持续攀升，资源和生态环境约束趋紧，传统优势持续弱化，竞争新优势尚待培育，制约了服务贸易发展。二是服务业特别是生产性服务业发展相对滞后。中国服务业与发达国家差距明显，发展质量、效益和国际竞争力不高，服务贸易发展的产业基础仍然较弱。三是服务贸易发展面临突出问题。服务贸易国际竞争力弱，贸易逆差显著，服务出口规模和质量有待进一步提高。服务贸易结构不合理，旅游、运输、建筑三大传统行业占比过高，新兴行业发展滞后。服务贸易国际市场和国内区域布局需进一步优化。服务贸易主体不强，品牌技术不突出。服务贸易促进体系不健全，存在体制机制不健全、政策法规不完善、监测监管不力等问题。

① 此数据为老口径数据，利用《IMF 国际收支统计手册（第六版）》调整后的服务贸易逆差为 1600 亿美元。

第五章 强化中国服务贸易政策和服务产业政策协调性研究*

十八大报告提出“强化贸易政策和产业政策的协调”，服务贸易政策和服务产业政策的协调是其中的重要内容。十八届三中全会提出要“培育参与和引领国际竞争合作新优势”。扩大服务业开放，深化服务业改革，培育服务贸易优势，是当前中国面临的重大课题之一。新一届政府高度重视服务贸易和服务产业发展，并将此作为促进经济转型升级、打造中国经济升级版的重要突破。加强服务贸易和服务产业政策协调，促进互动发展，对于推进新一轮改革开放、建设经济和贸易强国具有十分重要的意义。

第一节 服务贸易政策和服务产业政策协调性的含义

与货物贸易政策不同，服务贸易政策涵盖的范围更广，不仅包括跨境交易，还包括境外消费、商业存在和自然人移动。因此，实际上的服务贸易政策更多地包括投资政策。从大的分类看，服务贸易政策包括服务进口政策和服务出口政策。针对当前中国服务贸易发展实际，服务进口政策核心是服务业扩大开放的政策。服务业开放政策主要包括市场准入、国民待遇以及与之配套的国内规制。服务出口政策包括出口主体、

---

* 本章为商务部研究院院级课题“强化服务贸易政策和服务产业政策协调性研究”成果。课题组负责人：李俊；课题组成员：李钢、崔艳新、聂平香、武芳、李西林、杨致远。

出口方式等政策。

针对中国具体实际，服务产业政策不仅仅包括产业发展，还包括行业监管、规制改革与对内开放（对民营企业开放）等政策。

据此，服务贸易政策与服务产业政策的协调其内涵和外延就相当广泛。每一项服务贸易政策都可能与所有服务产业细分政策发生关系，从而就会产生政策的协调性问题。

服务贸易和服务产业政策协调的目的和动因是促进服务贸易和服务产业的协调发展。政策的协调就是指服务贸易政策和服务产业政策要联动，要相互促进而不是互相掣肘，政策的作用方向要一致而不是相反，这样能收到政策协同的效果，政策的效应才会最大化。需要特别强调的是，政策协调的目标是促进服务贸易和服务产业同步快速发展。在特定时期，服务贸易发展可能明显快于服务产业发展，并不意味着两者的不够协调，也不意味着两者在政策上有不协调之处。反之亦然。同样，若服务贸易和服务产业两者均以低速甚至停滞发展，虽然两者保持同步，但并不意味着政策的协调状态。

结合当前服务贸易和服务产业发展的具体实际，本文研究的服务贸易政策与服务产业政策的协调主要包括以下几个方面的内容：

一是服务业对内开放与对外开放相协调。服务业对内开放与服务业对外开放相结合，是服务贸易政策与服务产业政策协调的重要内容之一。服务业对内开放是指重要服务行业对民营资本的开放，放开对民营企业进入的行业限制，降低对内资企业的准入门槛。服务业对外开放是指对外资的开放，减少股权比例、业务范围、经营地域等的限制，对外资企业经营活动给予完全的国民待遇。

二是服务业开放与服务业规制改革的协调。服务业开放属于贸易政策，服务业规制改革属于产业政策范畴。因此，服务贸易政策和服务产业政策的协调就要求服务业开放与服务业规制改革结合起来。服务业开放需要相应的国内服务业规制进行配套改革。而国内服务业改革必须有外部的开放和国际规范的压力加以推动。

三是服务业开放（引进来）与服务业出口（走出去）的协调。服务贸易政策本身也有协调的问题，即服务出口政策和服务进口政策，也即服务业“引进来”政策和服务业“走出去”政策相协调。服务业开放，引进境外服务提供商不是目的，而是以此加快改革和竞争，促进国内服务业竞争力的提升，最终实现服务提供商“走出去”占领国际市场，扩大服务出口。

第二节　中国服务贸易与服务产业协调发展现状和特点

服务贸易政策和服务产业政策的协调是一个渐进的历史过程，没有绝对的所谓“完美的政策协调”，任何国家的政策协调都是一个在特定阶段不断向完美的协调逼近的过程。政策协调的目的是促进本国服务贸易、服务产业和服务经济竞争力的提升，服务于本国在特定阶段的各项经济发展目标。衡量政策是否协调的一个参考就是是否能够促进本国在特定发展阶段下服务贸易、服务产业和整个国民经济的较快发展。

一、服务贸易和服务产业增速居世界前列，发展的协调性总体较好

过去十多年来，服务贸易和服务产业均保持了约18%的增长速度。总体来说，中国的服务业增长与服务贸易发展比较协调，两者都保持了较快增长的趋势。

表5—1　中国服务业与服务贸易发展统计

	服务贸易进出口额（亿美元）	增速（%）	第三产业增加值（亿元）	增速（%）
2002	855	18.9	51421.7	12.5
2003	1013	18.5	57754.4	12.2
2004	1337	32.0	66648.9	15.3
2005	1613	17.5	77427.8	16.0
2006	1938	22.0	91759.7	18.2
2007	2532	30.9	115811	25.7
2008	3002	21.4	136806	18.0
2009	2668	−5.8	154748	12.7
2010	3354	26.4	182038	17.3

续表

	服务贸易进出口额（亿美元）	增速（%）	第三产业增加值（亿元）	增速（%）
2011	4471	15.6	216099	18.1
2012	4808	12.3	244822	13
2013	5352	11.31	277959	13.54
2014	7302	36.43	308059	10.83
2015	7518	2.96	346150	12.36

资料来源：国家外汇管理局。

根据WTO和中国国家统计局数据显示，中国服务业的实际开放度，即服务贸易额与服务业产值的比例，自2002年以来到2007年中国入世之后的一段时间，这一指标迅速上升。但自从2008年国际金融危机之后，服务贸易出现较大幅度下滑，与服务产业增加值之比相应出现了下降。

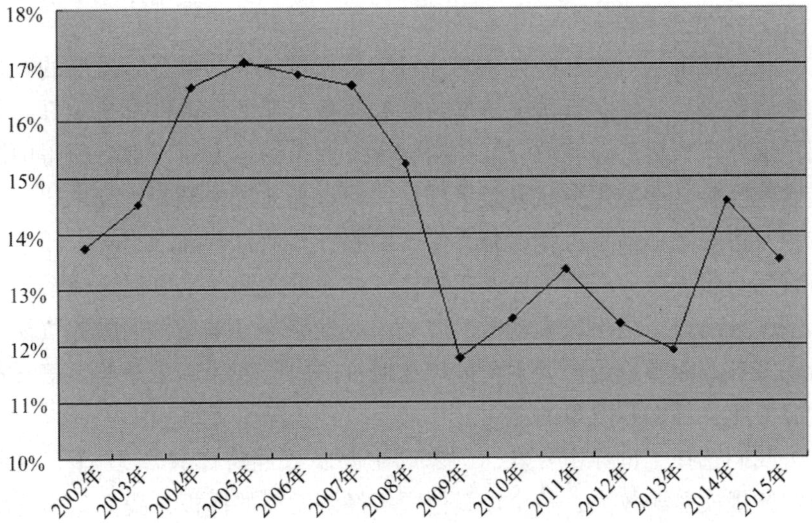

图5—1　2002—2015年服务贸易与第三产业增加值的比值

资料来源：依据WTO和中国国家统计局数据计算而得。

相关性系数可以从一个侧面反映服务贸易与服务产业增长的协调性。根据2000—2011年的数据，中国相关系数为0.992。相较于其他主要国家这一相关系数处于居中位置。如图 5—2 所示，巴西服务贸易与服务产业发展的相关系数最低，哥伦比亚最高。

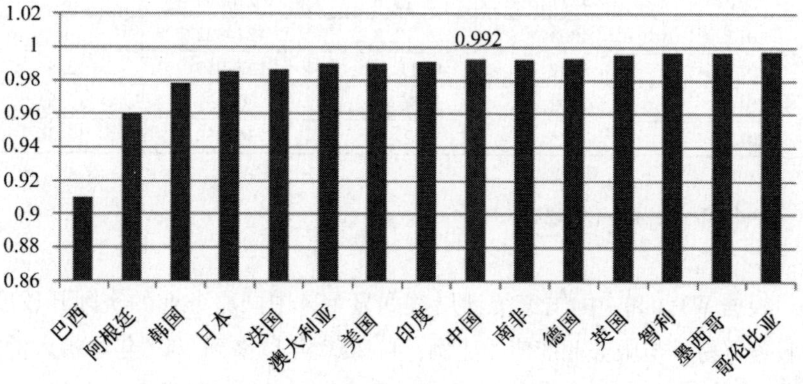

图 5—2　主要国家服务贸易和服务产业发展相关系数

资料来源：依据 WTO 和 IMF 的数据计算而得。

从全球范围看，那些公认的经济增长相对较快的可持续发展的发达国家和新兴经济体，其服务贸易政策和服务产业的协调性都比较好。不同国家在扩大服务业开放、开拓国际服务业市场等方面，都有值得中国借鉴的经验。美国服务贸易政策的最大特点是通过主导一系列多边、区域和双边服务贸易自由化谈判，为本国服务产业打开国际市场。印度服务贸易与服务产业政策的协调集中体现在完善的服务出口促进体系扩大本国服务出口，以出口带动国内服务产业发展。日本与韩国服务贸易政策和服务产业政策的协调主要体现在通过国内服务业逐步开放，培育本国服务业参与国际竞争的能力。

我们选择了世界主要发达国家和主要新兴经济体共计 31 个，这些经济体规模普遍较大，是全球其他国家经济发展的样板，我们认为这些经济体较好地做到了服务贸易和服务产业的协调发展。因此，协调是一个不断接近的过程，没有终极的、完美的协调。通过分析这 31 个经济体服务产业和服务贸易自 2000 年以来增长速度的差异对比，我们可以为这些国家在服务贸易和服务产业的协调发展模式做出归纳。首先，本书以服务产业增长速度为横坐标，贸易增长速度为纵坐标，可以得到主要经济体服务产业和服务贸易增长速度关系的坐标图。

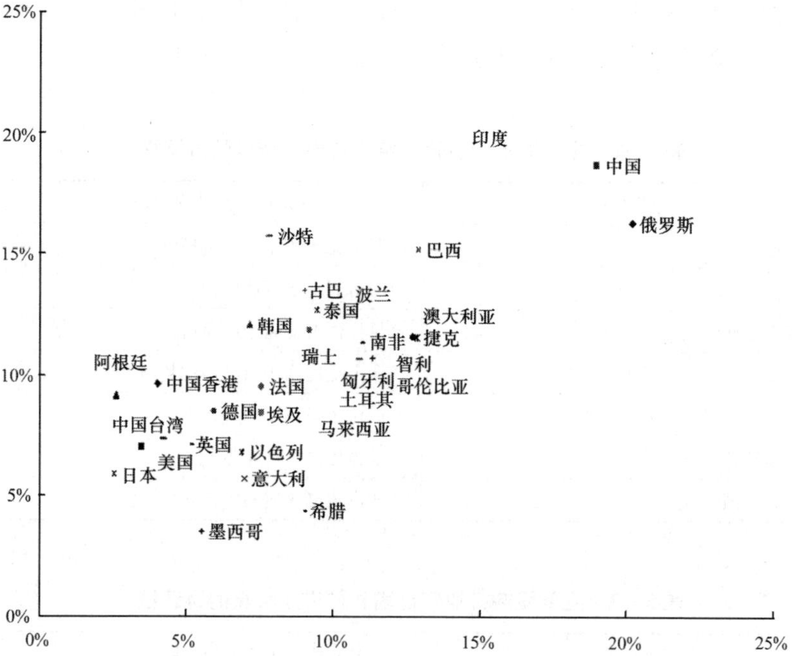

图 5—3　世界主要国家（地区）服务贸易和服务产业增长率的对比

资料来源：笔者根据相关资料整理。

从图 5—3 可知，服务贸易与服务产业增长速度趋于一致。一般来说，服务贸易增长速度快的国家和地区，服务产业发展也相对较快，服务贸易增长速度较慢的国家和地区，服务产业发展也相对较慢。相对于过去 11 年世界服务产业增加值年均增长 6.97%，世界服务贸易年均增长 10.2% 的速度，中国、俄罗斯、印度、巴西等国家的发展速度较快；沙特、古巴、韩国、阿根廷等经济体的服务产业增长速度相对较快，而服务贸易增长速度维持在世界平均水平；墨西哥、日本则是服务贸易和服务产业增长速度均明显较慢的国家。

二、分行业看，中国服务贸易政策和服务产业政策协调性差异较大

从服务贸易结构看，优势部门主要集中在运输、旅游等传统要素密集型领域；而金融、保险、计算机信息服务、技术咨询等知识技术密集型服务出口比重偏低，竞争力偏弱。但产业结构正好相反，中国服务产

业内部行业结构表现出金融、保险和计算机信息服务占比较大，并且呈现逐年上升的趋势；而旅游和运输的行业占比则不断下降。

表 5—2 主要服务行业贸易结构与产业结构的协调性

行业名称	贸易和产业结构的协调性
建筑业	产业占比要明显高于贸易额占比
旅游业	贸易份额高于产业份额
商务服务业	贸易份额占比高于产业占比
金融业	产业占比远高于贸易占比的特点
通讯、计算机和信息服务业	产业比重略高于贸易比重
交通运输业	贸易占比高于产业占比
文化娱乐服务业	产业占比高于贸易占比

表 5—3 主要服务行业贸易增长与产业增长的协调性

行业名称	贸易和产业增长的协调性
运输业和商务服务业	表现出较高的产业与贸易增长的一致性，这反映出上述行业产业发展速度与贸易发展速度具有高度相关性
建筑业、金融业和通讯与信息服务业	没有表现出明显的产业与贸易增长的一致性，这反映出产业发展速度与贸易发展速度的相关性比较弱

第三节 中国服务贸易政策与服务产业政策协调的总体成效与问题

一、服务贸易和服务产业政策协调成效显著

改革开放近 40 年，尤其是加入 WTO 十多年来，中国服务贸易和服务产业均实现了高速发展，总体而言两者的发展是协调的。服务业产业对服务贸易起到了基础支撑作用，而服务贸易对服务产业发展也具有一

定的牵引作用。

一方面，这得益于中国服务业开放政策。加入 WTO 以后，中国服务业根据入世承诺，逐步放松了管制，加大了对境外服务提供商的引进力度，大大促进了服务产业的国际化进程。目前，中国服务业开放部门数量超过 100 个，是发展中国家开放部门数量最多的国家之一。

另一方面，服务产业政策也比较重视外向型服务产业的培育。比如在《服务业“十二五”规划》中提出，要大力发展服务贸易，推动重点行业服务出口，相应在产业政策方面着力推进服务业综合改革试点工作，加快壮大服务业规模，全面提高服务业特别是现代服务业发展水平。

二、服务贸易和服务产业政策协调仍待加强

虽然中国总体上已经是过剩经济，但在服务业市场上，仍表现为短缺经济，有效、高质量的服务提供不足，与经济发展和人民的需要之间存在巨大矛盾。虽然服务贸易和服务产业均实现了高速增长，但总体规模与世界发达经济体相比，仍有差距。分析背后的原因，有发展阶段的问题，也有政策因素。其中，服务贸易和服务产业政策的相互配合与协调是重要因素之一。

总体来看，中国服务贸易政策主要以服务业开放政策为主，是典型的以开放促进发展的国家，相对而言，服务出口促进政策体系还不太完善，对国内服务出口的促进作用还不太明显。从当前的现实发展看，服务领域在开放政策、出口促进政策方面还存在诸多问题，与服务产业政策还有大量不协调的方面。

一是服务业对内对外开放空间仍较大。由于加入 WTO 有服务业对外开放的压力，因此，对外开放方面有所突破。但在对内开放方面，即在对国内民营企业进入基础性垄断性服务业方面的开放较为迟缓，民营经济在发展服务业方面的潜力未发挥出来。

二是服务业开放政策与服务业改革政策的协调配合不够。服务业开放政策与国内配套改革政策相互关联，开放政策并不能完全解决国民待遇和市场准入问题，需要对国内一系列行业规制、体制机制等进行改革。在国内规制改革与完善方面存在滞后，并成为阻碍服务业深化开放

的制度壁垒。

三是服务业外向型产业体系存在缺陷。目前，服务业的外向化主要体现为境外服务的进口或境外服务提供商的“引进来”，而服务的出口或服务企业的“走出去”存在明显差距。这导致服务贸易出现较大逆差。

四是服务贸易发展规划的产业政策配套存在滞后问题。《服务贸易发展“十二五”规划纲要》明确提出了服务贸易发展的重点领域，主要包括旅游、信息技术、建筑、运输、金融、教育、商业等服务部门。近期在区域服务贸易安排中做出“扩展承诺”的部门主要集中在商业、医疗、运输和文娱体育，做出“深化承诺”的部门主要为商业、环境、分销和运输四个部门。但是，对于如何在产业层面对上述重点进行支持还没有出台相关政策。

五是服务产业政策对服务业国际化的支持措施关注不够。目前，服务业产业发展规划对服务业开放及服务出口促进强度不够。国内服务产业政策也缺乏国际化视野。例如，现代服务业综合试点实施两年多来，在项目选择和布局、财政支持方面做了大量工作，取得了成效。但是现代服务业综合试点以项目为导向，仍延续了过去政府支持经济发展的传统思路，缺乏体制机制改革、服务业开放、服务业“走出去”扩大服务出口、服务贸易便利化等软环境建设等方面的“软项目”。另一方面，项目选择本身的国际化元素也相对欠缺，即服务业和服务贸易、服务业利用外资三者的结合不够。

第四节　十大领域服务贸易政策与服务产业政策协调存在的具体问题

一、服务业开放滞后是阻碍服务业内向国际化的重要因素

一是市场准入。限制外资或外商独资企业经营核心业务。如外商独资旅行社不能从事经营“出境游”等规定。又如外商独资的医疗机构仍然禁止设立。

二是国民待遇问题。一些行业给予外资超国民待遇，而另一些行业还存在对外资的非国民待遇。例如，给予外资会计师事务所的“超国民待遇”，如2001年中国证监会发文，要求上市公司IPO及再融资时，其财务报告须由国际会计师事务所进行补充审计。一些银行也发布了类似规定。借助这些优惠政策，外资会计师事务所在华业务排名迅速升至前四名，并几乎垄断了中国海外上市企业的全部审计业务，其中有些属于能源、金融等敏感行业。而在医疗等行业，对外资医疗机构在社保、医疗保险等方面还存在非国民待遇的问题。

三是法规规定存在大量空白，许多行业缺乏相应的法律规定。但至今，只颁布了一部统一规范中外合作办学的行政法规，对教育服务的跨境提供、境外消费和自然人流动方面的立法几乎是空白。其他行业也是如此。

四是法律规定不具体、不透明，缺乏可操作性，随意性较大。如在医疗领域，缺乏一部对内资医院和外资医院的准入、执业和管理等进行统一规定的法律，致使外资医院的准入缺乏稳定的法律保障体系。外资医院准入标准、审批登记的否定条件不透明，导致外资医院的审批工作有很大随意性。

五是法律规定滞后，没有反映当前中国服务业开放形势。为履行承诺，中国在2003年制定了《中外合作办学条例》，对中外合作办学进行规范。但是，随着中国签署CEPA等自由贸易区，相关的合作办学在签署FTA协定的对象国的准入条件就会发生变化，应及时更新相关条例，反映FTA协定开放的最新情况，或在原文件中加入FTA例外条款。

六是没有对外资进入的限制条件或否定条件的明确规定。如在医疗领域，没有可量化的认定标准，也没有明确审批登记的否定条件。再如“对于对具备条件的境外资本在中国境内设立独资医疗机构”当中的“条件”予以细化，对外商设立医疗机构申请被拒的情形罗列出来等。

七是相对的配套政策跟不上。如有些地方医保定点单位名单明确将外资医疗机构排除在外；外籍医护人员入境从事医护工作的认可、时限等相关政策；外籍雇员的社保等问题的缴纳与提取等配套政策。

八是过时的、不适应发展形势的法律规定未废止。如在旅游行业，仍有某些法规明显不适应国际旅游贸易的现实。如国家旅游局现仍未废止的《关于严禁在旅游业务中私自收受回扣和收取小费的规定》，与国际旅游业的惯例有明显差距。

九是对不同行业出口的促进力度差异较大。在服务外包领域，对离岸外包给予了大量政策资源，而对在岸外包支持力度不够。相反，在医疗、教育、金融、会计、旅游等领域，对服务出口和中国服务企业“走出去”的支持力度不够大，影响了相关行业发展的速度和质量。

二、服务业出口促进政策滞后阻碍了服务外向国际化进程

一是政策碎片化、零散化、行业化特征突出。服务贸易政策以行业管理和促进政策为主。现行的服务贸易促进政策多是因应具体业务发展需要，由个别部门或相关部门联合制定出台，难以形成规范、系统、协调、可操作性强的政策体系。如旅游服务出口、建筑服务、运输服务、文化贸易、技术贸易、软件出口、会计出口、服务外包等。当前，中国已成为世界第三大服务贸易国家，但服务贸易结构仍然不合理，国际竞争力仍然较弱，尽快出台系统完善的促进政策体系十分重要而紧迫。

二是政策支持力度不够。据统计，中国货物贸易平均单位出口金额获得的综合支持是服务贸易的4倍。这与中国优化货物贸易和服务贸易结构，加快服务贸易发展的政策导向不符。

三是商务部门作为发展服务贸易的统筹协商部门，缺乏全面、宏观指导服务贸易发展的抓手，协调力度不够。

表5—4　十大行业服务贸易政策与服务产业政策不协调的具体表征

行业名称	主要政策点	存在的问题	改善的建议
运输业	捎带运输问题	捎带运输只可以由中国全资企业运营的悬挂中国国旗的船舶完成	允许在中国各港口之间进行国际货物干线捎带运输（捎带运输），以支持发展更高效的中国外贸航运服务
	航线部署自主权问题	班轮公司的航线须部署在哪个码头往往由地方港口集团决定。航运公司对航线挂靠码头的选择无能为力	建议允许班轮公司在中国自由选择码头，改变港口集团为承运人指定码头的垄断性做法，而以建议和对话的程序代替之

续表

行业名称	主要政策点	存在的问题	改善的建议
运输业	关于建立自由港的问题	在中国大陆没有如香港和新加坡一样运作的自由港，影响了全球供应链的效率，并挫伤了班轮公司利用大陆港口转运国际贸易货物的积极性	建议在中国建立与其他主要海运国家/地区相类似的自由港，借鉴全球范围内的自由港最佳做法，在中国主要港口实施与国际主要港口相类似的自由港法规
	通关便利化问题	外国海运公司与物流公司面临大量地方海关条例和作业流程，这些条例和流程因港口而异，地方海关官员对其有不同的解释	建议统一海关各项条例的实施，并加快引入电子数据交换，通过海关各项条例和作业流程的统一和简化，提高中国进出口企业的运营环境，从而提升中国的竞争力；尽快在全中国各海关系统实施电子数据交换，逐步停止使用纸质格式和手工填报
文化服务业	外资准入	在出版、演艺等文化娱乐领域一般禁止外资进入，存在较大准入障碍	建议在上海自贸区试验基础上，适当降低外资进入文化领域的准许门槛
	文化“走出去”	对外文化宣传以公益性活动与文化企业“走出去”存在某种冲突	建议国家外宣严格限制无偿的文化服务，文化外宣应有助于扩大文化出口
金融业	外资准入	外资金融机构仍受到股比、业务范围等限制	建议提高金融业对外开放度，如外资占银行股比从25%提高至49%；加快审批外资银行网点布局，扩大分支机构数量；逐步允许外资保险机构经营寿险业务
	民营资本	目前民营资本进入银行业存在较大限制，造成对外资开放而不对内资开放的局面	建议按照三中全会精神，加快民营金融机构的培育，特别是在创新型金融业务方面
	国民待遇	外资金融机构存在一定程度非国民待遇，如内外资银行机构分别适用不同的管理法	建议逐步调整内资金融机构和外资金融机构两套法律，最终建立统一的银行法、保险法和证券法及其细则

续表

行业名称	主要政策点	存在的问题	改善的建议
	出口信用保险市场	出口信用保险高度垄断。中国出口信用保险公司是中国提供对外投资保险的唯一一家公司。2013年1月1日，中国人民财产保险股份有限公司获得财政部批准，在试行的基础上提供短期出口信用保险，但出口信用保险市场仍缺乏竞争，业务范围窄，产品创新能力不足	建议进一步放开出口信用保险市场，可以逐渐向在中国保险市场经营多年的内外资保险机构逐渐发放出口信用保险牌照，给予经营许可，适当引入竞争，扩大海外投资的保险覆盖面
技术服务业	出口管制	《禁止限制出口技术指导目录》调整周期长，而技术更新速度快，原先属于敏感的技术，很快就会成为成熟技术。调整周期过长会影响成熟技术的对外输出	缩短技术出口指导目录的调整周期，使得技术贸易政策更好地与国内产业技术发展水平相一致
会计服务业	外资事务所的超国民待遇	2001年中国证监会发文，要求上市公司IPO及再融资时，其财务报告须由国际会计师事务所进行补充审计。一些银行也发布了类似规定。借助这些优惠政策，“四大”在华业务排名迅速升至前四名，并几乎垄断了中国海外上市企业的全部审计业务，其中有些属于能源、金融等敏感行业。与此同时，“四大”在审计业务中也出现违反独立性的规定、与造假公司合谋等丑闻	建议内外资会计师事务所公平参与上市公司审计，给予内资大型会计师事务所与外资所平等竞争的机会

续表

行业名称	主要政策点	存在的问题	改善的建议
会计服务业	自然人移动	CEPA 项下对港澳人员来大陆会计师事务所担任合伙人仅限于广东前海试点	允许港澳取得大陆注册会计师资格证的人员担任合伙人的适用范围从广东前海扩大到全国；对境外人员参与中国注册会计师考试提供更充分的信息服务和便利措施
	参与援外审计业务	目前援外资金的审计以政府内部审计为主，但缺少独立第三方的监督，很难起到应有的作用	建议引进独立第三方社会会计师事务所参与重大援助项目审计，提高资金使用效率和援外企业项目管理水平
	行业规制问题	对注册会计师独立性的规定存在漏洞。如《注册会计师职业道德基本规范》规定“注册会计师不得兼营或兼任与其执行的审计或其他鉴证业务不相容的其他业务或职务”，但这种规定不够具体和明确，指代不清晰，执行很难到位	建议强化注册会计师独立性的可执行性，如禁止会计师事务所向被审计单位提供与审计业务相冲突的非审计业务，但可以允许会计师事务所向其他企业提供管理和会计咨询服务等
旅游服务业	旅游服务出口促进法规	缺乏针对入境游的促进立法	建议应尽快依据《旅游法》，制定《国际旅游促进条例》
	促进机构	旅游对外宣传推广一直实行行政主导型的体制，旅游企业和旅游行业组织基本没有发声权	建立专业化、半市场化的旅游推广机构，将旅游促销工作的主体从纯行政机构向市场化的专业机构转型
	入境签证	对入境游客的签证政策偏严，目前只针对 4 个国家（日本、新加坡、文莱和圣马力诺）的个人实施入境免签政策，仅同6个国家（俄罗斯、白俄罗斯、格鲁吉亚、阿塞拜疆、摩尔多瓦和土库曼斯坦）签署了团体旅游互免签证协议	建议未来可适度放宽入境旅游的签证政策

续表

行业名称	主要政策点	存在的问题	改善的建议
旅游服务业	自然人流动	中国旅游服务市场的导游服务一直限制外国自然人入境提供相关服务	建议适当放宽市场准入的限制，允许拥有外国国籍的人参加导游考试，并经培训后成为正式导游
	外资旅行社业务范围问题	总体上对外资旅行社参与境外旅游线路持限制，影响了出境游服务质量	建议允许外资旅行社在中国开展出境游和赴台、港、澳旅游业务
医疗健康服务	市场准入	发布的各项政策当中，对于外资医院准入标准、审批登记的否定条件不透明，导致外资医院的审批工作有很大随意性	建议制定可以量化的认定标准，明确审批登记的否定条件，如“对于对具备条件的境外资本在中国境内设立独资医疗机构”当中的“条件”予以细化，对外商设立医疗机构申请被拒的情形罗列出来等
	国民待遇	外资医院在医保、医护人员等问题上与地方政府的有关条例存在冲突，如有些地方医保定点单位名单明确将外资医疗机构排除在外	建议逐步实现外资医疗机构在医保等方面的国民待遇，放宽外籍医护人员入境从事医护工作的认可、时限等条件
	经营行为限制	外资医院在购置大型医疗设备时与公立医院同样受到《大型医用设备配置与使用管理办法》的限制。事实上，外资医院用于购买医疗设备的资金是其投资资金或是盈利所得，对其限制缺乏正当性，也与引进国外先进医疗设备的开放初衷相悖	建议取消对外资医院购买执业所需设备的限制

续表

行业名称	主要政策点	存在的问题	改善的建议
教育服务业	发展定位	2003年出台的《中外合作办学条例》中明确规定“中外合作办学属于公益性事业，是中国教育事业的组成部分”。这一定位，与美国、英国等OECD国家把发展跨境教育作为追求经济利益的目标定位之间明显不同	建议应从立法上承认教育服务的公益属性和经济属性。公益性主要体现在公立教育，经济属性主要体现在包括外资教育机构在内的民办教育
	法规配套	CEPA对教育服务业做了深化承诺，但目前仅有中外合作办学条例，并未依据FTA协议对其修订或制定配套条件，导致开放承诺难以落地	应根据中国签署的FTA或其他国家协议，及时修订法规或颁布配套的行业管理规定
	投资者权益保护	依据民办非企业单位清算后剩余财产的分配原则与实践，外资学校财产清算后应当被用于公益事业	建议应尽快完善现行教育法律体系，在《中外合作办学条例》和《中外合作办学条例实施办法》中明确合作办学的相关权益保护和各项鼓励优惠政策
	行业监管	对于中外合作办学的监管方面也存在很多漏洞，一些合作办学项目层次低、巧立名目进行避税等问题层出不穷	建议应尽快制定加强对中外合作办学监督管理的具体措施
软件和信息技术服务	市场开放问题	参与新一轮ITA谈判，开出了100多项的负面清单，最后导致无法加入新一轮ITA谈判。这表明，对信息技术领域的开放还比较保守	建议可适当扩大信息技术服务领域的开放度，减少不必要的准入障碍，增强国内市场竞争

续表

行业名称	主要政策点	存在的问题	改善的建议
软件和信息技术服务	“走出去”问题	目前规定，“走出去”的软件企业在中国境内发生的研究开发费用金额占研究开发费用总额的比例不低于60%	建议取消这一规定，或将这一比例降至50%
	出口促进	中国软件和信息技术服务主要以ITO方式实现，软件产品出口占比约5%	建议加大对拥有自主知识产权的软件产品出口支持力度，提高软件产品出口占比
服务外包	离岸与在岸协调性问题	目前，主要针对离岸服务外包制定相关支持政策，这不利于服务产业外包发展壮大	建议针对离岸外包的支持政策部分向在岸外包业务扩散，降低在相关认定中对离岸业务的比例要求
	知识产权保护	服务外包知识产权保护和信息安全保障离发包方的要求仍有较大差距	建议研究出台《服务外包知识产权保护和信息安全条例》或《服务外包知识产权保护指南》
	信息安全政策	目前中国外包企业加工的国外数据要求其存储数据的服务器应放在境内，这与开展部分业务存在冲突	建议针对数据来源及服务最终用户均为境外的服务外包业务，中国仅承担数据加工业务的服务外包业务，其数据服务器不必转移至境内

第五节　进一步强化中国服务贸易政策和服务产业政策的建议

服务产业是基础和根本，服务贸易是服务产业的国际化形态。对于一个高度开放的经济体而言，服务贸易和服务产业已经融为一体，不可分割。因此，在制定政策的时候，必须将两者同时考虑，做到政策联动，达到政策协同之效果。

一、强化国家层面服务贸易和服务产业发展的协调机制

服务贸易政策和服务产业政策的协调涉及方方面面，需要从战略理念、政策制定、政策实施、行业组织及企业等不同层次去具体落实。

一是在战略理念层面。需要强化服务贸易和服务产业的一体化发展理念。从概念上讲，服务贸易既包括跨境交易，也包括商业存在，即国内的外资服务提供者纳入服务贸易政策概念，使得服务贸易天然与服务产业融为一体。因此，在战略层面就必须贯彻服务贸易和服务产业政策联动协调的理念。

二是组织机构层面。从组织机构上讲，服务贸易和服务产业政策的协调就需要加强相关部门的沟通协作。服务贸易政策更多由商务部门制定，而服务产业政策更多由相应的行业主管部门制定并实施。这就需要加强商务部门和行业主管部门的沟通协调。每个服务行业都涉及服务贸易问题，但服务贸易政策能否落实到位，关键看相应的行业主管部门。因此，在相应的组织或协调机构方面，应进一步强化。另外，相应的行业中介组织和行业促进机构也应一体化，即服务贸易和服务产业行业组织和促进机构的职能应融合，不宜有明显的区分，人为地分割服务贸易和服务产业发展。

三是政策制定层面。一方面，在服务产业政策制定过程中，应充分利用贸易政策工具，促进服务产业的国际化发展。如服务产业规划应考虑到国内外市场的布局、适当引入国外服务提供者的竞争等。另一方面，在制定服务贸易政策时，要更多利用国内政策手段来服务于服务贸易自由化和便利化，如服务贸易开放政策许多都是国内规制的问题，许多所谓开放过程中的“玻璃门”、“弹簧门”，实际上都是各类行业和部门规章和专项审批要求。因此，要制定服务贸易开放政策，就必须考虑国内服务业改革的相关政策。

建议进一步强化国家层面的服务业和服务贸易发展协调机制，以更大力度统筹协调推进服务业和服务贸易领域改革开放的顶层设计。

二、推动服务业国内改革和市场化进程，破除服务业开放的制度壁垒

服务产业的市场化和国际化在本质上是一致的，都是减少政府干预、减少市场扭曲、完善外向型经济的政策措施。因此，服务产业的国内改革、推进服务产业市场化的过程也就是贸易自由化、便利化，进而实现服务产业国际化发展的过程。

推进新一轮国内法规的立、改、废，建立和完善与服务业开放配套的国内规制体系，这是推动服务业改革、破除服务业开放制度壁垒的重要内容。依据加入WTO的承诺、签署的双边FTA协定以及CEPA协定，要对不符合签署的国际协定及当前服务业开放形势要求的法律、法规等进行全面清理，要建立健全与服务业开放相适应的国内规制体系。一是对涉及开放行业的相关法律法规按照开放承诺进行系统梳理和整理。二是将严重过时、不符合开放和发展需求的法律法规及时予以废止。三是将部分妨碍开放的条款进行调整和修订。四是根据服务业开放和发展的新形势制定新的法律法规。五是规范和简化服务业准入受理和审批流程，增强相关程序和法规的透明度。除法律规定外，废除各部门设置或变相设置各类前置性审批事项。

通过扩大和深化服务业开放，加快服务贸易自由化和便利化，打通国内外服务市场连接渠道，引入国际服务提供者，增强国内服务业市场的竞争，从而将国外服务业的先进理念、技术、标准为国内服务业市场提供示范，形成国内外服务提供者的良性竞争、相互适应，共同为国内服务业创新发展服务。

三、扩大服务业对外资开放的同时，加快对民营资本开放步伐

向外资开放服务业首先应向民营资本开放。减少甚至取消对民营资本进入基础性服务业的限制，应是以开放促改革的重要内容。对外开放引入外资的过程，必然伴随着激烈的市场竞争，相对于国有企业而言，民营资本更具活力与创造力，在参与开放之后的服务市场竞争中更具灵活性。为此，凡是向外资开放的服务行业和领域，应首先面向民营资本开放，培育本土竞争者。

要坚决消除内资和外资企业进入国内服务业的“玻璃门”和“弹簧门”。凡是法律法规及国家规定没有明令禁入的服务领域，都要向社会资本开放。进一步放宽服务领域市场准入，建立平等规范、公开透明的市场准入标准。鼓励和引导各类资本投向服务业，在投资核准、融资服务、财税政策、土地使用、对外贸易和经济技术合作等方面，对各类投资主体同等对待。各地区凡是对本地企业开放的服务领域，应全部向外地企业开放，切实打破市场分割和地区封锁，建立全国统一、开放、竞争、有序的服务业市场。

四、扩大服务业开放的同时，增大服务业“走出去”支持力度

服务业开放要着力培育服务企业出口竞争力。服务业开放要与服务产业发展相协调。服务出口是衡量服务业竞争力的重要指标。要通过服务业开放，引进竞争机制，逐步形成本土具有国际竞争力的服务提供商，增强服务企业开拓国际市场的能力，支持有优势有条件的服务企业“走出去”，为扩大服务出口创造条件，切实扩大服务业国际竞争力，扭转服务贸易逆差快速上升的不利局面。加快与韩国、印度、阿联酋等对中国有重要战略意义的国家签署自由贸易协定，发挥中国与这些国家服务业发展的互补性，通过服务业协议开放，拓展服务业国际市场空间。

五、把开拓国际市场作为促进服务产业发展的重要着力点

国内服务产业政策应当关注国际竞争与国际市场。在制定服务产业政策的时候，应具备世界眼光、国际标准，把国外服务提供者和国际服务市场纳入政策制定者的视野。同时，加快国内服务业改革，理顺体制机制、完善政策措施，激发国内服务产业发展的内生动力机制。建立和完善服务出口促进体系，提升服务产业国际化水平。通过建立和完善服务出口促进体系，完善相关配套政策措施，为服务产业的国际化发展铺平道路，也是推进服务贸易和服务产业协调发展的重要途径。

第六章
中国主要服务贸易行业发展特点

本章在简要介绍主要服务贸易行业在世界的地位及发展概况的基础上，着重选择旅游、文化、中医药和服务外包几大领域分析中国主要服务行业开展国际服务贸易竞争的现状与问题，并提出发展建议。

第一节　国际旅游服务贸易

一、全球旅游服务贸易格局及中国的地位

最近几年，全球旅游服务贸易规模稳步增长，2015 年全球旅游服务出口 1.23 万亿美元，2011—2015 年年均增长约 3.5%。同期，中国旅游服务贸易增长迅速，2015 年中国旅游服务出口达 1141 亿美元，是 2011 年的 2.35 倍，年均增长约 24%，占全球旅游服务出口比重由 2011 年的 4.51% 提高到 9.27%。

从世界旅游服务贸易格局看，美国和中国是前两位旅游服务贸易出口国。2015 年，美国旅游服务出口达 1783 亿美元，占世界比重的 14.5%；同期中国旅游服务出口 1141 亿美元，占世界比重的 9.3%。另外，进入世界前十大旅游服务出口国的国家和地区主要来自欧盟各成员国，如西班牙、法国、英国、意大利、德国；同时，亚洲国家和地区，如泰国、中国澳门和中国香港也是全球热门的旅游目的地。

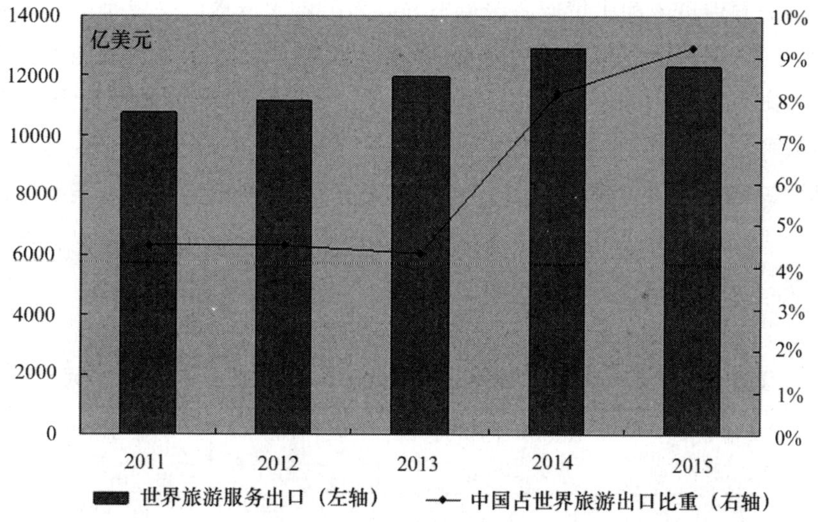

图 6—1　2011—2015 年全球旅游服务出口及中国占比

资料来源：根据 unctad 数据库整理。

表 6—1　2015 年世界前十大旅游服务出口国家和地区

国别和地区	出口规模（亿美元）	占世界的比重
美国	1783	14.5%
中国	1141	9.3%
西班牙	564	4.6%
法国	449	3.6%
泰国	445	3.6%
英国	429	3.5%
意大利	396	3.2%
中国澳门	375	3.1%
德国	368	3.0%
中国香港	359	2.9%

资料来源：WTO。

从旅游服务贸易差额看，美国也高居第一位，可见美国在全球旅游服务贸易中居于绝对优势地位。另外，日本也是旅游服务贸易前十大顺差国。其他进入前十位旅游服务贸易顺差的国家或地区主要是中小型经济体，如西班牙、泰国、中国澳门和中国香港等。而服务贸易逆差前十位的国家则多为中大型经济体，如中国和德国分别位居2015年国际旅游服务贸易逆差第一和第二位。另外，俄罗斯、英国、加拿大、巴西、韩国等都进入了旅游服务前十大逆差国。沙特和科威特这两大能源输出国也进入旅游服务逆差前十位国家，这主要与他们收入较高、出国旅游消费较多有关。

表6—2 旅游服务贸易顺差和逆差前十位国家和地区（单位：亿美元）

顺差前十大国家或地区	旅游服务贸易顺差规模	逆差前十位国家或地区	旅游服务贸易逆差规模
美国	578	韩国	-97
西班牙	386	沙特	-106
泰国	369	挪威	-109
中国澳门	356	巴西	-115
土耳其	212	科威特	-120
意大利	151	加拿大	-134
希腊	134	英国	-213
中国香港	130	俄罗斯	-265
日本	96	德国	-394
澳大利亚	93	中国	-1781

资料来源：WTO。

二、中国国际旅游服务贸易现状

（一）中国旅游服务贸易概况

中国是旅游服务贸易大国。自2013年起，中国旅游进出口总额连续三年仅次于美国而居世界第二位。2015年，旅游进出口总额达3535亿美元，占服务进出口总额比重接近50%，占世界份额达16.6%，其中服务进口占世界达24%。在进出口总量提升的同时，旅游服务贸易竞争力较差，旅游逆差逐渐扩大。2009年首次出现逆差，2014年、

2015 年连续超过千亿美元，其中以留学为目的的旅游服务逆差占 80%。2015 年，中国已经成为世界上旅行服务贸易逆差最大的国家。

表 6—3　2010—2015 年旅游服务贸易情况

年份	出境游			入境游		
	人数（亿人次）	消费总额（亿美元）	人均消费额（美元）	人数（亿人次）	消费总额（亿美元）	人均消费额（美元）
2010 年	0. 57	548. 8	962. 8	1. 34	458. 1	341. 9
2011 年	0. 70	725. 9	1037. 0	1. 35	484. 6	359. 0
2012 年	0. 83	1019. 8	1228. 7	1. 32	500. 3	379. 0
2013 年	0. 98	1285. 8	1312. 0	1. 29	516. 6	400. 5
2014 年	1. 07	1648. 0	1540. 2	1. 28	569. 1	444. 6
2015 年①	1. 17	2386. 4	2039. 7	1. 34	1149	857. 5
年均增速	15. 3%	34. 2%	16. 2%	—	20%	—

2010—2015 年，中国出境游人数从 5738. 65 万人次上升至 1. 17 亿人次，年均增长 15. 3%；出境消费（旅游进口）从 548. 8 亿美元，增至 2386. 4 亿美元，年均增长 34. 2%；出境游人均消费水平（旅游进口/出境人数）从 962. 8 美元增至 2039. 7 美元，增长了 1 倍之多；而同期入境游客人数则维持在 1. 34 亿人次的规模，几乎没有增长，旅游外汇收入从 458. 1 亿美元增至 1149 亿美元，② 年均增长率 20%；入境游人均消费水平则变化不大。相关资料表明，在旅游服务吃、住、行、游、购、娱六个环节当中，购物支出占比的全球平均水平为 20%，境外购物占全部旅游花费的比例则超过 50%，近两年更是达到 60% 以上；而在入境游方面，境外游客在我国的购物支出仅占全部旅游消费的 11% 左右。

（二）旅游服务出现大幅逆差的原因分析

近年来，旅游服务贸易出现大幅逆差，归纳起来，主要有以下几个

① 2015 年按照旅行服务统计。

② 根据外管局的数据，旅游进口仅为 580 亿美元，增速仅为 4. 8%。据此，统计入境游人均消费额为 432. 8 美元，还有所降低。

方面的原因。

1. 需求侧变化是主因

国际旅游是顺周期产业，易受经济、政治、战争、疾病等外部因素影响。2009 年国际金融危机以来，世界旅游服务贸易明显回落，旅游服务出口结束了危机前的快速增长势头。一方面，欧美等发达国家经济增长乏力，失业率上升，居民收入增长放缓，对旅游服务类需求压缩明显，在一定程度上影响了以观光休闲为目的的入境旅游发展。另一方面，受世界经济低迷、外需不振的影响，来华开展对外经贸合作和文化交流的人员难以保持以往的快速增长态势，也部分影响了以商务会议为目的的旅游出口。

2. 国内优势旅游服务供给不足是根本

一是空气质量和食品安全不佳。空气（雾霾）和水污染，以及食品安全等问题使境外游客望而却步。2015 年，以观光休闲为目的的入境游客为 824.88 万人，比 2009 年下降 18.6%。《中国旅游报》的“英国来华旅游舆情调查报告”显示，空气污染问题是影响英国旅游者来华的三大原因之一，仅次于费用和语言障碍。有关专家表示，若我国不能在治理污染上取得明显进展，入境游客数量衰减将呈长期性。

二是旅游服务国际化程度低。与旅游强国相比，中国旅游业整体服务意识不强，缺乏国际化的服务质量标准、多语种的旅游信息化平台以及分层化、定制化的产品和服务供给。公共服务（如公共交通、道路标识、货币兑换、厕所、卫生、安全等）标准化程度低，难以满足外国游客特别是散客的需求。此外，签证难度相对较高，便利化通关亟待推进。

三是中国入境旅游客源市场存在结构性约束，来自港澳台地区的近程游客占比高。2015 年我国入境游客中港、澳、台同胞合计占 80%，与 2009 年的占比 83% 无显著变化。近程游客人均入境次数相对稳定，过夜游客占比较小，消费有限。加之周边国家（地区）积极扩大市场占有率，吸引邻国（地区）客源，对入境客源市场产生一定分流。

四是海外宣传推广创新不足。中国旅游宣传推广体系不尽完善，缺乏统一的国家旅游形象定位。旅游宣传推广队伍专业化水准不高，营销手段创新力度不足。一些旅游目的地在利用多渠道海外营销方面尚存空白，营销过程中存在目标市场不明确、盲目削价、品牌意识淡薄等情况。

3. 汇率与价格是重要因素

近年来，人民币对外升值、对内贬值态势削弱了中国国际旅游业的价格竞争优势。自2005年汇改以来，人民币对美元大幅升值，推高了入境旅游的价格，削弱了旅游产品的国际竞争力。在法国等欧洲国家，每条中国线路的销售价格仅因汇率因素就上涨约30%，抑制了境外游客来华旅游的积极性。同时，近年来国内物价快速上涨，与旅游相关的酒店住宿、餐饮娱乐、旅游景点物价和其他国内用工成本上涨明显，过去入境和出境旅游的价格相对地位发生了重大变化，使得出境旅游加快增长，而入境旅游增速明显放缓。

三、推动中国国际旅游服务贸易发展的建议

（一）按照国际通行标准进行国际旅游贸易的统计与监测

目前，中国旅游服务贸易数据主要来自于商务部、国家旅游局和外汇管理局。但这三个部门统计结果差异很大。例如2015年，商务部统计旅行服务进出口总额3535.4亿美元，进出口分别为2386.4和1149亿美元，逆差1237.4亿美元；而外管局统计的旅行服务逆差高达1914亿美元；而国家旅游局的数据显示，同年公民出境旅游花费1045亿美元，国际旅游收入1136.5亿美元，旅游贸易存在顺差。统计数据的不一致导致分析结果存疑，建议按照国际通行标准进行国际旅游贸易的统计与监测。

同时，建议加强对旅游国际贸易的细分领域研究。2015年商务部服务贸易司细分了“旅行服务”，分为旅游、留学、医疗和境外务工。其中逆差最大的领域是留学（741.1亿美元）而非“旅游服务”。但留学服务具体包括什么内容、应当归属于教育领域还是旅游领域都值得商榷。另外，是否应该按照旅游的六个环节分别进行统计，也是下一步应当考虑的问题。

（二）加强宏观引导，实施旅游出口战略，引导消费回流

进一步发挥政府对旅游产业及旅游出口的引导作用。将促进旅游出

口提升为国家战略，制定中长期发展规划及3—5年发展计划，并有机融入国家发展战略。出台促进旅游出口的法律、法规、制度、政策等，加强旅游市场监管、形象宣传、基础设施建设、公共服务、安全保障等。推动旅游贸易与文化、教育、医疗、会展、住宿、餐饮等产业的协调发展。

促进境外消费回流。提升国产商品质量，支持国内产品设计、创意产业发展，鼓励创新；围绕主要消费品，加强质量监管，推进企业"同线同标"生产（内销和外贸产品同一标准）。拓展包括跨境电商、"奥特莱斯"、折扣店等在内的营销新渠道、新业态。降低进口商品流通成本，减少国外商品进入中国市场的中间环节，使普通企业可通过代理、分销、联营等途径经营国外商品。

（三）推进供给侧改革，夯实旅游产业基础

一是改善旅游综合环境。运用可持续发展理念，多层次、多角度地保护国内旅游生态环境。优化旅游经营、安全、服务环境。加大旅游标准化推行力度，规范旅游市场，注重发挥行业组织作用。发展符合境外游客消费习惯的服务（城市间租车、民宿、穆斯林等）。运用互联网、大数据等信息技术，提升旅游服务和管理智能化水平。

二是深度开发旅游产品。立足优质的人文自然资源，积极培育国际化旅游新业态。建设一批多样化和个性化的涉外旅游精品和特色项目。积极发展中医旅游，推出以中医药文化传播为主题，集中药康复理疗、养生保健、文化体验于一体的中医健康旅游示范产品。以会展业带动旅游发展，着力开发商务会展旅游项目，建设商务会展旅游中心。更新旅游商品观念，从商品大流通、带动就业等角度重视旅游购物的战略地位。

三是树立中国旅游的整体品牌形象。利用驻外经商处等渠道，加强宣传推介力度，减少外媒对中国空气质量、食品安全等炒作的负面影响。创新旅游营销模式，加大对外国游客具较大吸引力的中医、功夫、京剧、书法、胡同等中华传统文化的宣传和营销力度。挖掘入境旅游客源市场，着力拓展美国、澳大利亚、东盟、欧盟等旅游贸易逆差主要来源地客源市场，深化与上述国家（地区）的旅游贸易往来，建立稳固

的国际市场伙伴关系。深度对接“一带一路”战略，推进“一带一路”旅游合作，发展丝路特色旅游，开辟入境游新市场。

（四）强化政策支持，释放旅游出口潜力

一是推进通关措施更为便利高效。实施更为宽松有效的过境免签政策，扩大实施过境免签政策城市范围，并适度增加游客停留时间和活动范围。在交通方式方面，将免签政策从仅适用于航空口岸，扩大至铁路、海运等，实现多种交通方式的互联互通。出台便利会展、论坛等商务旅行者通关措施，简化符合出入境检验检疫要求的展品通关手续，建立规范的参展商随身携带展品的报关流程，为境外展商提供入境便利，扩大会展商务旅游出口。

二是加大财政支持放宽税收门槛。设立服务贸易创新发展引导基金，将旅游作为支持方向。在整体财税体制改革的大框架下，调整奢侈品消费税征收，推动市内免税、进境免税、离岛免税和离境退税等政策创新，增加市内免税店数量，开设进境免税店。

三是强化国际型旅游人才培养。着力培养高素质、高技能的复合型国际化旅游人才，建设以旅游行政管理、经营管理、专业技术、导游、旅游服务等为核心的旅游人才队伍，为旅游发展提供全面的人才和智力支持。构建适应国际市场需求的旅游教育体系。

（五）发挥试点作用，探索扩大出口路径

利用国务院决定在15省市区开展服务贸易创新发展试点的契机，支持试点地区就扩大旅游出口进行制度创新，探索建立适合本地区的管理制度、促进体系。鼓励有条件的试点地区根据当地旅游资源禀赋开发重点旅游出口项目，创新旅游服务业态。支持海南省建设国际旅游岛，推动离岛免税政策落地，发展文化、中医药健康等新业态旅游项目；支持上海、天津等地区加快建设国际邮轮港，开发国际邮轮航线，发展邮轮旅游项目。总结试点地区促进旅游出口的工作成效，形成可复制可推广经验。

第二节　国际文化服务贸易

一、全球个人文化娱乐服务贸易格局及中国的地位

（一）概况

据WTO统计，2015年全球个人文化娱乐服务贸易约402亿美元，其中中国7.3亿美元，占比1.84%，比2011年提高约1.5个百分点。

表6—4　2011—2015年世界和中国个人文化娱乐服务出口额

个人文化娱乐服务	世界	中国	比例
2011	396.3	1.2	0.31%
2012	423.1	1.3	0.30%
2013	443.1	1.5	0.33%
2014	439.4	1.8	0.40%
2015	402.0	7.3	1.84%

资料来源：WTO。

从主要国别看，卢森堡是个人文化娱乐服务第一大出口国，2015年出口金额49亿美元，占全球12.07%，其次为英国、法国等。中国未进入个人文化娱乐服务出口前十强。

表6—5　2015年个人文化娱乐服务前十大出口国及其占比

国家	出口规模（亿美元）	占世界比重
卢森堡	49	12.07%
英国	37	9.21%
法国	35	8.75%
荷兰	23	5.83%
马耳他	22	5.59%

续表

国家	出口规模（亿美元）	占世界比重
土耳其	19	4.66%
加拿大	18	4.51%
德国	17	4.32%
印度	13	3.14%
比利时	12	3.07%

资料来源：WTO。

表6—6　2015年个人文化娱乐服务前十大顺差和前十大逆差国（单位：亿美元）

国别	前十大顺差国	国别	前十大逆差国
马耳他	22.3	俄罗斯	-7.5
土耳其	15.0	卡塔尔	-7.9
新西兰	2.6	澳大利亚	-8.6
韩国	2.5	丹麦	-9.1
比利时	1.9	英国	-9.9
南非	1.5	德国	-10.7
塞尔维亚	0.7	挪威	-10.9
希腊	0.7	中国	-11.6
新加坡	0.7	法国	-12.3
牙买加	0.6	委内瑞拉、玻利维亚共和国	-31.1

资料来源：WTO。

（二）主要国别文化贸易情况[①]

1. 美国

上述WTO服务贸易数据所反映的个人文化娱乐服务的国际格局与世界实际的文化产业和贸易格局并不一致。主要在于统计口径等原因。

---

① 参考商务部服贸司和商务部研究院课题“美国文化贸易与投资指南”和“韩国文化贸易与投资指南”，2016年6月。

事实上，美国是当今世界最大的文化贸易强国，其影视行业处于全世界绝对优势地位。但美国并无文化贸易产业这一分类，美国文化贸易更多体现在其版权贸易中。

美国的媒体和娱乐（M&E）业由制作和发行电影、电视节目和商业广告的企业以及音乐和视频录制、广播、游戏和出版相关企业组成。美国 M&E 市场占全球行业的 1/3，是全球最大的 M&E 市场。美国作为全球电影市场最发达、最成熟的国家，除了电影票房雄居全球，其院线与影院的发展水平也一直遥遥领先于其他国家。

表 6—7　1995—2015 年根据经销商划分的电影畅销排行榜

	电影	总收入	平均总收入	市场份额
1. 华纳兄弟	626	27814268718 美元	44431739 美元	15.02%
2. 沃特·迪士尼	512	26438999622 美元	51638671 美元	14.27%
3. 索尼影视	607	23806532376 美元	39219987 美元	12.85%
4. 20 世纪福克斯	438	21378479321 美元	48809314 美元	11.54%
5. 派拉蒙影业	410	21237770314 美元	51799440 美元	11.46%
6. 环球影业	406	20991178030 美元	51702409 美元	11.33%
7. 狮门影业	309	6438564019 美元	20836777 美元	3.48%
8. 新线影业	206	6187505981 美元	30036437 美元	3.34%
9. 梦工厂	75	4083551613 美元	54447355 美元	2.20%
10. 米拉麦克斯	376	3829456960 美元	10184726 美元	2.07%

表 6—8　1995—2015 年根据类型划分的电影畅销排行榜

	电影	总收入	平均总收入	市场份额
1. 喜剧片	2166	41079335848 美元	18965529 美元	22.18%
2. 冒险片	641	39765714248 美元	62036996 美元	21.47%
3. 动作片	745	33237739406 美元	44614415 美元	17.94%
4. 剧情片	4024	31095449813 美元	7727497 美元	16.79%
5. 惊悚片/悬念片	800	15957982489 美元	19947478 美元	8.61%
6. 浪漫喜剧片	501	9235754773 美元	18434640 美元	4.99%
7. 恐怖片	441	8341098507 美元	18914056 美元	4.50%
8. 音乐片	133	2043513841 美元	15364766 美元	1.10%
9. 纪录片	1627	1927755381 美元	1184853 美元	1.04%
10. 黑色喜剧片	139	1169228969 美元	8411719 美元	0.63%

表 6—9 1995—2015 年根据美国电影分级制度划分的电影畅销排行榜

	电影	总收入	平均总收入	市场份额
1. PG - 13 级	2557	87262738202 美元	34127000 美元	47. 11%
2. R 级	4402	50757088866 美元	11530461 美元	27. 40%
3. PG 级	1195	36737526001 美元	30742700 美元	19. 83%
4. G 级	315	8865773523 美元	28145313 美元	4. 79%
5. 未分级	3721	1473250546 美元	395929 美元	0. 80%
6. NC - 17 级	22	44535037 美元	2024320 美元	0. 02%
7. 公开	5	5447424 美元	1089485 美元	0. 00%

表 6—10 1995—2015 年根据来源划分的电影畅销排行榜

	电影	总收入	平均总收入	市场份额
1. 原创剧本	5832	85066873444 美元	14586227 美元	45. 92%
2. 基于科幻书/短篇小说	1620	40566965032 美元	25041336 美元	21. 90%
3. 基于连环漫画/漫画小说	162	13258563734 美元	81842986 美元	7. 16%
4. 翻拍	278	10231983030 美元	36805694 美元	5. 52%
5. 基于电视	197	9939429903 美元	50453959 美元	5. 37%
6. 基于真实生活事件	2163	8835093657 美元	4084648 美元	4. 77%
7. 基于科普读物/文章	134	4883993975 美元	36447716 美元	2. 64%
8. 基于民间故事/传说/童话	55	2414356676 美元	43897394 美元	1. 30%
9. 衍生作品	27	1966704842 美元	72840920 美元	1. 06%
10. 基于游戏	215	1891991396 美元	8799960 美元	1. 02%

表 6—11 1995—2015 年根据制作方法划分的电影畅销排行榜

	电影	总收入	平均总收入	市场份额
1. 实景拍摄	10635	149265801602 美元	14035336 美元	80. 58%
2. 动画/实景拍摄	135	16097838466 美元	119243248 美元	8. 69%
3. 数字动画	205	16076651754 美元	78422691 美元	8. 68%
4. 手绘动画	133	2905647443 美元	21846973 美元	1. 57%
5. 定格动画	30	564743212 美元	18824774 美元	0. 30%
6. 多种制作方法	17	21597179 美元	1270422 美元	0. 01%
7. 转描机技术	3	8393627 美元	2797876 美元	0. 00%

表 6—12　1995—2015 年根据创作类型划分的电影畅销排行榜

	电影	总收入	平均总收入	市场份额
1. 当代小说	5309	79623795572 美元	14997890 美元	42.98%
2. 儿童奇幻片	408	22677969057 美元	55583257 美元	12.24%
3. 奇幻片	693	22543792346 美元	32530725 美元	12.17%
4. 科幻片	490	22108522557 美元	45119434 美元	11.93%
5. 历史片	1058	14331057641 美元	13545423 美元	7.74%
6. 戏剧	709	10667829908 美元	15046305 美元	5.76%
7. 超级英雄	74	10229404289 美元	138235193 美元	5.52%
8. 事实	1680	2590734872 美元	1542104 美元	1.40%
9. 多种创作类型	24	113419090 美元	4725795 美元	0.06%

2. 韩国

除美国外，韩国也是亚洲乃至世界文化产业和贸易大国。韩国文化产业在短短十多年间异军突起，超越传统的制造业成为经济发展核心动力，极大地促进了文化出口的发展。

据韩国文化体育观光部统计，2008—2011 年间，韩国文化产业出口规模以年均超过 20% 的速度增长。

2012 年出口额达到 46.12 亿美元，同比增长 7.2%，创历史新高，贸易顺差达 29.38 亿美元。其中，电影、音乐和游戏业增长最为显著，分别达到 27.5%、19.9% 和 11%。出口产业中，游戏业多年来一直是主要行业，占比超过 50%，2012 年游戏出口额为 26.39 亿美元，占文化产业出口总额的 57.2%，其后依次为知识信息、人物形象、出版物、音乐、电视节目、内容管理解决方案、卡通片、广告、电影、漫画等。

2013 年，韩国文化产业出口规模达 50 亿美元，同年，韩国文化体育观光部与韩国未来创造科学部联手发布的《韩国文化产业对外输出促进方案》预测，韩国文化产业整体对外出口额将在 2017 年达到 100 亿美元。

据统计结果显示，2014 年韩国文化产业的出口额同比增加了 7.1%，达到 527352 万美元。文化产业的出口额中所占比重最高的游戏产业出口额为 297383 万美元，占比达 56.4%，从 2010 年至 2014 年每年平均增加了 16.7%。

2014 年进口额同比减少 10. 8% 达到 129423 万美元。进口额中广告产业进口额（50182 万美元）在整体文化产业进口额中占 38. 8%，居首位。然后依次是出版产业占 24. 7%，游戏产业和角色产业各占 12. 8%，广播产业占 5. 0%。

文化产业的整体进出口差额为 397929 万美元，出口额比进口额多，整体上出口出现了利好趋势。综观各个产业，其中游戏产业的进出口差额最大，知识信息产业、角色产业和音乐产业的进出口差额也比较大。出口额比进口额少的产业只有广告产业、出版产业和电影产业三种。

韩国政府预计到 2020 年，文化内容出口额将提高到 224 亿美元，从 2010 年全球排名第 9 位（2. 2% 的市场份额）提高到 2020 年的第 5 位（5% 的市场份额），韩国将成为世界第五大文化强国。

表 6—13　韩国电影行业出口及进口额现状（单位：千美元）

项目	2012 年	2013 年	2014 年	同比增减率（%）	每年平均增减率（%）
出口额	20175	37071	26380	-28. 8	14. 3
进口额	59409	50339	50157	-0. 4	-8. 1
进出口差额	-39234	-13268	-23777	79. 2	-22. 2

表 6—14　韩国电影行业海外进出口类型（单位：千美元；%）

合同版权类型	2012 年		2013 年		2014 年		同比增减率（%）	每年平均增减率（%）
	出口额	比重（%）	出口额	比重（%）	出口额	比重（%）		
所有版权	11910	59. 0	29181	78. 7	11440	61. 4	-60. 8	-2. 0
附加版权	1205	6. 0	4340	11. 7	6643	35. 6	53. 1	134. 8
翻拍翻唱	1010	5. 0	1000	2. 7	310	1. 7	-69. 0	-44. 6
影院上映版权	295	1. 5	556	1. 5	243	1. 3	-56. 3	-9. 2
其他	5755	28. 5	1994	5. 4	—	0. 0	-100. 0	—
合计	20175	100. 0	37071	100. 0	18636	100. 0	-49. 7	-3. 9

表 6—15 韩国音乐行业出口及进口额现状（单位：千美元）

区分	2012 年	2013 年	2014 年	同比增减率（%）	每年平均增减率（%）
出口额	235097	277328	335650	21.0	19.5
进口额	12993	12961	12896	-0.5	-0.4
进出口差额	222104	264367	322754	22.1	20.5

表 6—16 韩国音乐行业海外出口方法（单位:%）

海外出口方法		2012 年	2013 年	2014 年	同比增减率（%）
直接出口	参加海外展销会及活动	3.2	3.2	3.3	3.1
	与海外流通公司接触	61.9	61.7	61.8	0.2
	网上海外销售	9.2	9.3	9.7	4.3
	利用海外公司	4.8	5.1	5.3	3.9
间接出口	利用韩国国内代理	5.6	6.2	6.5	4.8
	利用海外代理	15.3	14.5	13.4	-7.6
其他		—	—	—	—
合计		100.0	100.0	100.0	

表 6—17 韩国音乐行业海外进出口类型（单位:%）

海外进出口类型	2012 年	2013 年	2014 年	同比增减率（%）
完成品出口	70.1	69.3	70.6	1.9
LICENSE	29.9	30.7	29.4	△4.2
OEM 出口	—	—	—	—
技术服务	—	—	—	—
其他	—	—	—	—
合计	100.0	100.0	100.0	

二、中国文化服务贸易的现状、特点与趋势

(一) 中国文化服务贸易概况与特点

1. 文化服务贸易总体规模较小

根据《对外文化贸易统计体系(2015)》标准，2015 年我国文化服务进出口总额为 370.76 亿美元，仅占当年服务进出口总额的 5.2%，总体规模依旧偏小。其中广告服务进出口额 53.2 亿美元，下降 12%；文化和娱乐服务 26.19 亿美元，下降 18%；展会服务由上年的 123.83 亿美元大幅下滑至 18.67 亿美元；研发成果使用费 117.44 亿美元，下降 23%；视听及相关产品许可费由上年的 1.33 亿美元大幅增加至 11.65 亿美元。

表 6—18 2014—2015 年我国部分文化服务进出口情况（单位：亿美元）

服务类别	2015 年			2014 年		
	进出口	出口	进口	进出口	出口	进口
广告服务	53.20	33.84	19.36	60.47	26.89	33.59
展会服务	18.67	5.32	13.35	123.83	5.80	118.02
文化和娱乐服务	26.19	7.32	18.87	31.85	5.09	26.76
研发成果使用费	117.44	3.62	113.82	151.62	4.25	147.37
视听及相关产品许可费	11.65	2.26	9.39	1.33	0.19	1.14

注：国际收支统计口径。

资料来源：《文化贸易统计快报》。

2. 核心文化服务行业进出口增长较快

根据《我国文化服务进出口统计目录(2015)》标准，我国文化服务的核心层类别包括出版服务、新闻服务、广播影视制作服务、广播影视授权服务、广播影视对外工程服务、文艺创作与表演服务、文化遗产保护服务、图书馆与档案馆服务、文化艺术培训服务、互联网信息服务、电信信息服务、广播电视传播服务。2015 年，我国核心文化服务中，视听及相关产品许可费出口比上年增长 22 倍，进口增长 80.8%；文化和娱乐服务出口增长 43.1%。

表 6—19　2015 年我国文化服务部分类别进出口状况

	出口		进口	
	金额（亿美元）	同比变化	金额（亿美元）	同比变化
广告服务	33.8	25.7%	19.4	-14.5%
文化和娱乐服务	7.3	43.1%	18.9	5%
展会服务	5.3	-8.6%	13.4	22.9%
研发成果使用费	3.6	-14.3%	113.8	-22.2%
视听及相关产品许可费	2.3	22 倍	9.4	80.8%

资料来源：《文化贸易统计快报》

3. 地区分布主要集中在东部地区

我国文化服务贸易主要集中在东部地区，其中北京、上海和广东三省市的文化服务出口额占全国 90% 的份额，文化服务进口额占全国 63.7% 的份额。上海文化服务出口总额居全国首位，占全国文化服务出口的 54.4%；广东文化服务进口额位居全国第一，占全国文化服务进口的 25.8%。

表 6—20　2015 年我国各省（市）文化服务部分类别出口情况（前五名）

省（市）	出口金额（万美元）					
	广告服务	会展服务	文化和娱乐服务	研发成果使用费	视听及相关产品许可费	合计
合计	338406.15	53226.24	73243.76	36188.19	22597.68	523662.02
北京	82280.97	16082.21	27158.90	12981.67	1227.48	139731.23
上海	201655.61	20483.74	34420.03	8514.68	20028.75	285102.81
广东	24846.8	9903.6	2945.3	3078.6	233.4	41007.7
江苏	5745.66	1398.62	1942.17	6523.34	138.66	15748.45
浙江	1625.23	438.57	1344.88	841.22	716.73	4966.63
其余	22251.88	4919.5	5432.48	4248.68	252.66	37105.2

注：此表按国际收支口径统计。

资料来源：《文化贸易统计快报》。

表 6—21 2015 年我国各省（市）文化服务部分类别进口情况（前五名）

省（市）	进口金额（万美元）					
	广告服务	会展服务	文化和娱乐服务	研发成果使用费	视听及相关产品许可费	合计
合计	193590.5	133492.2	188663.4	1138155.3	93897.3	1747798.7
北京	33825.9	43299.2	78076.8	106217.1	67232.8	328651.8
上海	69367.1	17767.4	31679.4	211689.9	2391.4	332895.2
广东	35408.9	24810.3	23290.5	348143.0	19116.7	450769.4
江苏	18800.1	7635.3	8472.6	176389.0	449.2	211746.2
浙江	9622.0	17240.3	14814.3	30284.6	3451.9	75413.1
其余	26566.5	22739.7	32329.8	265431.7	1255.3	348323

注：此表按国际收支口径统计。

资料来源：《文化贸易统计快报》。

（二）中国文化服务贸易存在的问题及原因

1. 我国文化产品与服务出口结构不平衡

主要表现在文化出口以产品的形式为主，文化服务出口所占份额不足 1/5。我国文化产品出口占文化出口总额的 85% 左右，文化产品出口以视觉艺术品（工艺品等）、新型媒介（游戏机等）、印刷品、乐器为主，增幅都较为明显。其中，以加工贸易形式存在的文化产品出口仍占据 40% 左右的份额，真正体现中国原创文化内容的出口产品占比不足 15%，我国文化企业在全球产业链中的地位没有得到明显提升。我国文化服务出口仅占文化出口总额的 15% 左右。文化服务出口形式也较为单一，长期以来广告宣传服务在文化服务出口中的占比超过 90%，存在较大顺差，而电影、音像服务和版权、著作权以及稿费等服务出口占比很少，而在发达国家，版权和许可贸易在文化服务出口中所占的份额高达 80% 以上。

2. 核心文化服务逆差较大

从文化服务的进出口情况来看，我国电影、音像、版权、制作权等核心文化服务存在较大逆差，研发创意服务、建筑设计、工程设计及其他技术服务等也存在较大贸易逆差。我国在电影、音像服务和版权、著作权等文化服务领域对美国、欧盟等发达国家存在较大的逆差，且逆差逐年扩大。这些文化贸易领域存在的逆差与其他贸易领域的巨大顺差形成了鲜明的对比，这不但与我国作为世界贸易第二大国的地位不相符，更与我国文明古国和文化大国的地位极不相称，因此我们必须极力扭转文化贸易当中存在的结构性逆差局面，尤其是要改变文化服务贸易逆差的状况。

3. 文化服务领域外资准入限制较多

目前，我国在广播影视制作、新闻出版、互联网文化经营等领域还限制和禁止外资进入。此外，文化产业在利用外资方面仍存在以下限制：首先，在文化产业外资所占比重方面有限制。许多开放的文化产业领域都强调中方控股，要求外资所占比重不得超过 49%。其次，在文化产业外资进入形式方面有限制。除大型主题公园和体育场馆经营、健身、竞赛表演及体育培训和中介服务外，其他鼓励或限制类的文化领域都要求外资采取合资或合作的方式，其中广播电视节目、电影的制作业务仅限于中外合作的形式。再次，在外资进入文化产业的程序方面有限制。在外资准入程序上，我国对外资进入文化产业一律采取特别许可制，即从严发放许可证。因此，我们要在坚持保护国家文化安全的基础上，实行更加积极的文化产业利用外资和对外开放策略，从而更好地学习国外文化产业发展的先进经验。

4. 我国文化出口企业的国际竞争力较为薄弱

目前，我国文化企业在国际文化市场所占的份额仍很小，以广电音像产业为例，根据 WTO 的统计，2012 年我国音乐产品出口仅占全球音乐产品出口的 4%，而欧盟和美国音乐产品出口分别占全球的 67% 和 14%，同期我国电影音像服务出口不足美国电影音像服务出口额的 1%。我国文化出口企业的整体竞争力仍然较弱，尽管已经涌现了一批颇具规模的大型文化出口企业，如国图、完美世界、华谊兄弟等，但无论是从数量还是规模方面都和发达国家的跨国文化集团存在巨大差距，具有强大国际影响力的本土文化品牌屈指可数。中国文化企业，尤其是中小企业在开拓国际市场方面遇到了多重困难，如缺乏对国外受众消费习惯、审美情趣等文化需求的了解；缺乏对目标市场运营规则和模式的了解；海外市场营销渠道有限，难以进入海外主流市场；通晓海外文化的创意人才与业务拓展人才匮乏等。

5. 产业政策支持体系不够

文化产业政策主要涉及行政法规、部门规章、部门文件、相关法律等，在我国相关文化产业政策主要表现为行政法规层面，具体通过各种行政管理部门的法规、条例来实施。这说明我国文化产业政策一般只停留在国家战略规划层面，其强制性、权威性无法与国家法律相比，执行过程中随意性较大、解释也不统一。例如在广电行业，政策性产业扶持文件约占80%左右，而广电产业特别需要的《电影法》《电视法》《广播法》却一直未能出台，产业政策支持体系不完整。

文化产业发展政策目标也不够具体明确，政策扶持体系缺乏稳定性和前瞻性。目前，国家层面仅对文化产业发展提出纲要性的规划，而对文化产业的具体领域如影视、演艺、图书版权、体育用品等都没有明确细致的发展方向和发展措施，缺乏从具体产业角度考虑的配套扶持方法。

由于文化产品与服务涉及行业为数较多，与之相关的业务主管部门与政策也相对复杂。在与文化出口相关的支持政策的执行过程中，主管部门或多或少存在着管理分工不明晰，政策落实不到位，职责重复交叉等问题，企业对政府支持政策缺乏必要的了解，对支持资金和优惠政策的申请程序不清楚，使得文化产业发展政策与贸易政策在实际实施中没有收到预期的效果。

此外，文化产业扶持政策渠道还不丰富完善。虽然各级财政对文化建设投入比较重视，但实际投入比重不高，与文化发展需求仍存在差距；此外，中国文化产业扶持资金渠道狭窄，主要依赖财政资金，缺乏广泛正当的投融资渠道；电子政务水平较低，开放性不强，降低了中国文化产业走出去的商业机会和信息资源共享的程度。

三、进一步提升中国文化服务贸易国际竞争力的建议

（一）遵循审慎开放的原则，加强文化服务贸易体制改革

当前，世界各国在谋求增强自身文化对外影响力的同时，也越来越

重视维护本国文化安全。一些西方国家在国际自由贸易中也提出了“文化例外”原则，对本国文化实施特殊保护政策和制度。未来我国对于文化服务的开放也应遵循审慎原则与适度保护政策，在文化服务开放的内容上，有选择性地渐进地放开，例如对文化产业的制作业、硬件和技术服务优先放开；在开放的策略上，选取特定的行业或地区试点，在试点的基础上总结经验和不足，进而改进方案和政策，最后在更广的范围内实施和推广。

(二) 规划建设文化产品与服务出口产业园区

文化产业链条不仅包括作品的创作、策划、制作和市场营销，还可延伸到艺术衍生品和旅游等相关产业。而我国的文化企业还未形成集群式发展，文化企业在创作、生产与营销等环节上缺乏密切的协同与合作，本土企业的产品与服务更难以融入到全球文化产业的价值链运行当中。因此，未来应依托自由贸易园（港）区和海关特殊监管区建设，积极打造一批文化产品和服务出口园区，在融资、税收、海关通关、资格审验、人才培养、境外投资等方面给予文化出口企业更多便利和优惠措施，发挥文化产业的聚集效应，延伸文化出口产业链条，推动文化服务的跨境交付和商业存在，促进文化服务出口的多样化。

(三) 完善支撑文化服务走出去的法律法规体系

目前，我国文化产业政策法规包括五个方面，即国家法律、行政法规、部门规章、法规性文件和部门文件，实践运用中，大多文化产业政策法规通过行政法规形式来执行。文化产业政策法规的最高形式应是法律，是政策法规的固化和制度化，比行政法规更有力度，有利于文化产业的稳定健康科学发展。因此，在文化产业法律法规建设上，我国应继续完善相关法规，更要建立完备的文化产业法律制度，协调文化产业法制建设与行政管理的关系。主要包括以下内容：进一步提高文化立法的级别，达到文化产业立法一致性；构建文化产业发展规划和经营层面的法律框架体系，促进政府对文化产业管理的法制化，明确文化市场主体的权利义务，保障公平竞争；制定文化产业促进法，有效保证文化产业发展政策的强制实施。当然，引入立法后还应注意法律法规的实施效果，建立评估机制，评判制度，并针对制度缺陷及时修缮。

（四）健全文化服务贸易的财税金融支持体系

随着文化走出去产业日益受到中央和地方政府的重视，近年来，国家财政和相关文化部门频频出台了相关的财税、金融扶持政府，包括出口退税、财政补贴、政府奖励、专项资金等，对推动我国对文化产业走出去发挥了积极的推动作用。目前，需要进一步完善的政策措施包括：进一步增强财税扶持政策的针对性和时效性，同时在已出台扶持政策的执行中，要防范企业与政府进行不良博弈的消极作用；要不断改进和完善金融扶持政策，扩大银企合作的范围和领域，抓住当前的有利形势，积极支持我国文化企业通过跨国投资和收购兼并加快发展，跻身国际文化贸易市场；发挥部际联席会议对各部门已经出台的各项扶持政策的综合协调作用，促使各项政策形成合力。

《国务院关于加快发展对外文化贸易的意见》已明确提出，未来要加大文化产业发展专项资金等支持力度，对国家重点鼓励的文化服务出口实行营业税免税。将文化服务行业更多纳入“营改增”试点范围，对纳入增值税征收范围的文化服务出口实行增值税零税率或免税。相关主管部门应尽快出台与之相配套的操作细则与具体政策，开展针对文化出口领域的融资、信贷、保险和担保服务业务，同时推进文化对外贸易与投资的外汇管理与海关便利化措施，使对文化出口企业的支持政策落到实处，激励更多文化企业开拓海外市场。

（五）积极参与全球文化产业规则制定

为促进我国产业文化走出去战略的顺利实施，在法律法规体系建设上还应注意国内法律与国际规范的衔接。中国加入世界贸易组织标志着中国全面融入世界经济体系的规范，中国企业包括文化企业在内不论在国内还是在国外，都要面对中国法律、外国法律和世界经济规则的约束，中国文化产业法律法规体系建设与国际规范接轨是必然要求，是法律制度支持中国文化产业走出去参与国际竞争的体现。文化产业内的知识产权制度是文化产品进入世界市场的基本保障，因此我国应加强知识产权制度建设，强化知识产权立法执法保障，保护文化创新成果，严惩知识产权侵权行为，增强全社会文化产品知识产权保护的意识。例如，我国《专利法》虽然增加了遗产资源保护内容，但在文化遗产资源保护上未明确列示，我国文化产业应未雨绸缪，研究相关知识产权保护规范，这对于我国传统文化成果的国际化具有重要意义。当然，积极参与国际竞争就不能总是基于规则接受者的身份，当前文化产业相关的知识产权国际保护体系主要反映发达国家利益，我国在融入国际市场中还应与国际规范进行合作博弈，主动参与包括知识产权规则在内的文化产业贸易规则的谈判，维护我国文化产业的根本利益。

第三节　国际中医药服务贸易①

一、全球中医药服务贸易格局及中国的地位②

世界传统医药主要包括中医药、印度医药、阿拉伯医药、汉方药、藏医药、蒙医药、维吾尔族医药、传统非洲医药、西方国家传统医药等。它主要分为药物治疗和非药物治疗。药物治疗有植物药、矿物药和动物药等治疗；非药物治疗有针刺疗法、手法治疗、气功太极瑜伽治疗等。世界传统医药产业正处于蓬勃发展当中。据统计，全球传统药市场超过 1500 亿美元。

（一）传统医药在世界范围内得到更多认可

受以下因素的影响和推动，传统医药在全球得到更多的认可。其一，随着人们对西医药副作用的深入认识以及回归自然潮流的趋势，传统医药的用途和影响力不断提升。其二，全球医疗模式的转变以及健康理念的提升让传统医药发挥的空间更大。医学的目的不仅仅是为了治疗疾病，而是为了维护健康。健康理念也由治愈疾病向预防疾病和提高健康水平方面转变。社会、环境、生活方式和心里等因素对疾病的影响越

---

① 商务部服贸司和商务部研究院联合课题“中医药服务贸易促进政策评估与展望”，2016 年 3 月。（课题负责人：任鸿斌、李纲；成员：姜义茂、聂平香、李俊、孙铭壕等人）

② 这部分资料中有关数据主要来自于董志林先生在“首届世界中医药大会夏季峰会”上的主题发言。

发重要，人们更加关注健康、养生和长寿等，这些仅依靠单一的现代医疗技术是没法解决的。其三，相比西医药，传统医药在疗效明显的同时，另一个突出的优点是成本较低，因此传统医院的广泛使用有利于缓解各国政府沉重的医疗负担和公共福利支出。其四，现代技术提高了传统医药的安全性、有效性和可控制性，这也为政府和患者加大使用传统医药提高了信心。

（二）世界传统医药市场区域分布比较集中

从全球传统医药市场的区域分布看，中国市场金额达到 800 亿美元，占比 46.2%，几乎为全球的一半；欧盟为 420 亿美元，占比 24.3%；美国为 60 亿美元，占比 3.5%；东南亚、大洋洲、南美洲、非洲、中东、俄罗斯和加拿大等共 450 亿美元，占比 26.0%。中国、欧盟以及美国三大区域占全球传统医药市场的比重高达 74.0%。中国大多数的人口都使用传统医药。从发达国家国内使用传统医药的人口比例看，德国高达 80%，加拿大 70%，法国 49%，澳大利亚 48%，美国 42%。

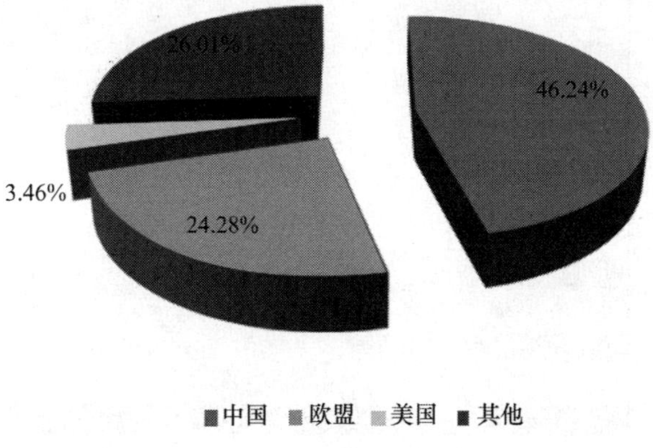

图 6—2　全球传统医药产业市场分布

资料来源：商务部研究院课题报告《中医服务贸易促进政策评估与展望》。

（三）传统医药的使用人群倾向于高收入和高学历

发达国家更多的人群倾向于使用传统医药的主要原因在于其安全性

和有效性，如在使用人群中，比利时和丹麦77%的人对传统医药的疗效很满意。目前来看，发达国家高收入和高学历者更认可并倾向于使用传统医药，尤其是女性。从德国、美国和加拿大等国家的表现看，高收入者更倾向于使用传统医药，比较突出的是意大利，有近70%的中产阶级倾向于使用传统医药。发达国家高收入和高学历人群使用传统中医药的倾向也从一定层面说明了传统医药的高端化。

（四）世界植物药主要通过药房和保健品店进行销售

传统医药中药物治疗中植物药占据重要的位置，植物药的销售渠道从一定意义上也反映了传统医药在全球的接受程度。从图6—3可以看出，37%的植物药是通过药房销售，34%通过保健品店销售，其他的渠道占29%，说明绝大部分植物药不是以药品形式进行销售，更多的是以保健品、食品调料、食品补充剂甚至是化妆品等形式进行销售的。这显示了植物药在全球以药的形式被接受度低。

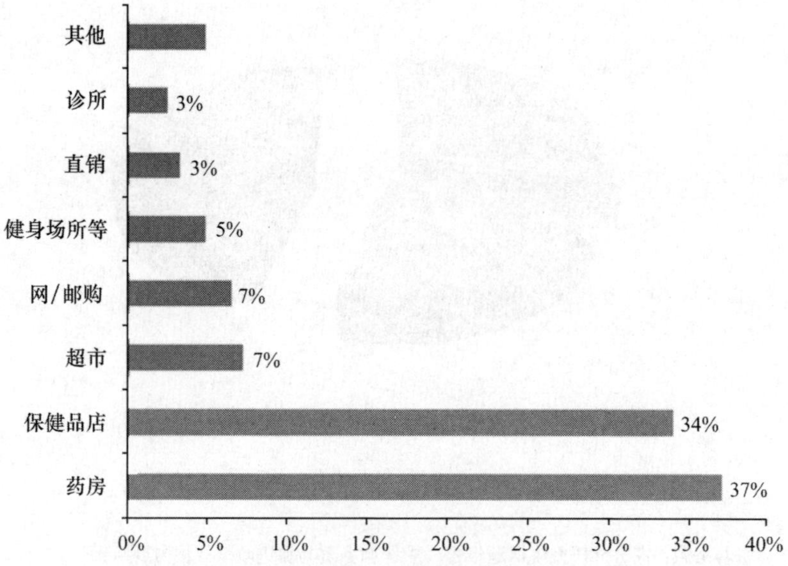

图6—3 世界植物药的销售途径

资料来源：商务部研究院课题报告《中医服务贸易促进政策评估与展望》。

二、中国中医药服务贸易现状与特点

目前，中医药已传播到世界上183个国家和地区，针灸在超过100个国家明确使用。更多的境外消费者来华进行中医诊疗、养生保健和进行中医药教育培训，同时国外更多国家明确了中医药特别是针灸的法律地位，甚至成立了中医药管理机构，将中医药纳入医疗保险范畴，从而有力地促进了中医药服务贸易企业的走出去。

（一）现状

1. 境外消费模式的中医药服务贸易最为活跃

在国内，接受中医医疗服务的外籍人士不断增加。据不完全统计，中国境内现有的向外籍人士提供中医医疗服务的各类机构达268个，2014年接诊外籍患者近30万人次，接收住院约2.5万人次，营业收入约4.1亿元。部分中医医院成立了国际医疗部或外宾服务部，并取得了良好的疗效，如广安门医院成立的国际医疗部，每年接待外籍患者近3000人。中医医疗保健服务已经成为众多国家包括发达国家社会各界精英高端医疗保健的重要选择。如哈萨克斯坦总统纳扎尔巴耶夫、塔吉克斯坦总统拉赫默诺夫、俄罗斯联邦政府前总统叶利钦和总理梅德韦杰夫都在中国接受过中医医疗。

中医药教育服务快速发展。中国通过与海外民间机构和高校合作办学等方式，培养了一大批外籍中医药人才。2005—2015年中医药院校留学生数量增长了2倍，从2005年的2000多人上升为6320人。[①] 从区域看，亚洲是中医药留学生的主要来源地，2015年人数达5200人，占中医药留学生总人数的82%；其次是欧洲和北美洲，人数超过500人，占比为8%；非洲的留学生超过200人，占比为4%；南美洲和大洋洲分别为100多人，各占2%左右。从国别来看，韩国的韩药和日本汉方药均来源于中药，与中国文化相近，因此韩国和日本是中医药留学生的主要来源。

---

① 左艇、陈占科："全国中医药院校对外教育的现状及对策分析"，《中医药管理》2015年第9期。

表 6—18 部分中医药院校境外办学或合作办学的情况

国内院校	合作国家	境外合作机构名称	合作内容
北京中医药大学	英国	米德赛克斯大学	本科教育
		伦敦中医学院	本科教育
	德国	魁茨汀医院	培训教育
北京中医药大学	伊朗	伊朗卫生部	博士研究生教育
	新加坡	新加坡南阳理工大学	本科教育
	日本	兵库医科大学	中医孔子学院
上海中医药大学	英国	伦敦都市大学	药学本科教育
		纽卡斯尔诺森比亚大学	护理专业高等专科教育
广州中医药大学	英国	伦敦中医学院	本科教育
		北安普敦大学	
南京中医药大学	挪威	挪威中医学院	
	爱尔兰	爱尔兰针灸协会	
	澳大利亚	皇家墨尔本理工大学	本科教育
	新加坡	新加坡中医学院	本科教育
天津中医药大学	越南	越南传统医药大学	学历教育
黑龙江中医药大学	英国	伦敦南岸大学	中医孔子学院
辽宁中医药大学	日本	辽宁中医学院附属日本校	
	美国	南加州中医大学	
	加拿大	加拿大中医学院	
	韩国	庆熙大学	
		东新大学	
成都中医药大学	葡萄牙	葡萄牙宝德分校	本科教育
	澳大利亚	维多利亚大学	
	美国	缅因大学	

资料来源：商务部服贸司项目《中医药服务贸易“走出去”模式研究报告》。

中医药旅游服务成为热点。中国是旅游大国，中医对医治慢性病和疑难杂病等又有独特的疗效，这带动了中医旅游服务的发展。如三亚市中医药，平均每年接待 3000 人次的外宾，已为超过 35000 的外宾提供了中医疗养服务；黑龙江省五大连池工人疗养院接待俄罗斯疗养游客超过10万人次。

2. 跨境交付模式中医药服务贸易正在兴起

在商务部、国家中医药管理局和上海市的合作推动下，中国首个跨境中医药服务平台——“海上中医”国际医疗健康服务平台，于2014年底将第一个服务站落户德国，并通过上海的中医人才资源实现了对境外的远程诊断。同时，中医远程教育服务也是中医药服务贸易的重要组成部分。

3. 商业存在模式中医药服务贸易已有进展

据商务部对69个重点国家和地区的不完全统计显示，截至2014年底，有60家中医药服务贸易机构在22个国家，通过开办中医医院、中医诊所、中医养生保健机构、中医药研究中心等形式，为当地居民提供中医药服务，从业人员近千人，年接诊人次12.5万，营业收入近4000万美元。如同仁堂，已在20个国家和地区开设了110家零售终端，累计接诊患者超过3000万人次。

4. 自然人移动模式中医药服务贸易成效突出

据统计，中国每年派出的中医临床医师约2000人，占外派医疗劳务人员总数的60%，在境外年门诊700万人次。如北京中医药大学和德国的魁茨汀中医院达成合作协定，每两年由北京中医药大学派遣具有丰富临床经验的专家15人前往德国的魁茨汀中医院担任中医医疗、教学和科研任务。

5. 各地因地制宜积极推动中医药服务贸易

在国家中医药服务贸易大政策的指引下，各地根据自身特色纷纷加大力度推进中医药服务贸易。北京市将朝阳区列为中医药服务贸易试点区，建立了7家市级试点单位，同时北京市商委在贸易出口补助资金、境外展览展示补助资金中均将中医药服务贸易项目纳入其中。上海市先后发布《上海市中医药服务贸易发展规划纲要（2014—2018年）》，并制定了《中医药服务贸易试点单位（试点项目）认定及管理暂行办法》，积极开展中医药服务贸易工作。南京市印发了《中医药服务贸易三年行动计划2015—2017》，计划在3年内支持1个中医药服务贸易发展促进中心，2个市级中医药服务贸易先行示范基地，4个重点中医药服务贸易项目发展。广东省发布了《广东省外经贸厅、广东省中医药局关于促进中医药服务贸易发展的实施意见》，省财政在2014年度专门安排240万元专项资金扶持4家先行先试骨干企业（机构）开展中医药服务贸易试点工作。

（二）特点

近年来，中医药服务贸易快速发展，呈现出以下特点：

一是境外消费模式的中医药服务贸易最为活跃，在国内接受中医医疗服务的外籍人士不断增加。据不完全统计，境内现有的向外籍人士提供中医医疗服务的各类机构有268个，2014年接诊外籍患者近30万人次，接收住院约2.5万人次，营业收入约4.1亿元。

二是中医药教育与旅游服务快速发展，中国通过与海外民间机构和高校合作办学等方式，培养了一大批外籍中医药人才。2005—2015年中国中医药院校留学生数量增长了2倍，从2005年的2000多人上升为6320人。

三是跨境交付模式中医药服务贸易正在兴起，在商务部、国家中医药管理局和上海市的合作推动下，成立了首个跨境中医药服务平台——“海上中医”国际医疗健康服务平台。

四是商业存在模式中医药服务贸易已有进展，据商务部对69个重点国家和地区的不完全统计，截至2014年底，有60家中医药服务贸易机构在22个国家，通过开办中医医院、中医诊所、中医养生保健机构、中医药研究中心等形式，为当地居民提供中医药服务，从业人员近千人，年接诊人次12.5万人，营业收入近4000万美元。

五是自然人移动模式中医药服务贸易成效突出，据统计，中国每年派出的中医临床医师约2000人，占外派医疗劳务人员总数的60%，在境外年门诊700万人次。

三、推动中医药服务贸易发展的建议

（一）推进中医药国际标准和认证建设

中国需按照国际惯例和通行准则，结合中医药的传统性和特殊性，制定符合中医药服务发展特点的、为国际社会所接受和理解的中医药国际标准和认证体系。在此基础上，积极将中医药国际标准和认证体系推向国际，使之成为世界卫生组织（WHO）等国际组织使用的世界传统医药标准。

确定中医药国际标准和认证体系基本框架。确立中医药服务贸易国际标准是解决当前中医药服务贸易市场混乱、拓展国际市场的关键。国际标准和认证体系基本框架包括四个方面：一是国际标准和认证体系的主要内容。包括中医药名词术语标准、全球适用的中医药教育培育标准、中医从业人员的资格和职称认证标准、国外设立中医药服务贸易机构标准、中医药诊疗流程标准、中医药医疗器械标准、中药产品（包括以食品添加剂和保健品形式出口的中药产品）的出口标准等。二是国际标准和认证体系目标。用5年左右的时间，将中医药服务贸易国际标准和认证体系推向全球，全面推进中医药服务迈上新台阶。三是进行国际标准和认证体系布局。在国内筛选具有中医药服务贸易示范作用的城市、基地和企业，同时在海外选择中医药服务基础好、对中医药认可度高的国家、地区和机构进行试点布局，之后全面推开，形成国内外之间、城市之间、基地和企业之间多层次、全方位互动局面。四是实施步骤和阶段。第一阶段，用1年左右时间制定完善中医药国际标准，并将其推向全球。第二阶段，用2年左右时间，国际标准在中医药服务贸易国内外试点的区域、城市、基地和企业中率先执行，并逐步得到各国的普遍认可；第三阶段，用2年左右时间，形成全球中医药服务从业机构和人员主动达标并取得认证的局面。

制定中医药名词术语国际标准。中医药名词术语国际标准是中医药服务贸易业务开展的基础。尽管目前中医药名词术语国际标准已有一定发展，如2000年中国科技部启动了《中医药基本名词术语规范化研究》项目，制定了《中医药基本名词英译原则及方法》；2004年国家中医药管理局主持出版了《中医药常用名词术语英译》；2006年国家中医药管理局提出的、辽宁中医药大学起草的《中华人民共和国国家标准．中医基础理论术语》出台了；2007年世界卫生组织（WHO）西太区（西太平洋区）颁布了《传统医学术语国际化标准》；从2007年开始世界中医药学会联合会陆续出版了《中医基本名词术语中英对照国际标准》《中医基本名词术语中法对照国际标准》《中医基本名词术语中西对照国际标准》《中医基本名词术语中葡对照国际标准》《中医基本名词术语中意对照国际标准》和《中医基本名词术语中匈对照国际标准》等。但是由于中医学蕴含着丰富的中华文化，中医翻译者不仅要精通语言，更要了解中医，研究中医名词术语背后的文化，现有的不同机构出版的中医药名词术语翻译没有形成统一标准，这与翻译者个人的专业能力有很大关系。因此，同一中医药名词术语出现了不同的译法，使用者容易混乱。此外，现有已经翻译成国际语言的中医药名词术语毕竟还是少数，英语还相对好一些，其他语种的中医药名词术语翻译工作更显滞后，这些都对中医药服务在海外国家和地区的深入发展形成了障碍。因此，国家还需重视中医药名词术语的国际标准制定，在借鉴现有国际标准的基础上，组织中医药领域的权威专家制定一套涵盖常用的中医药名词术语的、多语种的国际标准，并且根据中医药服务贸易的发展进程，形成自动修订并完善的机制。

制定中医药教育培训国际标准和职称认定体系。目前，国内缺乏面向全球的中医药教育培育国际标准和职称认定体系，导致不同国家的民间业余中医教学机构的教学形式不一、规模不同，教学学时不统一或不一致。如中医药教学学时在360—1000个不等，差别非常大；中医药教学计划、教学大纲、教材乃至师资的差异非常明显，对中医药在国际上的声誉造成了负面影响。国家应及时制定面向国际的中医药教育培训标准，参照世界卫生组织在2006年制定的中医药教育标准，根据中医药服务贸易发展特点，制定编写统一的中医药教学大纲和教材。同时制定面向全球的、统一的中医药职称评定体系，具体级别的评定包括助理中医师、执业中医师、专科中医师、副主任中医师、主任中医师等；申请这些职称所需的条件，如申请的时间要求、学历要求、临床实践要求、参加中医药学专业培训课时要求等。同时面向国际的国际中医药职称评定体系应与中国国内中医药职称评定体系相衔接，能够相互转换和互认。

设立中医药服务贸易机构标准。中国卫计委发布过《医疗机构基本标准（试行）》，世界中医药学会联合会也曾出版过《世界中医（含针灸）诊所设置与服务标准》。但《医疗机构基本标准（试行）》是指导国内中医院设立的，世界中医药学会联合会《世界中医（含针灸）诊所设置与服务标准》属于行业中介组织的非强制性标准，此外，包含的中医药服务贸易机构也很有限。为进一步规范国外中医药服务贸易机构，国家应综合现有资源，出台面向国际的中医药服务贸易机构设立的原则性和相对统一的标准，包括人员要求、场地要求、科室要求等，并针对不同国家和地区的特点，进行相应的调整。

中药产品出口标准。由于医药的不可分，出口中药产品的质量直接关系到中医药服务贸易的发展。中医药产品、中医保健食品以及中医诊疗保健服务作为一种特殊的商品和服务，直接影响人们的身体健康及生命安全。因此，世界组织和各国都有一定专门的技术标准或管理体系，以确保其安全有效。如世界卫生组织明文规定不宜将草药与西药合用，所有西方国家均严厉禁止在任何草药产品中添加西药成分。目前，中国出口的中药产品或存在掺杂西药的情况，或农残、重金属、微生物等不符合出口国标准，损害了中医药在国际上的形象。因此，中国应制定中药产品出口标准，包括控制重金属、农残、抗生素、微生物等；禁止含有马兜铃酸（马兜铃、天仙藤、细辛、广防己、青木香、关木通）、草乌、川乌、附子、马钱子、麻黄、洋金花、罂粟壳、火麻仁、千里光、款冬花、佩兰的制品或饮片出口；禁止未经出口国濒危办许可的受保护物种和制品出口；禁止中成药保健品含西药的制品出口等。

（二）中医药服务贸易主体工程建设

创新体制机制，积极培育市场化运作主体。借助国家深化医疗改革和加快推进公立医院改革的时机，加快体制机制创新，逐渐将国际中医药服务从公立医院中剥离出来，逐渐成为自负盈亏的企业主体。给予中医药服务一定的过渡期，第一步，鼓励公立医院成立单独进行中医诊疗保健、独立核算的国际部；第二步，逐渐将国际部从公立医院的一个部门转换为自负盈亏的企业主体。

鼓励民营资本进入中医药服务贸易领域。由于国家公共医疗资源有限，应积极引进民营资本进入中医药服务贸易领域，为其创造公平竞争的市场环境，尤其是现阶段需要重点发展中医药旅游服务贸易，更需要私营医院在市场中发挥重要作用。从印度医疗旅游服务发展的经验来看，市场主体是能够提供国际化、高水平医疗服务的私立医院，而非公立医院。从现阶段来看，尽管公立医院中医资源丰富，但受体制机制限制，开展中医药服务贸易动力有限。与此相反，有条件的私营医院积极性很高，但在市场竞争中却受到歧视性待遇，所以需要国家进一步创造条件，提供政策支持，让私营医院发挥作用。国家应简化医师多点执业程序，积极鼓励公立医院的医生在完成本职工作外到民营医院执业，为民营医院提供专业支撑。同时鼓励民营医院进行国际联合委员会医院评审标准 JCI（Joint Commission International）认证，取得行业内的国际认可，以便更好地开展国际化业务。此外，还应鼓励民营医院与国际医疗保险服务公司签订合作协议。

进一步放开外资准入门槛，鼓励外资医疗机构进入中医药产业。中医药服务贸易企业在服务理念和国际化运作等方面还有很多地方需向外资机构学习。因此我国应进一步放宽外资准入门槛，鼓励外资医疗机构进入，中医药健康产业外资机构的进入，可加大该行业的良性竞争，完善中医药产业链发展。

完善中医药服务贸易示范区域和中医药服务贸易骨干企业建设。完善中医药服务贸易示范区域、示范城市、示范基地和骨干企业标准，进一步认定一批新的中医药服务贸易示范城市、中医药服务贸易示范基地和中医药服务贸易骨干企业，加大政策扶持力度。

（三）中医药服务贸易重点国别和地区工程建设

中医药服务贸易在境外发展具有明显的不平衡性，因此应在分析中医药服务在不同国家和地区的发展现状、特点、当地法律法规对中医药的管理情况、中药销售渠道以及面临问题的基础上，针对不同区域和国家应统筹规划、因地制宜、分类指导，制定不同的中医药服务贸易发展策略。

在中医药认可度最高的亚洲传统市场，应以推动中医药国际标准适用、降低中医药准入以及加大相关人员资格互认为重点，全面开展涵盖科研、教育培训、医疗服务、养生保健服务等全产业链的中医药服务贸易。通过多边、双边等多层次谈判、协商，加大在这个区域内推动中医药国家标准的使用；降低这个区域内的国家和地区对中医药服务准入限制，包括产品准入和从业人员准入；促进认可中医药的法律地位；加快药品申报注册；推进中医药进入当地公立医院并纳入当地医保体系，扩大中医药在当地的使用，提升中医药在当地市场的影响力，进一步巩固并不断深耕传统市场。对于市场潜力大的北美、欧洲以及大洋洲区域，大力实施中医药文化先行策略，同时以点带面，以重点国家为突破口，带动该区域中医药服务贸易水平的提升。由于大部分西方发达国家对中医药的认可程度不高，中药产品不被当成药品，主要以食品、食品添加剂或保健品的形式进入，因此对于该区域来说，中医药文化先行策略应更可行。通过各种方式、各种渠道加大对西方国家中医药文化的宣传和推介，逐渐让这些国家的民众了解、接受并认同中医药文化，为与这些国家的中医药服务贸易的开展奠定基础。将中医药文化纳入到文化战略中，在中国主办或参与的多、双边文化对外宣传推介中将中医药文化作为核心重点内容；依托中国在西方国家设立的孔子学院加大对中医药文化的对外宣传推介；在这些国家或地区设立中医药文化体验中心。同时，该区域的国家中对中医药服务认可度最高的国家应是澳大利亚和新西兰，中国与这两个国家签订了自由贸易协定，在中医药专业人员的进入方面取得了一定突破，澳大利亚每年提供包括中医药人员在内的有中国特色的专业人才 1800 人的入境配额；新西兰给予 200 人的入境配额。中国开展针对西方发达国家的中医药服务贸易市场应以澳大利亚、新西兰等对中医药认可度较高的国家为突破口，积极推动这些国家更多的州或区域认可中医药的合法地位，减少市场准入障碍，加快药品申报注册。同时积极推动中医药产品在该区域内的国家和地区注册，尤其是欧盟国家。欧盟出台《传统药品法》，首次将传统药以使用年限为标准上升为药品使用，为中国中药产品以药的形式进入欧盟主流植物药市场和欧洲药品分销渠道，甚至进入欧盟各国医保体系提供了重大机遇。因此，中国应筛选一批中医药产品，加大在欧盟等国家的药品注册力度。此外，对于西方发达国家，应加大与其的中医药科技合作，以治疗重大疾病、疑难杂症等为突破口，提高它们对中医药科学性的认同。

对于非洲地区，应借助对外援助大力开展中医药服务贸易。以青蒿素在治疗疟疾获得国际认可为契机，进一步推动中医药在对非援助中的使用。以中医药治疗非洲地区常见病、多发病疗效显著为突破口，培育中医药产品和服务市场，促进非洲国家和地区扩大使用中医药产品和服务的范围。

对于包括俄罗斯在内的独联体国家和中亚等区域，应实行以高层中医药诊疗保健服务为重点，推动中医药服务贸易发展的策略。在这一区域，尽管官方并不承认中医药的法律地位，但民间的认可度很高，尤其是很多精英阶层包括众多政要都认可并接受中医药诊疗保健服务。因此，对于这些国家，应走上层路线，通过影响高层，在官方层面推动从法律上认可中医药，并加大在这些国家和地区药品注册力度，为在这些国家和地区开展中医药服务扫清障碍提供法律保障。

借助国家“一带一路”战略，重点开展沿线国家和地区中医药服务贸易。“一带一路”国家和地区基本有使用传统草药的习惯，医药资源丰富，以非发达国家为主，中医药市场准入门槛较低，有利于中医药服务贸易的发展。目前来看，这些国家和地区中，中国与之开展中医药服务贸易基础较好的国家主要有蒙古国、东盟国家、中亚国家、独联体国家，潜力较大的国家主要是中东国家。对于基础好的国家和地区，应在多边、双边等谈判中进一步加大对这些国家和地区对中医药的认可，减少市场准入障碍。对于中东国家，创造条件积极鼓励开展中医药旅游服务。对于其他国家和地区，加强中医药文化的交流，加大中医药对外宣传和推介的力度。

第四节　国际计算机、信息技术和服务外包①

一、世界计算机和信息技术服务贸易格局及中国的地位

随着计算机和信息技术革命的深入发展，全球计算机和信息服务贸易增长速度迅猛，2011—2015 年全球电讯、计算机和信息服务出口额由 3837 亿美元增长至 4726 亿美元。同期，中国电讯、计算机和信息技术服务出口由 139 亿美元增至 245 亿美元，年均增长 15. 2% ，占世界的比重由 3. 6% 提高至 5. 2% 。

① 李钢、宋东今主编：《中国服外包品牌发展报告 2015》，中国商务出版社 2016 年版。

表 6—19　2011—2015 年中国在世界电讯、计算机和信息服务出口中的占比

年份	世界出口（亿美元）	中国出口（亿美元）	比例
2011	3837	139	3.6%
2012	4078	162	4.0%
2013	4407	171	3.9%
2014	4835	202	4.2%
2015	4726	245	5.2%

资料来源：WTO。

从主要国别看，根据 WTO 的统计显示，爱尔兰、印度在通讯、计算机和信息技术服务出口上规模较大，占比较高，2015 年两国此项服务出口规模分别为630 亿美元和577 亿美元，占世界比重分别为13.3%和12.2%。而传统大国如美国、德国、英国等均位居其后。这主要是爱尔兰、印度在此领域的服务外包金融较大所致。其中，2015 年中国通讯、计算机和信息技术服务出口 245 亿美元，占世界比重5.2%，居世界第七位。

表 6—20　2015 年主要国家通讯、计算机和信息技术服务前十大出口国及占世界比重

国家	出口规模	占世界比重
爱尔兰	630	13.3%
印度	577	12.2%
荷兰	430	9.1%
美国	370	7.8%
德国	285	6.0%
英国	270	5.7%
中国	245	5.2%
法国	165	3.5%
瑞典	149	3.1%
瑞士	138	2.9%

资料来源：WTO。

从贸易差额来看，爱尔兰和印度仍是前两位顺差国，2015 年分别顺差 612 亿美元和 539 亿美元。中国居第三位，顺差 131 亿美元，其他如美国、德国、英国等全球性大国均有不同程度顺差。而前十大通讯、计算机和信息技术服务贸易逆差国，除日本、意大利、新加坡外，主要是一些发展中的大中型经济体，如沙特、巴西、俄罗斯、卡塔尔等。

表 6—21　通讯、计算机和信息技术服务贸易前十大顺差国和前十大逆差国

顺差前十大国家或地区	顺差规模（亿美元）	逆差前十位国别或地区	逆差规模（亿美元）
爱尔兰	612	印度尼西亚	-7
印度	539	挪威	-8
中国	131	卡塔尔	-10
英国	124	尼日利亚	-10
荷兰	98	意大利	-13
瑞典	80	俄罗斯	-15
以色列	75	巴西	-18
西班牙	45	沙特	-27
德国	41	新加坡	-31
美国	38	日本	-81

资料来源：WTO。

二、中国服务外包服务贸易现状

（一）中国服务外包发展概况

根据商务部的统计，2008—2015 年，中国服务外包企业承接离岸服务外包执行额由 47 亿美元增加到 872 亿美元，占全球服务外包市场的份额由 7.7% 增长到 30%，服务外包企业累计吸纳大学生就业超过 400 万人。2015 年，中国服务外包产业继续保持较快增长，全年签订服务外包合同金额 1309.3 亿美元，执行金额 966.9 亿美元，分别同比增长 22.1% 和 18.9%。其中，离岸服务外包合同金额 872.9 亿美元，执行金额 646.4 亿美元，分别同比增长 21.5% 和 15.6%。

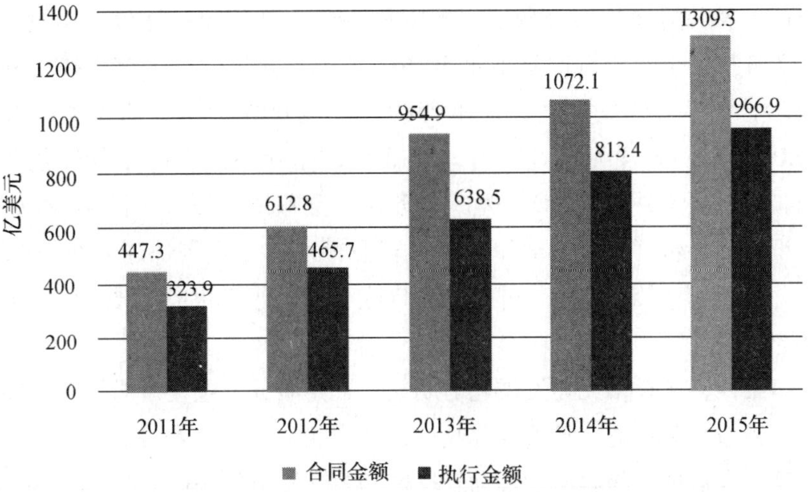

图 6—4　“十二五”期间中国服务外包产业发展情况

数据来源：商务部服贸司。

(二) 中国服务外包发展主要特点

“十二五”期间，在稳居全球服务外包第二承接国的基础上，中国走出了一条有中国特色的服务外包产业发展道路。

第一，企业主体不断壮大。服务外包产业一批千人以上规模企业已经成长起来，并逐渐发展壮大。截至 2014 年底，服务外包企业 28127 家，从业人员 607.2 万。上万人服务外包企业已达到 16 家，承接离岸服务外包合同执行金额上亿美元企业达 62 家。承接国际服务外包平均合同金额为 69.9 万美元，同比提高 4.5%，企业接包能力进一步提升。

第二，专业服务水平持续提高。国际资质认证是服务外包企业专业服务水平的重要体现，也是企业开拓国际市场的重要手段。2015 年，中国服务外包企业获得开发能力成熟度模型集成（CMMI）、信息安全管理（ISO27001/BS7799）、环球同业银行金融电讯协会认证（SWIFT）等 13 项国际资质认证数量 1491 个，同比增长 7.3%。截至 2015 年底，服务外包企业累计获得国际资质认证达 8774 个。

第三，产业结构不断优化。服务外包产业发展早期，信息技术外包

（ITO）离岸业务执行金额所占比重约70%，知识流程外包（KPO）离岸业务执行金额所占比重不足10%。“十二五”以来，信息技术外包（ITO）离岸业务执行金额比重持续下降至60%以下，知识流程外包（KPO）所占比重则持续上升。2013年，国际（离岸）服务外包业务中，信息技术外包（ITO）离岸业务执行金额所占比重下降至54.6%，知识流程外包（KPO）离岸业务执行金额所占比重则快速升至30%以上。2015年，知识流程外包（KPO）离岸业务执行金额所占比重达36.8%。

第四，产业多元化发展趋势明显。一是服务外包覆盖的行业不断增加，领域不断拓宽。随着新科技革命和产业变革的深入演变，特别是云计算、大数据、物联网、移动互联网和社交网络的快速兴起与大规模应用，经济社会信息化水平全面提升，工业工程设计、生物医药研发、大数据挖掘与分析等新兴服务均进入服务外包领域。二是服务外包市场覆盖区域不断扩大。美国、欧盟、中国香港和日本是中国离岸服务外包的主要发包市场，2015年承接美国、欧盟、中国香港和日本的国际服务外包执行金额占全部离岸服务外包业务执行金额比重为61.6%，占比呈下降趋势。离岸服务外包逐渐从美欧港日拓展至东南亚、大洋洲、中东、拉美和非洲等近200个国家和地区，市场多元化趋势明显。南美的委内瑞拉、智利、厄瓜多尔，非洲的南非、加纳、阿尔及利亚、刚果，亚洲的巴基斯坦等地，在服务外包领域的合作增多，合同数量和规模都有大幅提高。

第五，本土企业市场份额进一步提高。在离岸服务外包业务的示范带动下，在岸服务外包业务潜力逐渐释放。近年来，在岸服务外包业务增长速度开始超过离岸服务外包业务。在岸服务外包业务占比持续提升。“中国制造2025”、“互联网+”行动计划等的深入推进，将进一步释放巨大的在岸服务外包市场潜力。

（三）中国服务外包对经济发展的贡献

一是中国出口的新增长点。2010年承接离岸服务外包业务执行金额相当于服务出口的6.2%，是服务出口增速的1.7倍。2015年承接离岸服务外包业务执行金额相当于服务出口的28.1%，是服务出口增速的1.6倍。服务外包产业已成为综合运用“两个市场、两种资源”，优化外资外贸结构，培育形成以技术、品牌、质量和服务为核心的出口竞争新优势的新途径，成为新时期开放型经济发展的新支点。

二是扩大就业的重要渠道。2010年，服务外包产业新增从业人员近78.1万，占全国新增城镇就业的6.7%，其中吸纳大学毕业生就业48.5万人，占当年大学毕业生比重约7.7%。2015年服务外包产业新增就业127.5万人，占全国新增城镇就业的9.7%，其中吸纳大学毕业生就业66.9万人，占当年大学毕业生比重约8.9%。截至2015年底，服务外包产业累计吸纳就业734.7万人，间接带动2439.2万人就业。服务外包产业已成为实施就业优先战略的新渠道。同时，以大学生为主体的就业增长，使服务外包产业成为海内外知识型人才的最大“容纳器”，就业队伍年轻化、知识化、信息化，正在引领和推动信息消费等新兴消费形态，形成扩大内需战略的重要支撑。

三是实施创新驱动发展的重要领域。近年来，服务外包业务领域逐渐向垂直行业拓展，产业逐渐向价值链高端延伸。2015年，中国企业以数据分析、工业设计、工程设计、检验检测、医药和生物技术研发等为主的外包业务增长尤为迅速，占比持续提升，带动服务外包结构逐步优化，推动服务外包与垂直产业融合加深。2015年，信息服务业、制造业离岸服务外包执行额分别为315.6亿美元和177.3亿美元，占全行业的48.8%和27.4%。

三、推动中国服务外包服务贸易发展的建议

（一）深化对服务外包发的认识

自2006年中国商务部实施服务外包“千百十”工程以来，迄今正好11年。过去11年，中国服务外包从无到有、从小到大，一路走来，边发展边探索。如今，中国已经建立了较为成熟的服务外包发展体系，服务外包规模也跃居世界前列，是名副其实的服务外包大国。同时，服务外包已成为开放型经济体系的重要组成部分，在稳定增长、扩大就业，服务京津冀一体化发展、“一带一路”建设等国家战略中发挥了十分重要的作用。

但是，中国服务外包从诞生的那一天起，对其概念和性质的认识就有不同看法，并一直延续至今。例如，一些人自觉不自觉地把服务外包与低端化、低附加值、低效益联系在一起，从而把服务外包与自主创新、自主品牌建设对立起来，对服务外包未来的发展前途不自信，认为服务外包是贸易小国走向贸易大国的产物，在从贸易大国迈向贸易强国进程中，并不看好服务外包发展前途。尤其是当前在推进供给侧结构改革、实施创新驱动战略、加快建设贸易强国的发展导向日益突出的背景下，上述疑虑更为突出，甚至一些企业对外不愿再称自己为服务外包企业。究其原因，在于对服务外包概念的认识存在偏差，或是服务外包定义存在先天缺陷所致。

我们认为，服务外包概念应正本清源，要随着服务外包业务发展升级而不断深化认识。传统服务外包概念指企业将价值链中原本由自身提供的具有基础性的、共性的、非核心的 IT 业务和基于 IT 的业务流程剥离出来，外包给企业外部专业服务提供商来完成的经济活动。这种概念适用于 1.0 时代的服务外包业务。而目前，服务外包业务已经升级到 2.0（系统解决方案）和 3.0（价值创造中心）时代，服务外包很可能承载着核心功能和核心业务，如技术研发外包、品牌管理和营销外包，即微笑曲线两端的高价值部分。如果我们仍停留在原来的非核心业务的定义上，无疑就框死了企业发展，将企业固定在了低端的 1.0 时代。

服务外包既是一个产业，更是一种分工方式，永不过时，无关先进与落后。它之所以是一个产业，是因为中国已建立了一整套服务外包发展体系，有政府主管部门、行业协会、示范城市、专业园区和重点企业，建立了较为完备的政策促进体系、统计体系和教育培训体系，每年不同机构举办的服务外包大会、招商引资会等蔚为壮观，直接吸纳了约 700 万人就业，创造了约 2.4 万亿元产值。同时，服务外包作为一种新型分工模式，是价值链分工向服务行业拓展的一种形式，它将企业自身不擅长的、效率低而成本高的服务环节通过外包的方式交给更专业的企业来做，这样效率更高、成本更低、质量更好，这有利于提高全社会的劳动生产率，有利于经济效率的提升。与其他专业化分工业务一样，服务外包是在任何经济发展阶段都需要的一种分工模式，作为一种分工方式，永不过时、永不落后，无所谓高端、低端之分，附加值高、低之别。

服务外包与自主创新、品牌建设并行不悖，没有落后的产业，只有落后的企业。服务外包本身有细分行业，不同的细分行业也有自身相对独立的价值链，不同的细分行业和不同的价值链决定了不同的分工地位和分工效益，这是由企业自身实力和竞争力地位决定的，与企业所在的服务外包行业无关。“没有落后的产业，只有落后的企业”，在服务外包行业同样适用。从全球范围来看，IBM、微软等品牌跨国公司都有服务外包业务，这些企业以自身的创新实力和品牌影响力赢得了客户的信任和业务的增长，为世界各国提供广泛的系统解决方案等服务外包服务。而反观国内的一些企业，则更多地是拼成本、拼价格，这固然与经济和服务外包产业发展阶段有关，但也与企业自身发展实力和战略定位有关，而不可归纳于服务外包行业本身。

（二）推动建设服务外包强国进程

根据“十三五”规划，中国国际服务外包产业规模日益扩大，产业结构明显优化，企业创新和专业服务水平显著提升，国际竞争力进一步增强。到2020年，产业规模比2015年翻一番，离岸外包执行额年均增长15%左右，占全球市场份额显著提高，从服务外包大国迈入服务外包强国。

一是推动国际服务外包转型升级。服务外包国际竞争加剧，应把握服务外包发展趋势，努力推动服务外包转型升级、创新发展。各国围绕高端业务领域的竞争更趋激烈。金融危机发生后，国际市场需求收缩，发达经济体“外包回流”，新兴经济体加大了服务外包业务订单的争夺力度。对此，应充分认识世界服务外包发展趋势，增强竞争意识、危机意识，积极把握服务外包发展新趋势、新变化，努力推动服务外包业务由数据输入、文件管理、软件测试等低端领域向风险管理、数据分析、研究开发等技术含量高、附加值大的业务领域拓展，努力推动服务外包领域由信息技术迅速向垂直行业和公共服务领域发展，努力推动外包业务模式由单纯的服务市场供需对接向利润分成与战略合作、众包等新模式转变。

二是实施服务外包国际竞争力提升工程。立足国际国内两个市场，把握服务外包发展趋势，提升服务外包企业和服务外包产业国际竞争力。扶持若干家国际竞争优势突出、行业带动力强的服务外包龙头企业。培育一批具有国际先进水平的服务外包知名企业，着力激发企业创新动力和市场活力，打造中国服务外包品牌。积极发挥服务外包示范城市引领带动作用，建设一批主导产业突出、创新能力强、体制机制先行先试的服务外包产业集聚区。适应全球服务业加速跨国转移新趋势，着力实施国际市场多元化战略，提升服务跨境交付能力。在积极承接国际服务外包的同时，逐步扩大在岸市场规模，推动服务外包迈上新台阶。

三是健全服务外包政策体系。研究建立服务外包企业信用记录和信用评价体系，完善知识产权保护体系，加强事中事后监管，营造法治化国际化的营商环境。完善财政资金、税收优惠政策，创新金融服务，拓宽投融资渠道，培育壮大市场主体，促进产业融合发展。积极支持有条件的企业“走出去”，加大对企业开拓国际市场、开展境外并购等业务的支持力度，提高离岸接包能力。发挥东部先发引领作用，培育中西部跨越发展新动力，建立产业转移机制，促进区域协调发展。加强服务外包基础研究和公共信息服务，及时发布国际国内市场动态和政策信息。建立健全中国服务标准体系，促进制造业服务化市场发展。

第七章
“引进来”对服务贸易发展的支撑与促进作用

降低服务市场准入门槛、消除壁垒、扩大服务业利用外资规模、推动服务贸易自由化是提升服务业国际竞争力，也是增强服务业出口能力的重要途径。这对发展中国家包括中国扩大服务业开放、促进服务业出口具有宏观政策启示意义。本章将对服务业开放、服务业利用外资和服务业跨境进口对服务出口的作用机制与支撑作用进行分析，以期为中国扩大服务出口的战略与政策设计提供启示与参考。

第一节　服务业开放促进服务出口的作用机理

服务业开放一般包括两层意思：一是境外服务进口的自由化；二是外国服务企业的自由进入。前一种是跨境服务贸易，主要体现在各国服务贸易 BOP 统计数据中，第二种是以商业存在形式的服务贸易，相关服务贸易数据体现在国外分支机构的服务销售统计中，即服务贸易的 FATS 统计。综合各类文献，我们认为，服务业开放是促进服务出口的最大动力，上述两种服务业开放途径均可对服务出口形成支撑与促进作用，其主要作用机理如下。

一、推动国内服务业市场化改革，促进竞争，激发服务业市场活力，是增强服务业出口能力的根本

与制造业一样，服务业出口能力是衡量其国际竞争力的主要指标。过度保护、封闭式发展模式，不可能培育出具有国际竞争力的服务产

业。综观世界各国服务业发展经验，无论是发达国家，还是新兴发展中国家，扩大服务业开放、消除服务贸易壁垒是破除制约本国服务业发展体制机制障碍的有效手段，及增强服务业出口能力、提升服务业国际竞争力的正确选择。

首先，服务业开放推动服务业市场化改革，为扩大服务出口打下制度基础。很长一段时间，相当多的服务产业属于社会事业性质，其市场经济属性较低。相应地，对服务业的管理仍沿用过去计划经济时代的行政管理模式。如文化领域的新闻出版、司法领域的律师事务所等很长一段时间属于行政事业性单位，属于公共服务范畴，其市场化参与竞争，尤其是参与国际竞争的能力十分欠缺。这些行业和领域通过扩大开放，促进市场化取向的改革，增强了经济市场属性，改变了过去社会事业的管理模式，用管产业、管市场的途径发展壮大服务产业，为进一步走向国际市场、参与国际竞争打下了基础。没有开放推动的服务业市场化改革，就没有相关产业的发展壮大，就不会有这些行业进一步走向国际市场、扩大出口。

其次，服务业开放打破垄断、促进竞争，为扩大服务业出口打下产业基础。由于服务业有许多部门长期处于卖方市场，国有企业垄断经营，加之过去一段时间，一些本是市场化的服务部门严重行政化、事业化，相关服务行业服务态度差、效率低下。通过扩大服务业开放，引进境外服务提供商，国有服务企业面临外部竞争压力，这有利于服务企业改进管理、促进创新、提高服务效率和服务供给品质、降低服务价格。唯有如此，服务产业才能有一个良好的发展环境，服务出口、增强服务产业国际竞争力才有保障。

二、有助于引入服务业新产品、新业态、新技术以及新的出口渠道，培育新兴服务出口产业，提升服务业整体国际竞争力

首先，一些境外服务企业直接为境外母公司和其他客户服务，能够直接为扩大服务业出口做出贡献。例如，在软件和服务外包领域，相当多的外资企业通过在华设立子公司，承接境外母公司软件和信息技术外包业务。在技术研发领域同样如此，跨国公司通过在华设立研发中心，承接母公司的研发任务，这事实上形成了对其母国的服务出口。又如外

资旅行社通过代理入境游市场，直接对中国旅游服务出口做出贡献。

其次，服务业开放部门引入的境外服务提供商，一般有较高的技术和管理经验，提供的服务产品和服务业态相对新颖，普遍受到消费者欢迎。境外服务提供商在中国经营过程中，通过人员流动及经营示范效应的方式，将先进的管理模式、新产品、新业态带入中国，这有利于国内服务企业在竞争中学习，增强“干中学”的能力，进而增强中国国内服务产业和服务企业在国际市场上的竞争能力。根据 WTO 分类，服务贸易有 12 大类、155 小类，若根据联合国 CPC2.0 版分类，服务贸易有 1200 多个细类。每一个分类就是一个服务行业、领域或产品。目前，中国能够提供的服务产品，尤其是能在国际市场上出口的服务类别不过数十种，还有大量新的服务领域和服务产品未开发出来，或未形成实际的出口绩效。通过服务业开放，可以引入新的服务领域和服务品种，丰富繁荣中国服务市场。事实上，改革开放以来中国国内许多新兴服务行业就是这样发展起来的。例如，在国内电视上的第一个广告就是日本的某著名家电企业所做的。

第三，服务业扩大开放还可降低服务出口中包含的国内服务成本，有利于提升服务出口的国际竞争力。与制造业出口一样，服务出口中含有国内服务的附加价值，其中包括服务进口和外资服务提供商提供的服务。通过服务业开放、提升国内服务供给效率、降低服务价格，降低内含在出口服务中的服务进口成本，有利于提升服务出口的国际竞争力。

三、服务业开放将为相互对等开放、扩大国际服务市场准入、打开国际服务市场创造条件

服务业开放一般分为自主开放和协议对等开放。自主服务业开放是指根据国内自身改革发展需要，自行决定服务业开放领域、开放强度和开放进程，它不以对方国家的服务业开放为前提。协议对等开放是指通过签署国际协定，如 WTO 协定、自由贸易协定或其他互惠性贸易投资协定安排，双方通过服务业开放谈判，达成一项对等的服务开放协议。双方根据达成的协定确定开放领域、开放强度和开放进程。目前这两种开放路径都存在，其中第二种协议对等开放模式，有利于中国扩大对国际服务市场的准入，为本国服务企业开拓国际服务贸易市场创造条件。

例如，中国通过加入 WTO，签署 GATS 协议，在 93 个服务部门做出开放承诺，目前实际开放部门数超过 100 个，开放程度已经超过绝大多数发展中国家水平，甚至达到发达国家水平。同时，其他国家也相应根据 GATS 协议对中国进行了开放。实践证明，通过加入 WTO，中国服务业国际化进程明显加快，国际服务贸易市场明显扩大，服务出口增长也明显提速。

又如，自 2003 年开始，中国大陆分别与香港地区、澳门地区签署了《关于建立更紧密经贸关系的安排》（简称 CEPA），以及《安排》附件和十项补充协议，中国大陆一步步扩大对港澳服务业开放的领域和程度，而港澳同时对大陆开放服务市场。目前，香港不仅成为大陆地区服务进口的最主要来源地，也已经成为服务出口的最重要目的地。

四、应当注意到，服务业开放在促进服务出口的同时，也可能带来一些对建立可持续的扩大服务业出口体系的不利影响

首先，国内服务弱势服务部门可能受到服务业开放带来的冲击。由于我国服务业的许多部门较之国外先进水平都相对落后，在企业经营机制、硬件设施、人员的专业技术水平、资金实力等方面都难与一些服务业强国的跨国公司竞争。服务业开放难免会冲击我国相关服务产业，若应对不恰当，就会导致一些服务行业完全被外国服务型跨国公司控制的局面，更难说我国服务业国际竞争力的提升。

其次，许多服务业是国民经济的高端部分，事关国民经济和政治文化传统安全，因此服务业开放也有可能对经济信息安全、政治文化安全产生不利影响。例如新闻、影视等涉及文化思想传播的领域，若没有限制地一味开放，可能对本国政治和传统文化形成损害。金融业作为国民经济的命脉，若不能有效防范金融开放过程中的风险，则可能会加大经济和金融安全隐患。又如会计行业，通过开放审计等业务，国外的大型会计师事务所掌握了大量中国企业的核心数据和商业秘密，相关经济情报全盘暴露给外资事务所，这不能不说是国民经济信息安全的隐患。因此，在扩大服务业开放过程中，应当以我为主、服务自主发展，尤其是增强服务业出口能力、扩大服务出口为重要目标之一。

第二节　中国服务业开放历程及对服务贸易的促进作用

中国服务业对外开放始于改革开放初期，20 世纪 90 年代逐步展开，加入 WTO 后全面加速开放，至此，服务业和服务贸易发生了显著变化。服务业开放与国民经济总体开放进程一致，带有明显的渐进、试点、梯次开放等特征。从最初的自主开放为主，到自主开放与协议对等开放相结合，从“引进来”为主，到“引进来”与“走出去”相结合，形成了较为清晰的服务业开放脉络。

一、起步阶段（20 世纪 80 年代）：适应涉外经济发展需要，酒店等少数领域自主开放

自 1978 年，中国实行改革开放国策以来，开始在沿海地区建立经济特区和出口加工区，吸收港澳台和华侨资本开办外向型企业。在改革开放初期，服务业开放主要围绕服务外商和华侨来华投资办厂的相关领域展开。如服务于外商的酒店行业开放得就比较早。如最早的三家中外合资企业都归属服务业。[①] 第一家是 1980 年中国民航北京管理局与香港中国航空食品公司合资成立的“北京航空食品公司”，它拉开了中国吸引外资的大幕；第二家是中美合资的建国饭店，1980 年 6 月开工建设，1982 年 3 月底正式营业；第三家是长城饭店，创建于 1980 年，1985 年正式竣工营业。这一时期，餐饮、旅游饭店、以外销为主的房地产开发是这一时期开放的主要领域，主要服务于外商来华生活与居住。因此，旅游饭店成为中国服务业开放最早、与国际标准接轨最早的行业。这一时期，旅游饭店业一度成为外商投资的重点，投资规模甚至高于工业项目。20 世纪 80 年代初建成的北京建国饭店、广东白天鹅饭店、南京金陵饭店等 8 家合资饭店成为中国吸引外资最早、规模最大的一批项目。

20 世纪 80 年代，服务业开放主要是服务于制造业开放而展开的，对服务业的开放还未纳入国家改革开放大框架中系统考虑。因此，这一

---

① 张育林：“中国服务业开放三十年成绩斐然”，《国际商报》2008 年 10 月 31 日。

时期服务业开放是零星的、个别领域的开放，对服务业的改革、开放、发展仍重视不够，更多的服务行业仍停留在过去的计划经济体系之内。这一时期，旅游饭店行业的开放，不仅为制造业招商引资提供了良好的生活设施，而且客观上也是创汇的一个重要渠道，扩大了服务出口。境外人士入住酒店，以及与酒店相关的餐馆、购物等服务业，是当时中国外汇收入的重要来源。总体来看，20 世纪 80 年代对外开放主要集中在制造业，服务业开放在整体上还不成气候。例如，到 1990 年，制造领域吸收外资占利用外资总额的 86.3%，农业、矿业和服务业利用外资份额还不足 15%，服务业外资主要投向酒店餐饮、土地开发和科学技术服务等领域。

这一时期，中国服务贸易的另外两大项包括：一是对外工程承包，改革开放后中国发挥劳动力资源丰富优势，通过承接海外工程建设、外派劳务等渠道发展服务出口、赚取外汇；二是与国内制造业技术改造升级相关的技术引进，这一时期中国加大了技术引进力度，使得技术贸易成为服务贸易中的一个重要领域，甚至在对外贸易法中还将技术贸易与货物贸易和服务贸易并列成为对外贸易三大领域。1982 年，中国服务贸易进出口总额为 44 亿美元，1991 年增长到了 108 亿美元，其间服务贸易进出口在世界服务贸易中的比重较为稳定，其中出口占世界服务贸易总出口额的比重保持在 0.7%—0.8%，进口额占比为 0.4%—0.5%，进出口总额保持在 0.6%—0.7%。

二、逐步展开阶段（20 世纪 90 年代）：服务业开放由个别行业零星开放逐步展开，步入法制化、多领域、有步骤的开放阶段

这一时期，服务业开放是从个别行业开放向全面开放，从自主开放到协议开放，从试点开放到全面开放的过渡阶段，这一阶段服务业开放具有以下特点：

（一）服务业的开放与改革纳入国家战略，并进入法律化轨道

1994 年通过实施的《中华人民共和国对外贸易法》把服务贸易专列一章，使服务贸易与货物贸易、技术贸易一样，均纳入外贸法管辖范畴，为服务贸易发展提供了法律保障。

1995年6月，国务院发布了《指导外商投资方向暂行规定》和《外商投资产业指导目录》，其中在18个鼓励类产业中，专门列出服务业，下面包括国际经济、科技信息咨询，以及精密仪器设备维修、售后服务两个子目录；更多的服务行业被纳入限制类和禁止类，如出租汽车、加油站为甲类限制目录，交通运输、邮电通信业、内外贸、旅游、房地产及服务业、金融及相关产业作为乙类限制目录；邮政、电信业务，广播影视业等列入禁止类目录。1997年12月，国务院批准《外商投资产业指导目录》修订本，在鼓励类服务业项目中增加了高新技术、新产品开发中心的建设与企业孵化这一子目录；对限制类和禁止类目录也有一些调整。

1997年9月召开的党的十五大对服务业开放的定调是“有步骤地推进服务业的对外开放”。

（二）服务业开放的领域和地理范围逐步推开扩大

在入世谈判过程中，服务业开放领域和地理逐步延伸扩大，其中商业零售、餐饮走在前列，之后逐步扩展到运输仓储、教育、房地产、金融等领域。

这一时期服务业开放的一个重要特点就是试点，即选定开放的服务业一般先期在限定的地理区域和业务领域开展。

加入WTO前，中国服务业市场的开放亦显现出渐进的特征，开放领域较多，但大多存在显著的地域或业务限制。[①] 例如，在商业零售领域，早在1992年，国家就同意在北京、天津、上海等城市试办中外合资或合作经营的商业零售企业，1995年扩大试点。然而，在实际开放中，非试点的城市仍加大了零售领域的开放，一批外资零售企业进入中国，使得零售行业成为这一时期开放步伐最快的领域，甚至出现了过度开放的局面。1999年6月起，开始整顿规范试点。

这一时期，中国服务业的开放加快了改革步伐，释放了服务业市场活力，增强了服务产业的国际竞争力。相应地，服务贸易在这一时期也

---

① 张磊、徐琳：“中国服务业市场开放的历程与前景”，《世界经济研究》2008年第12期。

获得了较大发展。据统计，服务贸易总额从1991年的108亿美元增加到了2001年的719亿美元，增长速度明显快于20世纪80年代。服务贸易主要领域除了旅游、建筑、技术贸易、运输、保险服务外，还进一步扩展到信息技术服务、新闻出版、广告、商业服务等领域。

三、全面加速开放阶段（加入WTO后到十八届三中全会）：履行入世承诺、签署自由贸易协定推动服务业全方位、宽领域、高层次对外开放

2001年中国加入WTO后，服务业开放进入制度化开放新阶段。这一时期，服务业开放动力主要来自两个方面：一是履行入世承诺；二是与其他国家和地区签署的自由贸易协定，在一定程度上提高了服务业开放层次。这一时期服务开放，进一步增强了服务业发展后劲和国际竞争力，服务贸易额由2002年的855亿美元增长到2011年的4196亿美元，年均增长19%，远高于过去20年的增长速度。服务贸易在世界的排名也从第9位上升到第4位。

（一）入世履行承诺推动服务业全面加快开放

中国对服务业市场开放所做出的承诺被许多人认为是代表了在WTO中最激进的服务贸易自由化计划。[①] 盛斌的研究也反映出，中国对149个服务分部门的82个部门做出了约束承诺，承诺比例达55%，从总体水平上看，中国的承诺水平与转型国家接近，是发展中国家中最高的。[②] 旅游、商务和运输服务部门开放度高，教育、金融和电信服务部门开放度相对低。中国对WTO服务业开放承诺符合当时条件下的经济发展水平，远高于发展中国家水平16%[③]的承诺水平，在某些领域甚至超过了发达国家水平。

服务业法律法规废改立，促进了国内规制的不断完善。为适应服务业开放需要和履行服务业开放承诺，中国先后废止、修订、颁布和实施

---

① Mattoo, Aaditya, China's Accession to the WTO: The Services Dimension, Beijing 2002.

② 盛斌："中国加入WTO服务贸易自由化的评估与分析"，《世界经济》2002年第8期。

③ 数据引自世界贸易组织秘书处（2000）。

了一系列服务业法律、法规和条例，完善了服务业监管体系，加快了服务业行政体制机制改革，促进了政府职能转变，提升了政府对服务业的管理能力。服务业市场化进程不断加快，金融、电信等重点行业改革不断推进，在服务业发展中基本确立了市场在配置资源中的基础性作用。

（二）对外签署自由贸易协定提升了服务业开放层级

加入 WTO 后，中国积极实施自由贸易区战略，签署了 11 个自贸区协定，并逐步将服务业开放列入区域开放中。在自贸区协定中，中国新增了娱乐服务开放，对 10 大类服务领域进行了承诺。研发服务、市场调研等是主要的新增开放分部门，其中中国 - 巴基斯坦 FTA 中新增开放了 12 个分部门。通过提高外资持股比例等措施深化了近 20 个子部门的开放承诺。

通过 CEPA 的安排，深化了服务业开放。在一国两制下，中央政府与香港地区、澳门地区分别签署了《关于建立更紧密经贸关系的安排》。在 CEPA 框架下的服务贸易开放措施达 403 项，服务业开放承诺超过 140 个分部门，承诺的分部门覆盖率超过 90%，达到发达国家承诺开放水平。根据国务院要求，到 2015 年，中国大陆与港澳基本实现服务贸易自由化。大陆与台湾地区也签署了服务贸易协议，服务业开放突出了两岸特色。

（三）中国服务贸易开放度明显提高

经合组织（OECD）发布的世界主要国家服务贸易限制指数是衡量服务贸易自由化程度的重要指标。OECD 于 2014 年 5 月发布了全球 40 个主要国家、18 类服务业的贸易限制指数。根据该报告，非 OECD 国家的服务贸易限制指数值高于 OECD 国家，其中以印尼、中国大陆、印度等的服务贸易限制指数较高，而荷兰、英国、德国等较低。事实上，中国并不认同 OCED 的这一结论。中国政府认为，OECD 在评估中国服务贸易限制指数中的数据收集方面存在问题，不能客观反映中国服务业开放现状，明显低估了中国服务业开放度。这一数据仅作为分析中国服务业开放的一个参考。如图 7—1 所示，中国与非 OECD 国家相比，在 18 个服务贸易部门中，中国大部分要高于非 OECD 国家平均水平。但与印度相比，中国服务贸易限制指数总体上要低一些。

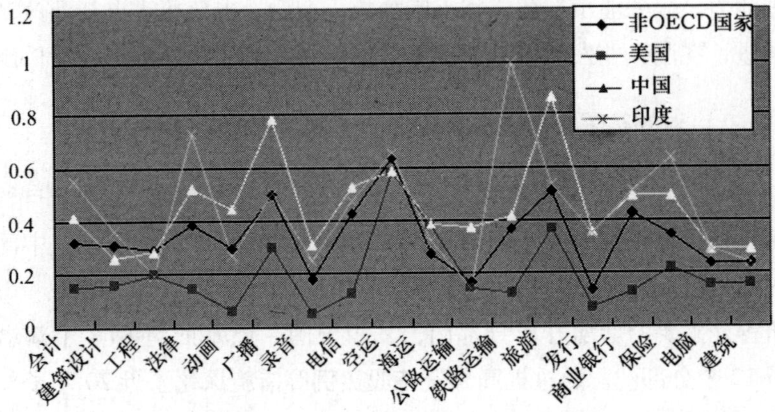

图7—1　主要经济体各行业STRI指数

资料来源：OECD。

第三节　服务业利用外资对服务贸易的促进作用

服务业国际直接投资与制造业领域的国际直接动机有较大差异。一般来说，制造业国际直接投资是成本寻求型、稀缺资源寻求型、本地市场寻求型以及绕过贸易壁垒扩大对所在国出口和当地销售等动机。因此，制造业国际直接投资与货物贸易的关系较为复杂，两者可能是相互促进的关系，也可能是相互替代的关系。对于服务业国际直接投资而言，它是服务贸易商业存在的一种形式，主要是市场寻求型动机，其与服务贸易的关系也较为明确，即服务业国际直接投资流入一般会导致商业存在形式的服务贸易进口扩大，而服务业国际直接投资流出一般会导致商业存在形式的服务贸易出口扩大。有一种可能例外的情况，就是服务外包。服务外包领域的国际直接投资有可能是扩大当地的服务出口，也可能将其作为向全球提供服务的一个交付中心。服务外包这种形式的外资离岸交付中心，与制造业领域的加工工厂类似。

一、世界各国服务业利用外资与服务贸易互动的实践

（一）国际直接投资流入对服务进口的促进作用

对大部分国家而言，服务业领域的外资主要以市场寻求为导向，即通过服务业对外直接投资，增强对当地市场的服务市场开拓和销售，因此对东道国而言，国际直接投资流入对服务贸易的影响主要体现在进口方面。

1. 美国

表7—1和表7—2分别是美国国际贸易FATS内向外向统计数据以及美国按行业分的利用外资情况。由这两个表可以看出，美国国际服务贸易FATS内向与外向流量以及美国服务业引进外资的总额在2008—2012年都呈上升趋势。

图7—2是2008—2012年美国服务业利用外资与FATS内向统计数据情况，由图中我们可以看出美国服务业的直接投资流入与服务贸易的进口都呈上升趋势，表现出一定的相关性。可见，对于美国的服务业而言，国际直接投资流入对服务贸易的影响可以在进口方面有较明显的体现。

表7—1 1987—2012年美国国际服务贸易FATS内向和外向统计表（单位：十亿美元）

年份	外向	内向	年份	外向	内向
2012	1293	801.9	1999	353.2	293.5
2011	1247	781.6	1998	286.1	245.5
2010	1155.2	701.2	1997	255.3	223.1
2009	1076.4	668.8	1996	223.2	168.4
2008	1116.9	701.6	1995	190.1	149.7
2007	1025.8	677.8	1994	159.1	145.4
2006	889.8	648.3	1993	142.6	134.7

续表

年份	外向	内向	年份	外向	内向
2005	795. 6	571. 2	1992	140. 6	128
2004	684. 9	540. 9	1991	131. 6	119. 5
2003	452. 5	374. 1	1990	121. 3	109. 2
2002	423. 5	367. 6	1989	99. 2	94. 2
2001	421. 7	367. 6	1988	83. 8	73. 2
2000	413. 5	344. 4	1987	72. 3	62. 6

数据来源：美国经济分析局。

表 7—2　2008—2013 年美国分行业利用外资情况（单位：十亿美元）

行业分类	2008	2009	2010	2011	2012	2013
制造业	650. 38	698. 24	756. 868	761. 876	854. 669	935. 728
批发业	311. 181	236. 205	255. 045	282. 221	299. 04	328. 546
零售业	35. 789	45. 465	44. 77	46. 54	51. 632	59. 87
信息行业	158. 145	137. 202	125. 181	127. 521	130. 465	148. 551
储蓄机构	71. 671	107. 721	120. 018	176. 616	181. 828	181. 391
金融与保险	261. 569	288. 447	358. 182	373. 244	384. 418	364. 727
房地产租赁	48. 352	44. 628	44. 642	41. 718	47. 096	50. 651
专业技术	57. 585	73. 863	90. 247	83. 206	98. 145	104. 233
其他服务行业	56. 776	111. 034	113. 57	121. 101	123. 088	138. 508
建筑行业	11. 09	12. 333	10. 359	10. 015	11. 279	15. 007
运输与仓储	24. 731	36. 445	40. 709	40. 253	42. 326	47. 776
行政管理与废物处理	（D）	34. 895	35. 727	38. 626	35. 88	35. 396
健康管理与社会服务	（D）	7. 54	5. 694	6. 139	9. 679	13. 37
膳宿服务	14. 715	13. 505	14. 55	17. 656	16. 297	17. 587
其他	6. 24	6. 316	6. 531	8. 412	7. 627	9. 372
服务业利用外资总额	1001. 068	1044. 565	1151. 655	1252. 167	1315. 712	1376. 477
所有行业利用外资总额	2046. 662	2069. 438	2280. 044	2433. 848	2605. 755	2763. 956
制造业利用外资占比	31. 777597	0. 0337406	33. 195324	31. 303352	32. 799285	33. 854663
服务业利用外资总额	48. 912229	0. 0504758	50. 510209	51. 448036	50. 492544	49. 800974

数据来源：美国经济分析局。

注：（D）指由于部分企业的数据不可公开而空缺的数据。

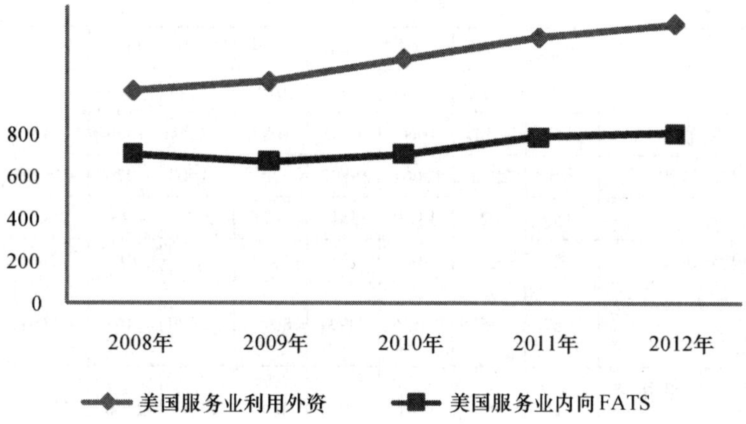

图7—2　2008—2012年美国服务业利用外资与FATS内向统计数据（单位：十亿美元）

数据来源：由美国经济分析局数据整理而得。

2. 日本

表7—3所示的是2005年至2013年日本分行业利用外资的情况，该数据是以BOP为计算口径统计得出的。从数据中我们可以发现，2010年至2013年，日本服务业利用外资都为负值，表示外国投资企业在日本有较大幅度的撤资。相比之下，制造业的引进外资数额较大，除2005年显示的负数外，其他年度都是正数。

在行业方面，2013年日本在服务业引进外资主要集中于金融与保险业，达到6.41亿美元，其次是房地产行业，达到2.25亿美元。而在建筑业、通信业和其他服务业，都有撤资的情况发生。

表7—3　2005—2013年日本分行业利用外资情况（BOP计算口径）（单位：百万美元）

	2005	2006	2007	2008	2009	2010	2011	2012	2013
建筑业	41	37	19	-60	16	-1	-67	-34	-6
运输业	2108	28	-288	43	-90	197	-259	-5	216

续表

	2005	2006	2007	2008	2009	2010	2011	2012	2013
通信业	912	-9715	-633	-1028	619	-3244	-2748	-63	-101
批发零售业	1157	-387	1660	1160	1057	-229	1588	-2421	160
金融与保险业	645	2265	17661	19823	5205	-1503	-3702	-1383	641
房地产业	15	72	1413	581	-71	216	-239	294	225
其他服务业	178	122	295	473	1343	875	794	-244	-1663
服务业利用外资总额	5057	-7578	20126	20991	8077	-3689	-4633	-3856	-528
制造业利用外资总额	-2191	254	1381	2261	3490	1766	2406	5351	2489
总利用外资额	3223	-6789	22181	24550	11839	-1359	-1702	1761	2358

数据来源：通过日本贸易振兴机构数据整理而得。

3. 韩国

近年来，韩国的服务业利用外资额度也在逐年上升。图7—3显示的是2008年至2014年韩国服务业利用外资的情况。从图中可见，自2011年以来，韩国的服务业利用外资额在不断上升，到2014年创下2209万美元的新高。

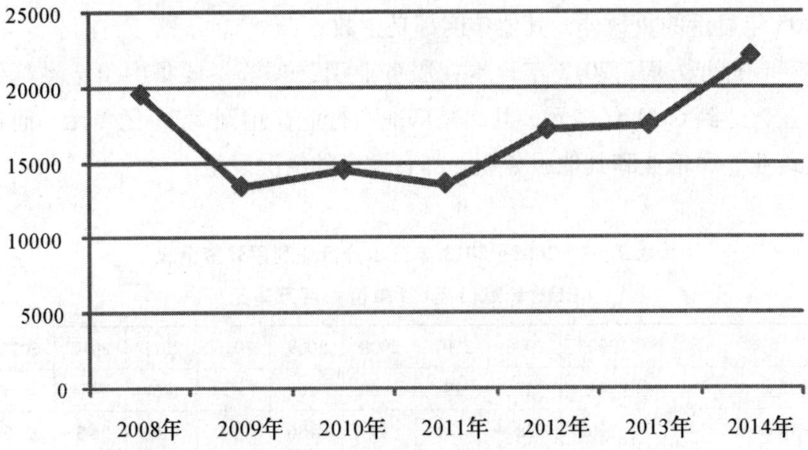

图7—3　2008—2014年韩国服务业利用外资额（单位：千美元）

与此同时，从2011年开始，韩国服务业利用外资占总利用外资的份额也在以较为平稳的速度上升。如图7—4所示，2014年，韩国服务业利用外资的份额占到63%，达到最高。

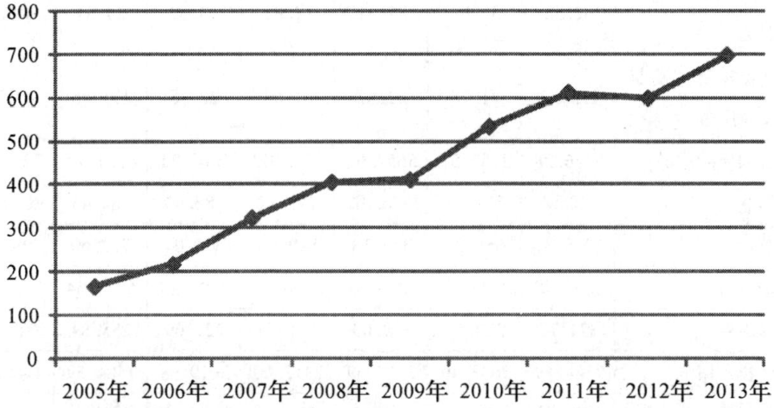

图7—4　2008—2014年韩国服务业利用外资占总利用外资（单位:%）

在行业方面，2014年，韩国服务业主要在金融保险服务以及房地产服务引进外资，两项共占韩国服务业利用外资总额的64.4%。而在公共管理、废水废物处理等方面引进的外资比较少。

表7—4　2008—2014年韩国服务业利用外资情况（单位：千美元）

行业	2008年	2009年	2010年	2011年	2012年	2013年	2014年
公共管理；社会基本保障	0.2	0	0.075	0	0	0	0.1
废水、废物处理；废物利用等	4.74	5.09	8.59	5.38	0.00	24.88	15.17
人体健康及社会工作活动	333.19	9.79	19.52	13.13	23.65	31.54	72.65
艺术、体育以及娱乐相关服务	333.19	261.10	170.23	60.72	78.01	60.45	74.71
供电、供气、供水服务	268.91	941.67	473.04	791.26	2323.67	757.04	1244.71

续表

行业	2008 年	2009 年	2010 年	2011 年	2012 年	2013 年	2014 年
教育	40.41	24.86	25.80	26.96	27.13	25.03	17.11
会员组织及其他个人服务	62.52	35.58	37.21	22.88	20.62	24.84	10.11
商业设施管理及商业支持服务	195.52	71.28	52.87	61.65	27.48	131.45	71.85
金融和保险服务	3426.28	2183.58	5657.63	3833.00	5600.31	4051.74	7214.88
运输业	620.26	658.67	776.02	742.12	583.90	584.45	1019.64
建筑业	1285.37	658.26	375.18	820.53	550.04	712.60	964.99
房地产行业	3867.98	3483.02	2288.83	2008.40	2390.29	6833.54	7023.12
膳宿服务	374.70	220.60	352.09	251.79	221.69	285.84	537.33
专业技术服务	3584.59	2643.49	2417.69	2312.00	3019.63	1584.59	1460.06
信息行业	787.73	238.47	494.62	481.64	648.05	405.49	730.07
批发与零售业	4370.63	1979.48	1367.97	2158.97	1648.80	1944.92	1637.32
服务业利用外资总额	19556.21	13414.94	14517.36	13590.42	17163.28	17458.42	22093.82
制造业利用外资总额	8212.66	5561.38	9328.33	11134.30	11098.29	10037.67	8743.43
利用外资总额	36911.47	30968.22	34437.23	45736.89	39642.34	35590.43	35068.59

数据来源：韩国进出口银行。

二、中国服务业利用外资现状与主要特点

服务业利用外资是中国服务业“引进来”的重要途径。

（一）中国服务业利用外资总体趋势

自中国实施服务业“引进来”战略之后，服务业利用外资总额逐年上升。如图 7—5 所示，2005—2013 年，除 2011—2012 年略有下降外，中国服务业利用外资总额基本呈上升趋势。2013 年中国服务业利用外资总额达 698.7 亿美元。

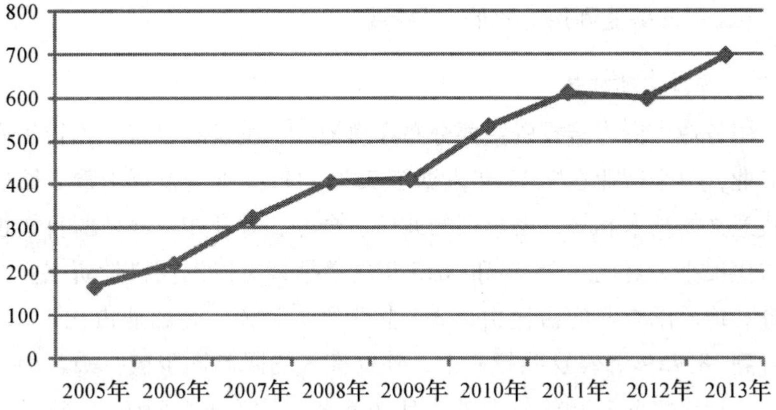

图 7—5 2005—2013 年中国服务业年度利用外资额（单位：亿美元）

与此同时，中国服务业利用外资占总利用外资的比例也在逐年上升。从 2005 年的 27.8% 上升到 2013 年的 59.4%。这说明服务业的外商直接投资在中国利用外资方面具有越来越显著的地位，也发挥着越来越重要的作用。

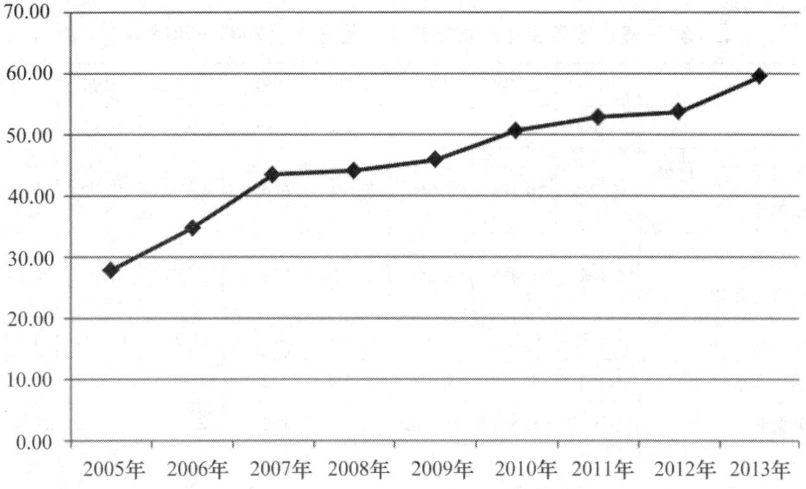

图 7—6 2005—2013 年中国服务业年度利用外资占外资总额的比例变化图

（二）服务业利用外资的主要特点

1. 行业变动趋势

服务业外商直接投资主要分布在房地产、批发和零售、租赁和商务服务业，三个行业在2012年占据了75%的外商直接投资份额。而更具现代意义的技术和知识密集型的通信、金融、教育在全部外商直接投资中占比很小。对比2005年和2015年的数据，可以发现科学研究、技术服务和地质勘查业的占比由2.3%上升到5.58%，金融业占比由1.5%上升到18.45%，在这些行业中，外资准入的限制逐步被打破。而信息传输、计算机服务和软件业的占比由6.8%下降到4.73%，交通运输、仓储和邮政业的占比由12.2%下降到5.16%，这些行业的外商投资环境并没有显著改善。根据商务部统计，2016年1—11月，全国新设立外商投资企业24355家，同比增长3.0%；实际使用外资金额7318亿元人民币（折合1137.9亿美元），同比增长3.9%（未含银行、证券、保险领域数据）；其中，服务业实际使用外资金额5133亿元人民币，同比增长8%，占比达70.14%。其中，高技术服务业实际使用外资881.4亿元人民币，同比增长97.7%，占比12%。

表7—5　服务业外商直接投资行业分布（2005—2015年）

年份	2005	2006	2007	2008	2009	2010	2011	2015
总计	100%	100%	100%	100%	100%	100%	100%	100%
交通运输、仓储和邮政业	12.2%	10.0%	6.5%	7.5%	6.6%	4.5%	5.5%	5.16%
信息传输、计算机服务和软件业	6.8%	5.4%	4.8%	7.3%	5.8%	5.0%	4.6%	4.73%
批发和零售业	7.0%	9.0%	8.6%	11.7%	14.0%	13.2%	14.5%	14.82%
住宿和餐饮业	3.8%	4.2%	3.4%	2.5%	2.2%	1.9%	1.4%	0.53%
金融业	1.5%	1.5%	0.8%	1.5%	1.2%	2.2%	3.3%	18.45%
房地产业	36.3%	41.3%	55.2%	49.0%	43.6%	48.0%	46.1%	35.74%
租赁和商务服务业	25.1%	21.2%	13.0%	13.3%	15.8%	14.3%	14.4%	12.39%

续表

年份	2005	2006	2007	2008	2009	2010	2011	2015
总计	100%	100%	100%	100%	100%	100%	100%	100%
科学研究、技术服务和地质勘查业	2.3%	2.5%	3.0%	4.0%	4.3%	3.9%	4.2%	5.58%
水利、环境和公共设施管理业	0.9%	1.0%	0.9%	0.9%	1.4%	1.8%	1.5%	0.53%
居民服务和其他服务业	1.7%	2.5%	2.3%	1.5%	4.1%	4.1%	3.2%	0.89%
教育	0.1%	0.1%	0.1%	0.1%	0.0%	0.0%	0.0%	0.04%
卫生、社会保障和社会福利业	0.3%	0.1%	0.0%	0.0%	0.1%	0.2%	0.1%	0.18%
文化、体育和娱乐业	2.0%	1.2%	1.5%	0.7%	0.8%	0.9%	1.1%	0.97%

数据来源：《中国统计年鉴》各年数据计算。

2. 地区趋势

受中国各地区利用外资的优惠政策不同、本地资源禀赋差异以及经济状况基础不同的影响，中国吸收外商直接投资的地区分布呈现出显著的非均衡性特征，即“东高西低”的布局，绝大多数对华直接投资都集中于比较发达的东部沿海地区。如表7—6所示，目前利用外资的区域分布格局呈如下特征：一是无论东、中、西部地区，其服务业利用外资均大幅超过制造业，成为利用外资的主要行业；二是东部地区相对于中部和西部地区，服务业利用外资占比相对更多，2015年东部沿海地区服务业利用外资占比达66.73%，而中部和西部地区分别为41.1%和62.3%。

表7—6　2010年和2015年中国服务业利用外资的区域布局

行业（产业）	东部		中部		西部	
	2010年	2015年	2010年	2015年	2010年	2015年
	占比（%）	占比（%）	占比（%）	占比（%）	占比（%）	占比（%）

续表

	东部		中部		西部	
总计	100	100	100	100	100	100
农、林、牧、渔业	1.54	1.1	4.14	2.26	2.69	1.39
采矿业	0.38	0.13	1.87	0	2.4	1.02
制造业	47.91	29.79	58.2	46.74	28.23	31.38
电力、燃气及水的生产和供应业	1.47	1.17	5.79	6.04	4.52	3.83
建筑业	1.3	1.08	1.54	3.87	2.11	0.07
交通运输、仓储和邮政业	2.29	2.98	1.61	2.64	0.87	7.63
信息传输、计算机服务和软件业	2.6	3.5	0.46	0.03	1.35	1.25
批发和零售业	6.89	10.72	2.66	2.97	2.46	3.62
住宿和餐饮业	0.7	0.33	1.43	0.59	2.26	0.24
金融业	1.14	12.83	0.26	3.25	0.92	10.47
房地产业	21.4	22.08	13.95	25.6	42.07	29.57
租赁和商务服务业	7.09	8.44	2.91	3.99	6.17	7.06
科学研究、技术服务和地质勘查业	2.01	4.07	0.9	1.67	1.09	0.48
水利、环境和公共设施管理业	0.57	0.35	3.41	0.04	1.85	0.61
居民服务和其他服务业	2.16	0.59	0.58	0.06	0.76	0.88
教育	0.01	0.03	0.03	0	0	0
卫生、社会保障和社会福利业	0.1	0.13	0	0	0	0.11
文化、体育和娱乐业	0.44	0.68	0.25	0.27	0.24	0.38
第三产业（服务业）*	47.4	66.73	28.5	41.1	60	62.3

资料来源：商务部。

*第三产业（服务业）指除第一产业、第二产业（制造业、电力燃气及水的生产与供应、建筑业）之外行业的总和。

3. 投资方式趋势

跨国投资有两种基本的进入途径：一种是并购；另一种是绿地投资（新建企业）。在经济全球化和竞争国际化的重重压力下，企业越来越意识到并购手段的重要性。近年来，跨国并购已经成为世界范围内服务业外商直接投资的主要形式。目前，外资进入中国服务业的主要方式仍为绿地投资。随着中国入世后进一步放宽外资进入的领域，国内有关外资并购的法规日益完善，以及产业结构调整和国企改制对并购需求的增大，中国已被国际投资机构认定为亚洲最具有潜力的并购市场。中国服务业将充分利用入世后的过渡期，鼓励外资通过资本市场收购、兼并及参股等方式参与服务企业改革，加快传统服务企业的改革和重组，促进我国服务业提高竞争力。但是，并购投资对证券市场、资本流通市场、社会保障制度、企业现代化制度等的完善程度要求较高，目前中国市场经济的发展还很不成熟，吸收并购投资的制度环境还需进一步建设和完善。① 根据商务部统计，2016 年中国以并购方式利用外资占比大幅提升，前 11 个月，以并购方式设立外商投资企业 1099 家，实际使用外资金额 1235 亿元人民币，同比增长 15.6%，分别占新设立外商投资企业数和实际使用外资金额的 4.5% 和 16.9%。

三、中国服务业利用外资对服务贸易的促进作用

（一）中国服务业利用外资对服务贸易促进作用的定性分析

1. 地区分析（以北京为例）

截至 2013 年年底，北京地区服务业外商投资企业 11007 家，占外资企业总数的 80.8%。

根据内向 FATS 统计数据，北京地区服务业境外附属机构（不含银行、证券、保险）共 9993 家，占外资企业总数的 73.3%（2012 年为 68.9%），较 2012 年（9910 家）增长了 0.8%。从服务收入来看，在京服务业境外附属机构全年服务营业收入达 2593.9 亿元，其中在中国境

① 郑长娟：“我国服务业外国直接投资的特征和趋势分析”，《国际贸易问题》2005 年第 9 期。

内的服务营业收入为2083.1亿元，占80.3%，主要集中于租赁和商务服务业，信息传输、计算机服务和软件业，批发和零售业，交通运输、仓储和邮政业，科学研究、技术服务和地质勘查业等领域。比重较大的两个领域是租赁和商务服务业，信息传输、计算机服务和软件业，分别实现国内服务收入622.0亿元和554.8亿元，分别占境外附属机构服务营业总收入的24%和21.4%。

表7—7 2013年北京服务业境外附属机构服务收入（单位：亿元；个）

行业名称	国内服务营业收入	服务营业收入	企业数
交通运输、仓储和邮政业	231.3	374.5	122
信息传输、计算机服务和软件业	554.8	683.7	1892
批发和零售业	272.5	243.9	2179
住宿和餐饮业	52.6	52.1	283
金融业	53.5	49.7	50
房地产业	119.2	133.2	434
租赁和商务服务业	622.0	790.6	3150
科学研究、技术服务和地质勘查业	123.7	210.9	1446
水利、环境和公共设施管理业	1.2	1.2	15
居民服务和其他服务业	16.6	17.2	134
教育	4.5	5.8	25
卫生、社会保障和社会福利业	8.6	7.7	13
文化、体育和娱乐业	22.6	23.4	250
合计	2083.1	2593.9	9993

2. 分行业分析

从服务业中的不同行业来看，中国服务业利用外资较多的行业其出口规模也较大。如运输业，利用外资总额达到34.7亿美元，其出口额达到389.1亿美元，计算机信息服务的利用外资总额达到33.6亿美元，其出口达到144.5亿美元。

表 7—8 2008—2013 年中国服务业分行业贸易总额与利用外资（单位：亿美元）

行业	运输服务		建筑服务		金融服务		计算机和信息服务		文化	
年份	进出口总额	利用外资	进出口总额	利用外资	进出口总额	利用外资	进出口总额	利用外资	进出口总额	利用外资
2008	887	29	147	11	9	6	94	28	48	3
2009	701	25	153	7	10	5	97	22	46	3
2010	975	22	196	15	27	11	122	25	54	4
2011	1160	32	185	9	16	19	160	27	73	6
2012	1248	35	159	12	38	21	183	34	82	5
2013	1320	42	146	12	69	23	214	29	90	8

数据来源：国家外汇管理局、国家统计局。

注：行业分类中，由于国家外汇管理局与国家统计局的行业分类标准并不一致，所以我们做出了一些调整。其中，将国家外汇管理局的运输服务行业大致等同于国家统计局中的交通运输、仓储和邮政业，计算机和信息服务行业大致等同于信息传输、计算机服务和软件业，将广告宣传与电影音像行业加总，大致等同于国家统计局中的文化业。

（二）中国服务业利用外资对服务贸易促进作用的定量分析

1. 设置变量

为了研究中国服务业利用外资与服务贸易之间的关系，我们分别从国家统计局和 WTO 的数据库中搜集到中国服务业利用外资与服务贸易的数据，并分别将服务业利用外资和服务贸易分别取对数，整理成时间序列。

2. 单位根检验

在做回归之前，我们要对时间序列进行单位根检验，以防伪回归的出现。首先对利用外资的对数（lnfdi）进行 ADF 检验，结果在 5% 的显著性水平下拒绝原假设，发现没有单位根。然后对服务贸易的对数（lnex）进行 ADF 检验，结果在 5% 的显著性水平下拒绝原假设，也没有单位根。

因此，可以对 lnfdi 和 lnex 做回归分析。

3. 回归分析

如图 7—7 为 lnex 和 lnfdi 的散点分析图。可以发现，两者之间有很明显的正向相关关系。

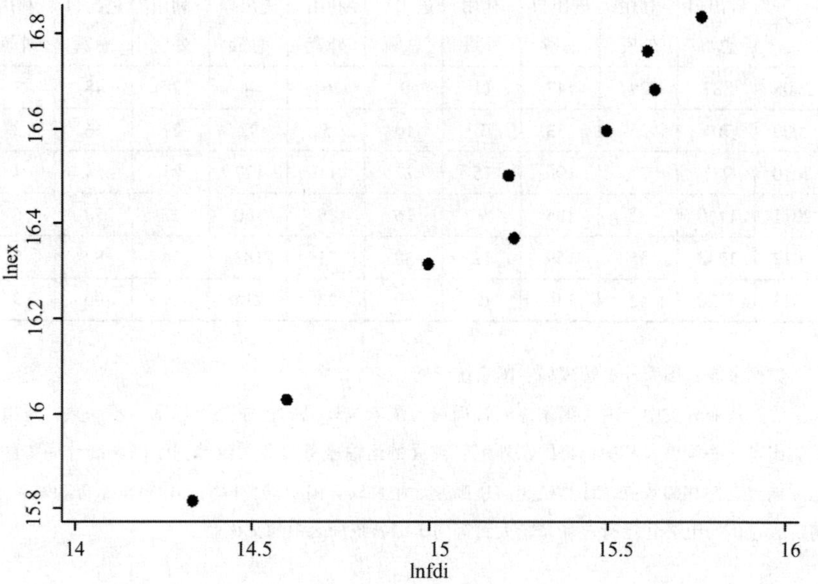

图 7—7　lnex 和 lnfdi 的散点分析图

用 stata 对这两者进行稳健性回归，得到如下结果：

$$\ln ex = 5.94 + 0.69\ln fdi$$
$$(0.32)\ (0.021)$$

对系数的 t 检验说明结果在 1% 的显著性水平下显著。

因此，我们可以得到如下结论：（1）服务业对外投资的变化与中国服务贸易的变化呈显著性正向相关关系，提高服务业对外直接投资将有利于中国的服务贸易出口；（2）从定量方面来看，中国服务业对外投资每增加 1%，服务贸易会增加 0.69%。

第四节 扩大服务业开放促进服务贸易发展的建议

服务业是中国今后开放的重点和利用外资的主要领域。高水平推动服务业“引进来”，不断夯实国内服务产业和服务经济基础，提升服务产业外向度，是加快发展服务贸易的重要举措。

首先，要继续扩大和深化服务业开放，破除国内服务业发展的体制机制和政策障碍，降低一般性服务业准入门槛，实质性提高服务业开放水平。推进新一轮国内法规的立、改、废，建立和完善与服务业开放配套的国内规制体系，要充分利用国外发展服务业的先进技术、管理经验和体制机制，促进国内服务产业提升发展水平和国际竞争力。以建设中国自由贸易试验区和北京扩大服务业开放为契机，加快服务业开放政策落地，加快出台适度开放发展要求的行业管理单行条例，有针对性地加强服务业招商引资和项目落地工作，打破“玻璃门”和“弹簧门”。要以落实两个广东 CEPA 协议为契机，实现粤港澳服务贸易基本自由化取得实质性成效，在广东面向港澳服务业开放基础上，尽快把相关开放举措扩展到全国，以港澳服务产业合作为先导，带动中国向其他国家和地区服务业开放。

其次，充分发挥外资企业在发展服务贸易中的地位和作用，增强服务产业的外向化程度。要加大服务产业招商引资力度，把外资企业逐步打造成为提升中国服务业竞争力，增强服务业出口能力的一支重要力量。重点引进一批面向国际市场的外资项目，积极鼓励外资企业发展服务出口业务。

第三，引导外资投向生产性服务业等重点领域，助推中国制造转型升级。当前，中国制造业转型升级压力较大，主要表现在缺乏核心技术、金融支持、国际网络、品牌营销、售后服务等。可充分利用欧美、港台等国家和地区在金融、会计、法律、市场推广、物流、设计、专利授权等方面的资源和专业人才，吸引相关外资企业入驻，帮助中国制造企业提升在全球价值链分工中的地位，提升中国企业全球运营效率和竞争力，在做强制造业，提升中国制造品牌和品质的同时，做大做强中国服务，提升中国服务在世界上的竞争力和知名度。

第八章
加快服务业对外直接投资

随着全球经济重心向服务业转移，无论是在发达国家还是发展中国家，服务业在国民经济中的比重均快速上升。服务业国际直接投资也成为世界各国扩大和深化对外开放，参与国际分工的重要领域。近年来，服务业在全球外国直接投资中的比重也在不断增加。中国服务业发展整体水平低、对外开放相对滞后、国际竞争力较弱，但近年来随着中国制造业和采掘业对外直接投资的迅速发展，服务业国际直接投资也逐步跟上了步伐，成为第一大对外直接投资的领域。加快服务业对外直接投资，正成为中国在更高水平上参与国际分工和国际竞争，提高对外开放水平的重要举措。

第一节　全球服务业国际投资发展现状

当前，全球直接投资的一个重要趋势是转向服务业，服务业已经取代制造业，成为国际直接投资的第一大行业。服务业对外直接投资开展跨国经营的能力不仅是服务企业自身优势的标志，也是一国服务经济发展水平、竞争实力强弱的重要标志。

一、世界服务业国际直接投资概况及主要特点

（一）服务业对外直接投资规模不断扩大

20 世纪 90 年代以来，全球 FDI 总额不断增加，而 FDI 总额一半以

上又流向了服务业。截至目前，服务业 FDI 占全球 FDI 总存量超过 60%。从 20 世纪 70 年代开始，由外国直接投资产生的、通过外国商业存在所实现的国际服务贸易规模迅速扩大，在一些发达国家已经超过了跨境方式。例如，美国在进口方面境内的外国附属机构服务贸易规模从 1990 年起就开始超过跨境服务贸易规模；在出口方面，海外附属机构服务贸易规模从 1996 年开始超过跨境服务贸易规模。

全球服务业 FDI 所占比重在 20 世纪 50 年代不到 20%，70 年代也仅占 25%，至 80 年代中期迅速增长到 40%，1985 年达到 42.8%，超过第二产业的 38.7%；到 1990 年，服务业 FDI 超过了第一、二产业的总和，达 50.1%，已稳居世界 FDI 的半壁江山。2002—2006 年每年都占 60% 左右。最近几年，受国际金融危机的影响，服务业 FDI 占比有所下降，但仍是第一大国际直接投资行业。根据 UNCTAD 统计，2013 年，服务业占全球绿地投资的 57%，占跨国并购的 44%。

（二）服务业对外直接投资主要流向发达国家

相对于服务业 FDI 的流出地区来说，其流入的地理分布则更为均衡。美国一直以来都是最大的引资国，但其在世界服务业对外直接投资流入存量中的比例却从未超过 30%。另一方面，在发展中国家和地区，第一产业吸收的外资比重大约是 15% 左右，第二产业逐步下降，第三产业的比重则上升到 50% 以上。

（三）新兴知识技术密集型服务业对外直接投资占比迅速提高

除了传统的旅游、运输、金融等服务业国际直接投资稳步发展外，进入 20 世纪 80 年代以后，随着科技的进步，尤其是信息技术与互联网技术的兴起，高科技服务业国际投资迅速崛起，包括计算机和信息服务、服务外包、互联网服务、研发服务，以及传统的知识密集型的会计法律等专业服务投资的比例大大增加。另一方面，不同国家也有着不一样的情况。以美国、英国为首的发达经济体凭借其技术、资本等优势在生产线服务领域拥有强有力的竞争优势，在相关领域处于技术和资本输出的地位，而大多数发展中国家则处于技术和资本的输入地位。

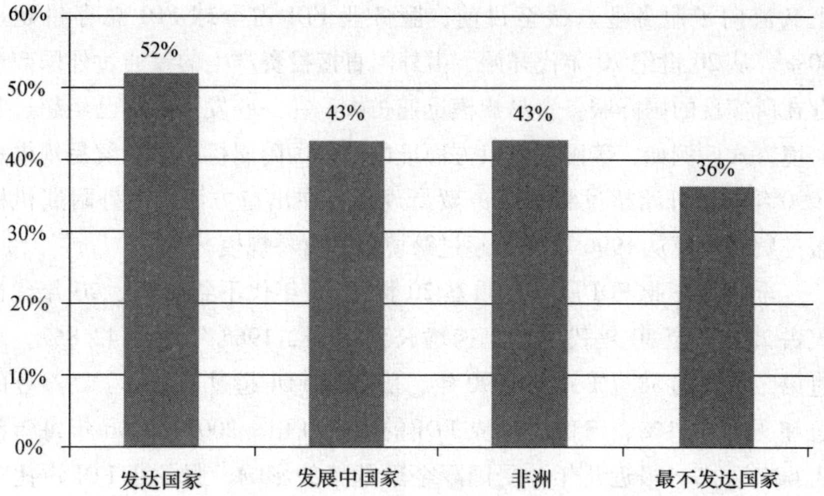

图 8—1　2004—2013 年不同类型国家服务业占国际直接投资的比例

资料来源：UNCTAD。

（四）跨国公司主导全球服务业跨国投资与经营

跨国公司是全球直接投资的主要力量，服务业也不例外。在金融、电信、航运、物流、互联网、建筑、专业服务等领域，往往是少数发达国家的跨国公司形成了全球的相对垄断地位，自然也主导着全球相关领域的贸易和投资。例如，美国的专业服务业整体实力全球领先，管理咨询公司全球前 50 强总部全部设在美国；美国的信息服务业引领全球产业发展，其中信息技术服务外包产业主导全球市场，谷歌、亚马逊等一批美国互联网企业引领整个互联网产业，不断推出新的服务形式和商业模式。

二、主要国家服务业对外直接投资现状与特点

（一）美国

1. 总体规模

美国是当今世界上经济实力最强的国家，在全球对外直接投资中占有重要的地位。根据美国经济分析局的数据显示，2007 年美国对外直

接投资存量为 2. 99 万亿美元，2013 年达 4. 66 万亿美元。其中，截至 2013 年，服务业对外直接投资存量达 3. 61 万亿美元。

由服务业投资流量看，如图 8—2 所示，从 2007 年到 2013 年，美国服务业的对外直接投资流量较为平稳，每年服务业对外直接投资流量均保持在 2000 亿美元以上，其中 2011 年接近 3000 亿美元。

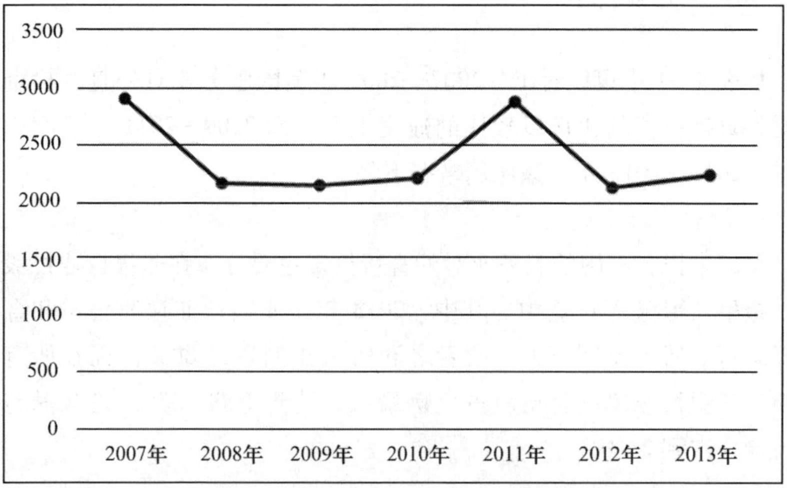

图 8—2　2007—2013 年美国服务业对外直接投资流量金额（千亿美元）

数据来源：美国经济分析局。

同时，对于服务业对外直接投资占总对外直接投资的比例，从表 8—1 中可以看出，从 2007 年的 74. 4% 上升到 2013 年的 77. 4% 。

表 8—1　2007—2013 年美国服务业对外直接投资占总对外直接投资比例

	2007	2008	2009	2010	2011	2012	2013
服务业对外直接投资流量 单位：百万美元	289558	215682	214463	220654	286968	212139	223399
总对外直接投资流量 单位：百万美元	393518	308296	287901	277779	396569	311347	328343

续表

	2007	2008	2009	2010	2011	2012	2013
服务业对外直接投资占总对外直接投资份额 单位:%	73.58	69.96	74.49	79.44	72.36	68.14	68.04

数据来源：美国经济分析局。

从表8—1中可以看出，2007—2009年美国服务业对外直接投资占总对外直接投资的比例以较快的速度上升，而2009—2011年速度稍有放缓。2011—2013年，该比例略有下降。

2. 行业分布

总的来说，美国的服务业对外直接投资主要分布在非银行业控股公司、金融与保险等行业中。其中，2013年，非银行业控股公司和金融与保险行业所占比例较大，两者之和所占比例超过80%。而在所有行业中，非银行业控股公司所占比例最大，达到60%。其次是金融与保险行业，占到21%。

表8—2　2007—2013年美国服务业对外直接投资的行业分布（单位：百万美元）

服务业分类	2007年	2008年	2009年	2010年	2011年	2012年	2013年
信息服务	116923	130985	135088	126063	133658	147705	157465
出版业	62121	77867	60029	56526	63399	69282	74563
电影、录音行业	13086	10818	14465	8517	8496	9534	9589
广播（除网络）和电信	22124	18942	31866	31263	35424	41276	43014
数据处理等信息服务	3924	6775	7423	6559	6540	6622	7673
存款机构银行业	123202	128301	124600	118585	101240	107712	105965
金融和保险	649773	686551	722537	734859	733469	764867	767181
除存款机构的金融行业	518359	564302	580122	597853	596566	607645	615910
保险行业	131415	122250	142415	137006	136903	157222	151270
专业技术服务	81344	77393	79548	81874	81503	91497	98841
非银行业控股公司	1039045	1198220	1444844	1584903	1808505	1983323	2153281

续表

服务业分类	2007 年	2008 年	2009 年	2010 年	2011 年	2012 年	2013 年
其他服务业	207466	218845	227491	235764	274178	297121	310849
农牧畜渔业	1111	945	2007	2175	3431	3867	5018
公用事业	9610	7375	5053	5661	8640	10754	11910
建筑行业	1625	2141	2508	2561	1892	2397	2967
零售业	32354	36991	42582	48449	62967	67128	64998
运输与仓储	21658	25371	31948	35550	37211	42089	46647
房地产和租赁服务	90066	98832	88663	86980	105123	108823	113946
行政、支持和废物管理	16061	12521	17579	16801	16984	17972	19927
废物管理和补救措施的服务	1177	1168	1389	1542	2238	1830	1318
医疗保健和社会援助	858	992	668	813	1273	1165	1213
住宿及膳食服务	23341	20408	24381	24772	23155	28534	28826
杂项服务	10784	13269	12105	12001	13503	14391	15397
教育服务	730	841	1493	1974	1954	2149	2438
娱乐服务	6879	8554	5876	5731	6547	7706	8399
其他服务	3175	3874	4735	4297	5003	4536	4560

数据来源：美国经济分析局。

（二）日本

20 世纪 50 年代以来，经过 50 多年的发展，日本已然成为世界重要的对外直接投资大国之一。随着信息技术革命的深入，其对外直接投资的资本实力、技术水平、管理和营销能力都得到迅速提升，因而对服务业的海外投资也异常活跃。

图 8—3 显示的是 2005—2013 年日本服务业对外直接投资（流量）的情况。可以看出 2005—2006 年，日本服务业对外投资有所下降。而 2006—2008 年则以非常快的速度上升，在两年时间内从大约 85 亿美元上升到 728 亿美元。但是 2008 年到 2010 年，由于受到金融危机等多种原因的冲击，其服务业对外直接投资又发生了大幅度的下降，两年之内从 2008 年的峰值 728 亿美元下降到 2010 年的 282 亿美元。之后一直到 2013 年逐步上升，当年日本服务业对外直接投资达 758 亿美元。

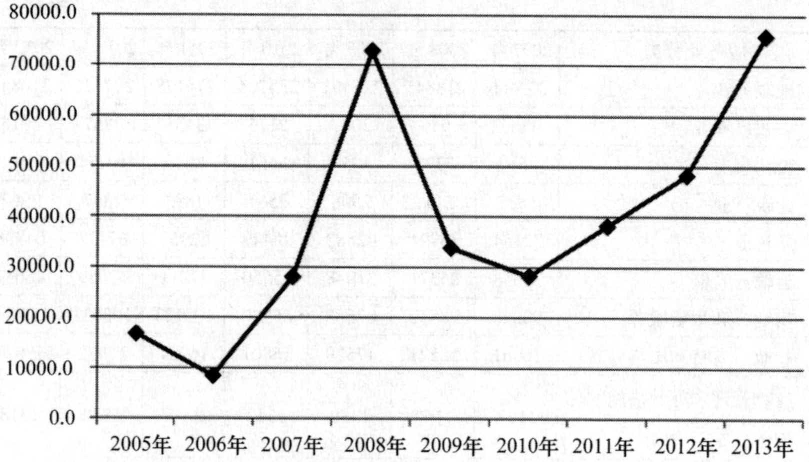

图 8—3　2005—2013 年日本服务业对外直接投资金额（单位：百万美元）

数据来源：通过日本贸易振兴机构数据整理而得。

在行业分布方面，从图 8—4 中可以看出，2013 年日本的服务业对外直接投资集中于金融保险业和通信业上，其中金融保险业占到总服务

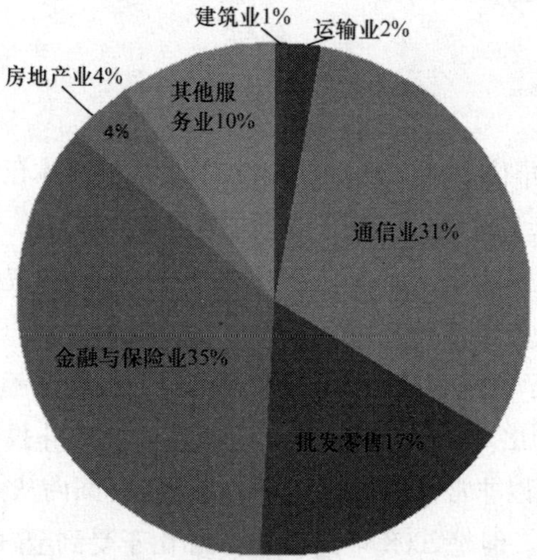

图 8—4　2013 年日本各服务业对外直接投资占服务业对外直接总投资比例

数据来源：通过日本贸易振兴机构数据整理而得。

业对外直接投资的35%，通信业占到31%。排在第三的是批发零售业，占到总对外直接投资的17%。这三个行业的对外直接投资占日本总对外直接投资的83%。

（三）韩国

自1997年韩国的跨国企业进入全面自由化的对外投资时代以来，韩国的对外直接投资呈上升趋势，其中也有一些年份的投资额有些许波动。在总的对外直接投资中，服务业投资所占比例较高，并且在波动中略有下降。

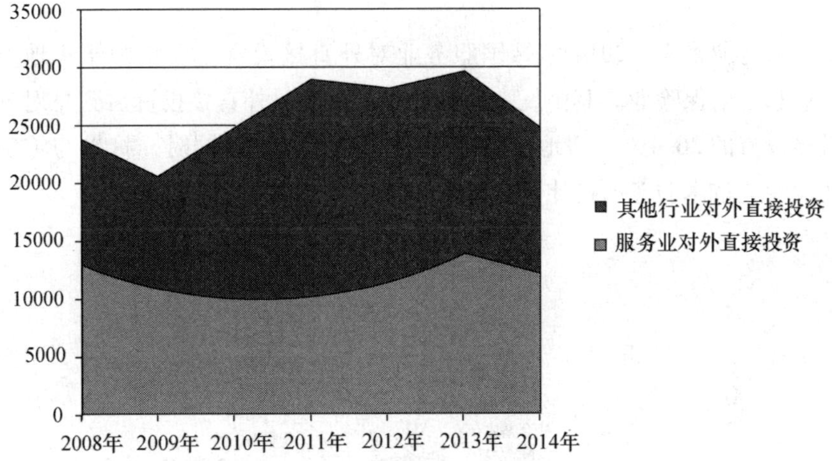

图8—5　2008—2014年韩国服务业和其他行业对外直接投资情况

数据来源：由韩国进出口银行数据整理而得。

2008—2014年韩国服务业对外直接投资占总对外直接投资比例图可以看出，韩国的服务业对外直接投资占总对外直接投资的比例在2008年到2011年有所下降，从54.7%下降到36.6%。但2012—2014年又有所回升，2014年韩国服务业对外直接投资占总对外直接投资比例达49.9%。

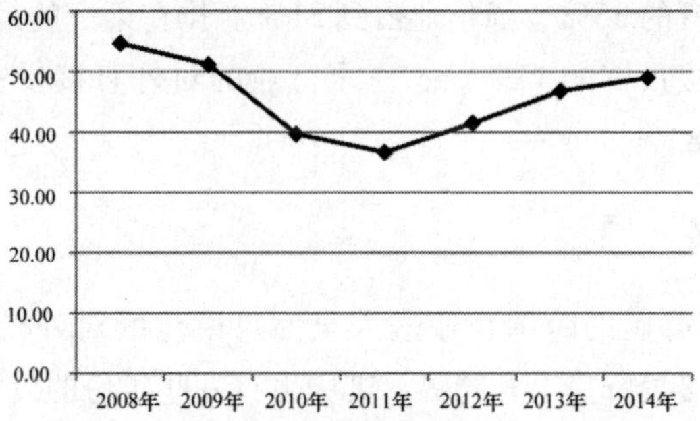

图 8—6　2008—2014 年韩国服务业对外直接投资占对外直接投资比例（%）

数据来源：由韩国进出口银行数据整理而得。

从行业来看，2014 年韩国服务业对外直接投资主要集中于房地产行业和金融保险业。其中，金融与保险行业的对外直接投资占到总对外直接投资的 26.4%，房地产行业占到 25.1%。与此同时，批发与零售业及专业技术服务所占比例也较大，分别为 11.9% 和 10.3%。

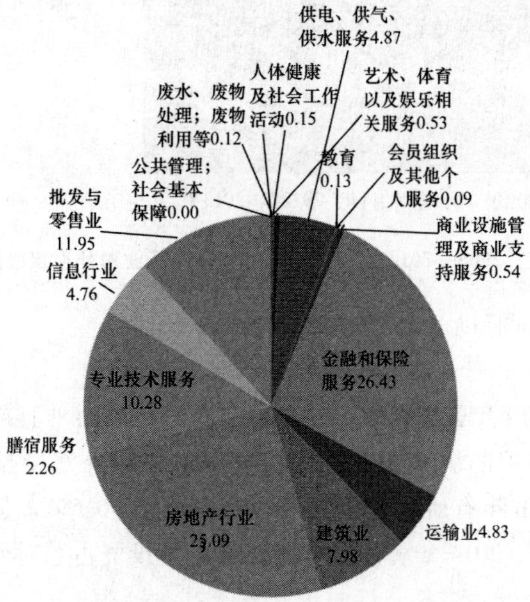

图 8—7　2014 年韩国服务业 FDI 占对外直接投资的比例（单位：%）

数据来源：由韩国进出口银行数据整理而得。

第二节　中国服务业对外投资现状与问题

中国服务业对外直接投资起步较晚，但发展很快。目前，服务业已经成为中国对外直接投资的主要行业，成为大规模“走出去”的主要力量。

一、中国服务业对外直接投资主要特点

对外直接投资已经成为开放型经济发展的新亮点。其中，服务业对外直接投资多年以来一直是对外直接投资的主要行业。

（一）对外直接投资的规模

从整个对外投资来看，中国从2007年到2015年在规模上取得了质的飞跃。2007年中国的对外直接投资流量仅为265亿美元，2015年对外直接投资流量为1457亿美元，仅次于美国排名世界第二。

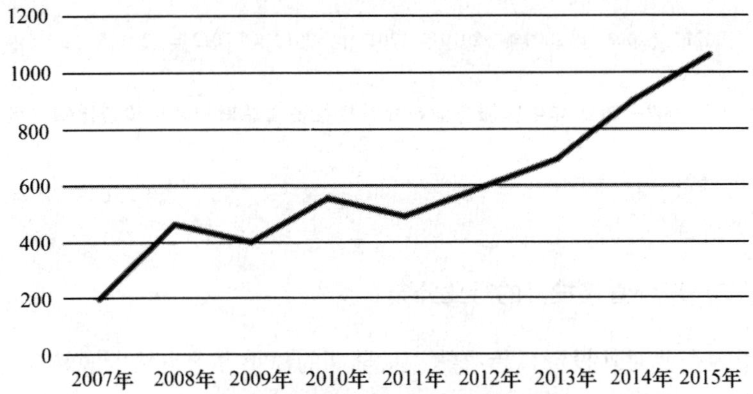

图8—8　2007—2015年中国服务业对外直接投资（单位：亿美元）

数据来源：国家统计局。

而从2007年到2015年的数据来看，中国服务业的对外直接投资①也在波动中呈上升趋势。从2007年的195.6亿美元上升到2015年的1059.9亿美元。

多年以来，服务业在中国对外直接投资中占有重要地位。近几年，中国在资源开发、制造业等领域的海外投资规模逐年扩大，服务业领域的海外投资规模也持续蓬勃发展，因此服务业占中国对外直接投资总净额的比例仍保持在高位。2007年，服务业对外直接投资占中国总对外直接投资的73.8%，2015年为72.8%。

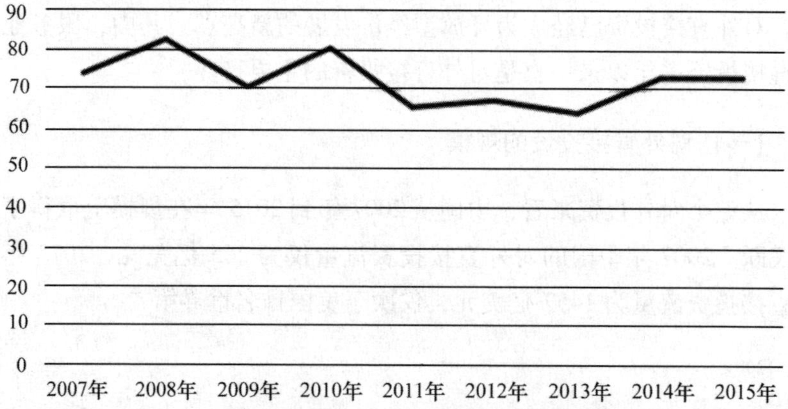

图8—9　2007—2015年中国服务业对外直接投资占总对外直接投资比例（%）

数据来源：国家统计局。

（二）对外直接投资的行业分布

中国企业对外投资日趋成熟，从早期的倚重寻求自然资源转向全球战略布局。投资产业由早期集中在能源矿产类扩展到科技、地产、金融、农业、医疗等多个领域。

① 服务业对外直接投资额＝对外直接投资额－农、林、牧、渔业对外直接投资额－采矿业对外直接投资额－制造业对外直接投资额－电力、燃气及水的生产和供应业对外直接投资额－建筑业对外直接投资额。

从服务行业内部分布看，一直以来，中国海外服务业投资主要集中于批发和零售业、租赁和商务服务业、投资平台公司。2015 年中国服务业对外直接投资流量中，租赁和商务服务业为 362.6 亿美元，约占 34.2%，这些不从事具体经营业务的企业总部的投资，以及总部下属单位的投资及下属单位的利润再投资，均包含在这一领域当中，因此其投资流量和存量非常高。近年来，中国对海外服务业的投资已拓展至金融、交通运输业、文化产业、信息技术和服务外包、研发等行业。2015 年万达跨国并购了盈方体育、世界铁人公司、澳洲 HOYTS 院线、传奇影业，投资西班牙马德里竞技足球俱乐部等，海外总投资额超过 50 亿美元。截至 2015 年 12 月 30 日，万达集团海外投资总额已超过 150 亿美元，其中在美投资 100 亿美元。2015 年，金融服务业对外直接投资额

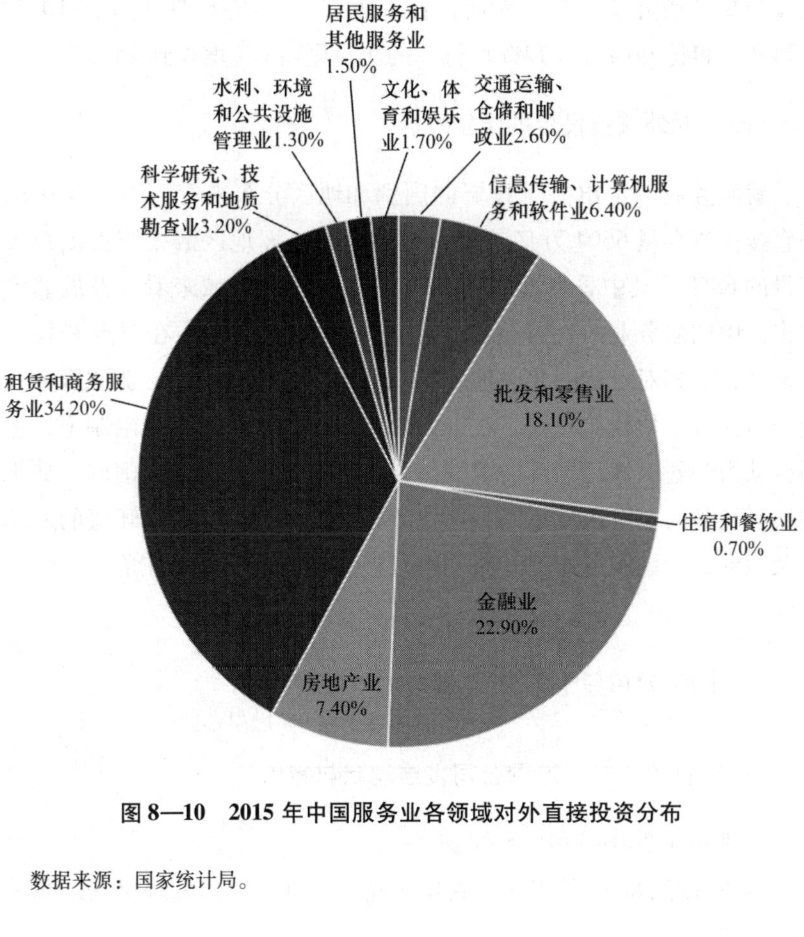

图 8—10 2015 年中国服务业各领域对外直接投资分布

数据来源：国家统计局。

为242.5亿美元，约占22.9%；批发和零售业为192.2亿美元，约占18.1%，其中主要是贸易类投资。这三个行业的对外直接投资约占总服务业对外直接投资的75.2%。值得注意的是，中国对知识、技术和人力资本密集型行业的对外投资比较有限，科学研究等行业的对外直接投资所占比例非常小，2015年只占到3.16%。

（三）对外直接投资的方式

绿地投资和跨境并购是对外直接投资的两种主要方式。据商务部统计，2004—2015年，跨国并购交易金额从30亿美元增长到544.4亿美元。根据安永发布的《中国对外直接投资展望2015》报告，中国服务业通过并购方式进行的直接投资比例也呈上升趋势。2015年，中国公司能源矿产类并购交易金额所占比重由2010年的61%下降到10.5%；而科技、媒体和通信（TMT）行业的比重则由6%增长到24.6%。

（四）对外直接投资的国别地区

就服务业“走出去”投资的国别和地区分布来看，2014年中国对外直接投资存量6604万亿美元，其中流向亚洲地区的投资占据总投资存量的68%，其中香港地区占57%。从分布的区域来看，发展非常不平衡，中国服务业对外直接投资存量有90%以上集中在亚洲和拉丁美洲地区，而相对发达的北美地区和欧洲投资量相对很少。造成服务业投资分布区域不均衡的原因是在中国投资规模和生产成本的限制下，廉价的劳动力和暂时满足国际需求的差异化产品的竞争力将被削弱，如果不加快开发新的投资区域市场，抓住居民收入高、消费需求旺盛的发达国家及地区，中国服务业FDI将面临被挤出国际市场的潜在危险。

二、跨国公司与中国服务业跨国公司培育

（一）世界服务业跨国公司发展现状与特点

1. 服务业跨国公司发展迅速

自20世纪60年代以来，跨国公司在全球范围内发展迅猛。当前跨

国公司的直接对外投资占全世界固定资本形成的12%以上，投资存量占全球GDP的22%以上，海外分支机构的价值增值约占全球GDP总额的11%，跨国公司生产的产品总值达到世界GDP总额的25%以上。

2000年以来，服务业跨国公司在全球500强企业的比例一直在半数以上，并且在以每100家企业为一个测度的五个层次的排名中，服务业在各层中所分布的比重比较均匀。随着世界经济服务业趋势加速发展，制造业与服务业的融合更加紧密，传统制造业跨国公司的服务业务占比越来越大，不少制造业企业都转型为服务型跨国公司。目前，排名世界前100强的跨国公司，服务业企业占绝大多数，主要涉及金融保险业、批发与零售服务业、运输仓储业等领域。

2. 服务业领域跨境并购成为重要投资方式

事实上，从20世纪90年代起，企业并购已然成为跨国公司广泛使用的进入国际市场并进行扩张的方式。到21世纪，它们极大程度上驱动了FDI的兴起。但是，绝大多数的企业并购都发生在服务业。它们在全球跨国并购中的份额从1990年的36%左右上升到2000年的63%，在接下来的经济滑坡年份中保持着较为稳定的水平。2008年金融危机导致全球并购交易骤降，2009年全球并购交易规模仅为6880亿美元。从2011年开始，全球并购交易开始复苏，在服务业领域的跨国并购也增多起来。例如，美国联邦快递于2015年4月宣布巨额收购荷兰的TNT快递公司。对于中国而言，2015年对外投资并购项目579起，涉及62个国家和地区，实际交易总额544.4亿美元，其中直接投资372.8亿美元，占当年中国对外直接投资总额的25.6%。中国化工橡胶有限公司52.9亿美元收购意大利倍耐力集团公司近60%的股份，是2015年中国企业实施的最大海外并购项目。2015年中国企业对外投资并购涉及制造业，信息传输、软件和信息技术服务业，采矿业，文化、体育和娱乐业，租赁和商务服务业等18个行业大类，相比2014年新增了水利、环境和公共设施管理类并购项目。从并购金额上看，制造业137.2亿美元，同比增长13.4%，位居首位，涉及137个项目；信息传输、软件和信息技术服务业84.1亿美元，同比增长135.6%，位列次席；金融业66.1亿美元，同比增长217.8%。

3. 非股权形式投资普遍

服务业的跨国公司的参与形式大多是非股权形式，这也是服务业与制造业跨国公司活动的突出差别之一。这些非股权形式包括特许经营、管理合同、承包、BOT 及 BTO 工程项目。在一些服务业，比如旅馆、饭店等专业服务中，非股权形式是重要甚至是主要的形式。这种情况的出现主要是因为服务业的竞争优势主要是以知识为基础的无形资产，并且跨国公司转移的关键知识是可编译的，在股权基础的经营中，它们可能平等地受到很好的保护并完善非股权基础的安排。

（二）中国服务业跨国公司现状

最近 10 多年来，随着中国企业“走出去”步伐加快，中国跨国公司数量和规模不断发展壮大。目前，中国跨国公司进入世界 500 强的数量达 31 家，在世界各国排名中居第五位。

表 8—3　2015 年《世界品牌 500 强》入选数最多的 8 个国家

名次	国家	数量	曾入选《世界 500 强》数量
1	美国	228	227
2	英国	44	42
3	法国	42	44
4	日本	37	39
5	中国	31	29
6	德国	25	23
7	瑞士	22	21
8	意大利	17	18

资料来源：《财富》杂志。

从排名 100 强的企业名单来看，进入这个名单的主要是金融企业。2006—2015 年，进入《财富》100 强的中国企业数量由 1 家增加到 18 家，其中金融企业达 7 家，占四成。而值得一提的是，华为投资控股有限公司、联想集团两家高科技信息服务企业分列全球《财富》500 强第 231 位、286 位。

表 8—4　2015 年《财富》世界 100 强排行榜中国入榜企业名单一览表

排名	2015 年排名	公司名称（中英文）	营业收入（百万美元）	利润（百万美元）	国家
2	3	中国石油化工集团公司（SINOPEC GROUP）	446811	5177	中国
4	4	中国石油天然气集团公司（CHINA NATIONAL PETROLEUM）	428620	16359. 5	中国
7	7	国家电网公司（STATE GRID）	339426. 5	9796. 2	中国
18	25	中国工商银行（INDUSTRIAL & COMMERCIAL BANK OF CHINA）	163174. 9	44763. 9	中国
29	38	中国建设银行（CHINA CONSTRUCTTON BANK）	139932. 5	36976. 6	中国
31	32	鸿海精密工业股份有限公司（HON HAI PRECISION INDUSTRY）	139039. 4	4307. 8	中国
36	47	中国农业银行（AGRICULTURAL BANK OF CHINA）	130047. 7	29126. 4	中国
37	52	中国建筑股份有限公司（CHINA STATE CONSTRUCTION ENGINEERING）	129887. 1	2079. 1	中国
45	59	中国银行（BANK OF CHINA）	120946	27525. 1	中国
55	55	中国移动通信集团公司（CHINA MOBILE COMMUNICATTONS）	107529. 4	10451. 2	中国
60	85	上海汽车集团股份有限公司（SAIC MOTOR）	102248. 6	4540. 1	中国
71	—	中国铁路工程总公司（China Railway Engineering）	99537. 9	959. 9	中国
72	79	中国海洋石油总公司（CHINA NATIONAL OFFSHORE OIL）	99262. 2	8592. 6	中国
77	76	来宝集团（NOBLE GROUP）	97604. 6	132	中国

续表

排名	2015年排名	公司名称（中英文）	营业收入（百万美元）	利润（百万美元）	国家
79	80	中国铁道建筑总公司（CHINA RAILWAY CONSTRUCTION）	96395.2	1154.2	中国
87	122	国家开发银行（China Development Bank）	89908.4	15921.5	中国
94	98	中国人寿保险（集团）公司（CHINA LIFE INSURANCE）	87249.3	1687.5	中国
96	128	中国平安保险（集团）股份有限公司（PING AN INSURANCE）	86021.8	6374.9	中国

资料来源：《财富》杂志。

从全球跨国公司相关排名来看，5家中国跨国公司入选2014年“世界最大的100家非金融类跨国公司”榜单（其中中国内地跨国公司3家），40家中国跨国公司入选2014年“发展中国家和地区最大的100家非金融类跨国公司”榜单（其中入选的中国内地跨国公司有12家），入选2015年“全球500强”榜单的中国企业更是达到106家，其中入选的内地企业94家。《中国跨国公司发展报告（2015）》认为：“中国跨国公司从无到有、从小到大、从少到多，已经逐渐发展成为全球跨国公司大家庭的重要组成部分。”不过同世界主要发达国家相比，中国跨国公司的发展还有很长一段路要走。

按照境外资产排名的2014年全球最大100家非金融类跨国公司，境外资产规模合计达8.1万亿美元，其境外资产平均值为810亿美元；入选的中国内地企业只有3家，分别为中信集团、中国远洋集团和中海油集团，其境外资产分别为786亿美元、434.5亿美元和342.7亿美元，均低于810亿美元的全球境外资产平均值，特别是后两家境外资产同全球平均值差距较大。

表 8—5　入选 2014 年全球前 100 名非金融类跨国公司的中国内地企业

公司名称	行业	海外资产排名	境外资产额（百万美元）
中信集团	多样化	36	78602
中国远洋运输（集团）总公司	交通、仓储	73	43452
中国海洋石油总公司	石油加工、提炼、分销	98	34276

数据来源：联合国贸发会议网站（www. unctad. org/wir）。

2014 年发展中和转型经济体排名前 100 位的非金融类跨国公司，其境外资产规模合计达 1.5 万亿美元；入选的中国内地企业有 12 家，中国铁建集团排名最后，其境外资产仅 37.61 亿美元。中国跨国公司海外资产规模虽然不高，但增长较快。以 2013 年、2014 年连续两年入选全球前 100 位的非金融类跨国公司的中信集团和中国远洋集团为例，其境外资产和上年度相比分别增长了 9.9% 和 7.5%。

表 8—6　入选发展中和转型经济体 100 强非金融类跨国公司中的中国内地企业

公司名称	行业	海外资产排名	境外资产额（百万美元）
中信集团	多样化	2	78602
中国远洋运输（集团）总公司	交通、仓储	2	43452
中国海洋石油总公司	石油加工、提炼、分销	7	34276
中国石油天然气集团公司	石油加工、提炼、分销	24	19284
中国中化集团公司	石油加工、提炼、分销	35	14704
联想集团有限公司	电子及电子设备	44	11962
中国移动有限公司	电信	61	8349
中国电子信息产业集团公司	电子	68	7784
中粮集团有限公司	食品、饮品及烟草制品	77	5952
中国石油化工集团公司	石油加工、提炼、分销	85	5030
中国五矿集团公司	金属及金属产品	89	4885
中国铁道建筑总公司	建筑	100	3761

数据来源：联合国贸发会议网站（www. unctad. org/wir）。

第三节 加快中国服务业对外直接投资的思路与建议

一、加强服务业对外直接投资的战略规划引导

服务业对外直接投资在中国对外直接投资总体战略中占有重要地位，它是反映中国海外直接投资发展阶段，促进海外直接投资可持续发展的重要力量，对国内产业结构调整、推动经济发展模式转型均具有重要意义。一方面，服务业海外直接投资对于能源资源、制造业对外直接投资起到重要支撑作用，能够很大程度改善中国整体海外直接投资能力与效益。另一方面，服务业作为一个独立的产业，随着服务业国际化深化发展，唯有开展海外直接投资，才能抢抓海外服务业市场，促进海外服务销售，扩大服务贸易出口。尤其是金融服务业的海外投资，对于中国海外投资与贸易都起到非常重要的支撑作用，它是衡量国家对外投资整体竞争力的重要指标。为此，政府应加强对服务业海外直接投资的规划引导，通过制定长期性、全局性和战略性的规划与方案，对服务业海外投资重点领域开展布局，研究制定促进政策与举措，这不仅有利于提升中国服务企业海外投资的整体水平，也有利于促进对外经济和国民经济的战略性调整与转型。

二、完善服务业对外直接投资的法律法规建设

要对服务业对外直接投资实施有效的宏观管理，建立完整科学的体制和配套的法律法规也是十分必要的。首先，政府主管部门在服务业对外直接投资方面应当建立更为细致的相关管理体制。中国对服务业境外投资的立法还比较落后，因此在法律法规方面，需要尽快与国际法和国际惯例接轨。尤其是要完善知识产权法，保护知识产权，这有利于发挥知识产权在促进服务业对外直接投资中的积极作用。

与此同时，政府在服务业对外直接投资的风险保障方面也应当建立相应的有效制度。中国服务业企业在国际市场经营时，缺乏政府保障的对外投资保险制度，对于对外投资在国外可能遇到的政治风险等不能获

得保护。随着越来越多的企业到世界各国投资，企业面临的政治风险等非商业风险也会越来越多，为把企业的对外投资风险减少到最低程度，政府应当建立对外投资保险制度，从而推动中国服务业对外直接投资的进一步发展。

三、完善支持和促进服务业海外投资的政策体系

中国服务业企业在海外直接投资与运营离不开政府的鼓励与政策支持，应当在加强法律制度管理的同时，进一步完善支持和促进服务业海外投资的自由化、便利化和服务保障政策。

首先，应进一步提高服务业对外直接投资自由化和便利化水平。服务业海外直接投资是中国对外开放程度的重要指标，也是扩大服务贸易（服务业海外销售）的重要渠道。必须进一步简化服务业海外投资的备案与审批程序，为服务业扩大海外投资规模创造宽松自由的环境。目前，中国对海外直接投资实施备案制度，仅对敏感地区和敏感行业的海外投资进行审批。针对服务业海外投资特点，应进一步改革简化资本金汇出、营业收入与经营费用的外汇收支管理。

其次，进一步完善服务业海外直接投资的促进与服务体系。针对服务业不同行业和领域，制定相应的投资促进与服务体系，积极鼓励服务企业建立海外分支机构，扩大商业存在形式的服务贸易。对于运输物流、信息技术和服务外包、专业服务、研发设计等生产性服务业，研究出台相应的鼓励与促进政策。针对服务业各行业特点，利用国家财政资金提供海外服务业市场的公共信息服务，为服务企业开拓海外市场创造条件。政府可以设立专项扶持基金，为有对外投资需求却面临资金困难的中小型企业提供资金扶持，而对于投资于政府鼓励的重点领域、行业的服务业企业可提供财政补贴等。

第三，积极商签《避免双重征税协议》，为企业营造良好的国际税收政策环境。对外直接投资的服务业企业及其海外子公司应当获得一定的税收减免与优惠，并且在对外投资过程中所带动的出口设备等产品方面，应当免征关税或者实施出口退税政策。

四、优化海外投资产业结构

首先，对于传统的批发零售、租赁和商务服务、建筑服务等产业，

应着力建设现代商业模式，通过收购当地零售企业、购物中心，新建专卖店等途径，占领东道国市场的销售终端。对于建筑服务业，应以工程承包与直接投资相结合，推动建营一体的商业模式，获取持续的商业利益。

其次，对于金融、物流运输、研发设计、会计法律等专业服务等现代服务业，应积极引导、加强海外投资与网点布局，为中国在能源资源、制造业领域的海外投资提供金融、物流运输和专业咨询服务支撑。会计法律事务所应通过设立分所、参加海外网络、建立业务联盟等途径，开拓海外市场，为中国“走出去”企业服务。

最后，对于信息技术、服务外包、互联网服务等中国具有优势的新兴服务产业，应加快“走出去”步伐，通过并购或新设公司等途径，接近市场、获取最及时信息、加强与客户沟通，结合国内低成本的高技术工程师和研发团队优势，形成信息技术服务、服务外包和互联网服务的核心竞争力。

与此同时，服务业企业应当注重采取本土化战略，积极吸引使用东道国的员工和管理人才，树立为当地服务的意识。据相关数据显示，目前中国大多数企业，尤其是建筑业的企业，从普通员工到高管人员几乎都是由国内调到东道国去的，这种方式将十分不利于为当地服务和融入东道国的经济发展。

五、增强服务业跨国企业竞争力

一是培育国有跨国公司和民营跨国公司两股力量，相互协作、抱团式走出去。从目前来看，世界经贸强国一般都以西方发达国家的私有经济为主体。作为西方发达国家经贸强国的重要标志，跨国公司一般为非国有企业。而中国作为社会主义国家，拥有大量的国有企业，包括中央国有企业和地方国有企业。中国建设经贸强国的主体或建成经贸强国的重要标志，是形成一批在各行各行有全球竞争力的跨国公司，他们的所有制性质不仅仅是民营，还包括国有。中国不仅在装备制造、资源开发、生产加工等领域有一批国有大中型企业，在金融、电信、航运、信息软件、旅游饭店、建筑服务等领域，也有一批国有大中型企业，这些服务类企业是中国服务业海外投资的中坚力量。必须积极推进国有大中型服务企业积极开拓国际市场，提高其在参与国际竞争合作中的核心竞争力。

二是中国服务业企业要以“一带一路”建设为重点，走“农村包围城市”道路。亚非拉发展中国家是中国企业走出去的主战场，中国资本、中国技术、中国装备、中国服务以及中国方案的主要市场都集中在发展中国家。因此，要充分利用相对于发展中国家的优势，以参与建设“一带一路”为契机，在输出中国资本、中国装备和中国方案的同时，积极输出中国技术、中国服务。要把中国服务打造成为与中国制造齐名的闪亮名片。

第三，服务企业必须注重培育自主品牌，只有这样才能成功“走出去”参与国际市场竞争。中国公司应当认识到，公司的成长离不开自主品牌和自主知识产权。而国外具有强大竞争力的服务产品无一例外地具有驰名世界的品牌或商标。因此，中国服务企业必须拥有品牌意识，同时优化企业组织结构，增强企业实力，培育出一批多元投资主体的大公司或大集团。

第九章
中国服务贸易发展的战略思路

第一节 全面提升服务贸易在开放型经济中的战略地位

当前，中国开放型经济规模居世界前列，货物贸易连续三年居世界第一位，双向投资规模双双超过千亿美元，正处于从量的扩张到质的飞跃转折阶段。2015 年，中国服务业增加值首次超过 50%，服务业在消费中的占比超过 60%，在固定资产投资中的占比超过 70%，是吸纳新增就业的主要领域。服务业在国民经济中的地位空前提高，服务经济的时代正在来临。经济结构的巨大变化必然会对中国开放型经济发展产生重大而深远的影响。当前，中国开放型经济正面临由大到强转变的关节点上，开放型经济发展方向和战略面临选择。据商务部统计，2015 年中国服务贸易额达 7130 亿美元，占服务业增加值比重约 13%，占货物和服务总出口比重约 15.3%，服务业占利用外资比重达 63.8%，开放型经济的服务化趋势已初现苗头。如何应对开放型经济发展环境和发展趋势变化，实现开放型经济发展方向和战略重点的转移，是决定今后一个时期中国开放型经济发展成效的关键。

一、服务经济条件下开放型经济特点

与制造业为主导的开放型经济相比，服务经济条件下的开放型经济发展具有以下特点：

一是服务业在对外贸易中的地位明显较高。一方面，服务贸易规模不断扩大，与货物贸易的相对地位明显上升。例如 2015 年美国服务出

口占货物和服务总出口的31%，美国服务贸易顺差高达2210亿美元，是对外贸易竞争力的主要来源。另一方面，货物贸易中的服务业增加值更高。由于服务的可贸易性较低，金融、专利和技术、品牌等服务增加值构成了货物贸易产品价值的主要来源，服务成为形成货物贸易竞争优势、改善货物贸易条件的主要因素。

二是服务业成为国际投资的主要领域。在服务经济条件下，人力资本、技术知识不断积累，制度环境不断完善，这为高知识含量、高附加值的服务产业投资发展创造了有利条件。发达国家之间服务业内部之间的相互投资成为当前国际投资的重要特点之一。而发展中国家随着服务经济的发展也逐步由承接制造业国际转移开始转身承接更多服务业国际转移。同时，受国内制造成本上升，服务业对经济要素资源的集聚等影响，部分国内发展成熟的制造业开始向国外转移。日本、韩国、台湾地区等经济体都经历了这一过程。

三是针对服务经济的高标准开放模式将被引入。一般来说，进入服务经济时代，制造业的开放已经达到较高水平。但是，在服务经济条件下，高标准开放的重点已不在制造业，而转向了服务业。服务业开始成为参与国际经贸规则制定和区域经济一体化谈判的主要关注点。同时，针对服务业开放的边境后措施，准入前国民待遇和负面清单管理模式等将被普遍采用。而以关税减让为重点的边境管理措施自由化和便利化退居其次。因此，服务经济时代的开放将直接涉及国内法律制度和商业习惯，这将更加直接更加深入地与居民的生产生活方式联系在一起，改变的不仅是经济产业，也将对社会文化、居民的生活状态产生深刻影响。

二、开放型经济发展战略和重点向服务经济转向

在迈向服务经济的转折点，中国开放型经济发展的目标内涵、发展方向和重点，以及战略和政策应做相应调整。

（一）开放型经济发展内涵和目标将大大拓展

从开放型经济发展内涵看，把服务业置于更加重要地位，服务业与制造业成为开放型经济的两大基本内容，这是更加成熟的开放型经济体系的重要标志。服务贸易、服务业国际投资和服务业国际规则制定与货

物贸易、制造业国际投资和制造业经贸规则制定一样，都是开放型经济不可或缺的重要内容，这将使中国开放型经济内涵更加丰富和全面。

从开放型经济发展目标看，把服务业纳入开放型经济体系范畴，本身就是对开放型经济发展提出的更高要求。发展高层次开放型经济，建设开放型经济强国目标，即规模大、结构优、地位高（价值链地位）、效益好、影响力大、具有规则制定权等，都涉及服务经济的内涵，同时对制造业领域实现上述目标也有重大支撑作用。可以说，不把服务经济纳入开放型经济范畴，中国就难以建成高层次开放型经济，难以实现开放型经济强国目标。

（二）开放型经济发展方向和重点面临调整改变

作为传统的世界制造业大国，中国初步建立了制造业的国际竞争优势。一直以来中国在改革开放、对外贸易、国际投资、经贸规则制定等领域都以制造业为重点。即使当前提出的供给侧改革、创新驱动、“一带一路”等国家战略，仍习惯以制造业作为重点突破方向和主要着力点。这与中国服务业发展相对滞后，服务业国际竞争力不强有关。事实上，解决中国制造业领域的问题，不仅仅要从制造业入手，还要从与制造业有关的服务业入手。去制造业产能的同时，还要补上优质服务的供给缺口；提高制造业竞争力和发展效益，就是要弥补研发设计、品牌推广、金融服务等服务业发展短板。

（三）开放型经济发展战略和政策亟待优化设计

长期以来，中国开放型经济战略和政策主要针对加工制造业设计。例如，在货物贸易领域中国建立了完善有效的财政、税收、金融等促进政策体系，完善了具有中国特色的加工贸易监管与促进体系，形成了经济开发区、高新技术产业园区和海关特殊监管区等一系列制造业引资促进平台和外贸发展平台，有力地促进了制造业领域利用外资和货物贸易发展。然而，在服务经济时代，过去对制造业和货物贸易行之有效的政策手段并不一定适用。服务业领域外资更看重市场准入条件、人力资源状况、市场运行环境和国内经济制度等，而对土地、税费减免等优惠政策并不十分敏感。服务贸易领域的出口退税和贸易融资等促进政策的操作性和可行性并不如货物贸易领域那样高，还需要在探索试验中发展完善。因此，以服务经济为主导的开放型经济战略和政策需要进一步优化调整，既要加大对服务业开放合作的促进支持力度，又不能简单照搬制造业和货物贸易的做法。

第二节　加强服务贸易发展宏观战略筹划

过去35年中国经济发展的辉煌主要是由制造业推动和贡献的。中国经济发展下一个阶段的任务将主要由服务业承担，这是经济发展客观规律和世界各国发展的历史经验所证明了的。在这一背景下，服务业和服务贸易不再是经济发展的配角。因此，在经济新常态下，中国服务业和服务贸易肩负着重大的历史使命，其在经济贸易中的地位也将提升到战略高度。

一、战略定位

服务贸易是服务产业的国际化形态，服务贸易、服务产业和服务业投资共同支撑服务经济发展。应当立足服务经济，对服务贸易在国民经济中的地位加以新认识。今后5—10年是中国经济从数量赶超转向质量赶超的关键时期，“中国服务”升级“中国制造”，建设服务贸易和货物贸易双强国，是新常态下发展服务业和服务贸易的总体要求和战略定位。

一是拉动经济可持续增长的主引擎。2013年，中国第三产业（服务业）增加值占GDP的46.0%，已经超过制造业，成为国民经济的第一大产业，2015年首次超过50%，2016年超过52%。然而，与其他国家相比，服务业在国民经济中的地位以及在拉动经济增长贡献方面还有巨大的提升空间，如2013年美国、德国、日本、英国服务业占比分别达到65%、67.2%、66.3%、80%，服务业已经成为发达国家和地区经济增长的主要动力源泉。而包括巴西、智利等在内的许多发展中国家服务业占GDP的比例也已超过55%，2013年印度服务业占其GDP的比例也达48.6%。对中国而言，在经济新常态下，服务业更应当成为拉动经济增长的主要动力源泉。

二是提供高质量就业机会的主渠道。从世界范围看，无论是发达国家还是发展中国家，服务业都是提供高质量就业机会的重要渠道。2012年中国服务业占总就业比重达40.1%，是吸收就业人数最多的行业，但与其他国家相比，这一比例还有继续上升的空间。如2012年美国、德国、服务业占就业的比重分别达67.9%、67.5%、66.7%，而同期巴西、智利的服务业就业占比分别高达66%和55.7%。因此，未来中国服务业发展定位应当是提供高质量就业机会的主要渠道，今后中国服务业就业比重还应进一步提高。

三是参与国际竞争合作的主要领域。改革开放以来，中国制造业和货物贸易一直是国际贸易和国际投资合作的主要领域，也是参与国际竞争合作的优势领域。然而，随着中国劳动力、土地、资源能源等要素成本上升，制造业和货物贸易的传统竞争优势有所弱化。为主动适应经济发展新常态，必须加快培育服务业和服务贸易领域的国际竞争合作新优势，逐步把服务业和服务贸易打造成参与国际竞争合作的主要领域。

二、战略目标

（一）规划目标

商务部编制的服务贸易发展“十三五”规划，确立了“扩规模、优结构、增动力、强基础、促平衡”的发展思路和目标。

一是扩规模。进一步巩固服务贸易大国地位，努力迈向服务贸易强国。“十三五”期间力争服务贸易保持10%左右的年均增速，到2020年，服务进出口额超过1万亿美元，全球占比逐年提高。

二是优结构。知识密集型和高附加值服务出口占比持续提升，人力资源密集型和中国特色服务出口优势进一步巩固，形成一批先进型服务贸易企业品牌。增加国内急需的生产性服务进口，实现服务进口、出口协调发展。服务贸易在开放型经济发展中的战略地位显著提升，为建设贸易强国和构建开放型经济新体制做出重要贡献。

三是增动力。创新成为服务贸易发展的强大动力。进一步巩固传统服务贸易发展优势，积极培育服务品牌、标准、技术和市场网络优势，积极参与服务贸易国际规则制定。实施“互联网 + 服务贸易”战略，积极利用新技术改造提升传统服务业，初步形成知识技术密集型的文化贸易、计算机和信息服务贸易、互联网和数字贸易等领域新优势。

四是强基础。“十三五”时期，以全面深化改革为契机，深入推进服务贸易管理体制改革，进一步完善服务贸易领导、协调、沟通机制，覆盖全领域的服务贸易，促进服务、保障和监管体系基本建立。

五是促平衡。力争服务贸易出口增长速度快于服务进口增长速度，缩小服务贸易规模扩大趋势。重点扭转旅游、运输等领域服务逆差扩大趋势，扩大信息技术、咨询服务等服务贸易顺差规模。

（二）预测目标

从中国服务贸易进出口规模和实际增长潜力看，今后5—10年，服务业和服务贸易将进入快速增长轨道，到2020年有望超过1.2万亿美元，占世界份额有望超过10%，到2030年，服务贸易规模有望达到1.7万亿美元，占世界份额有望超过13%。

三、发展导向

一是坚持创新发展，增强服务贸易发展动能。创新是引领发展的第一动力。在服务贸易发展领域全面贯彻创新驱动战略，顺应科技革命和产业革新趋势，积极推动服务贸易技术创新和商业模式创新。大力发展“互联网 + 服务贸易”，提升传统服务的可贸易性。拓展服务贸易发展领域，大力发展跨境电子商务、供应链管理、服务外包和云众包、数字贸易等新型服务。推动服务业与制造业融合发展，积极发展跨界服务贸易。把巩固提升传统优势和培育新优势更好结合，加快形成人力资源、技术、品牌、知识产权、标准、市场网络、国际规则等综合竞争新优势。

二是坚持协调发展，调整优化服务贸易结构。协调是可持续发展的内在要求。要紧扣服务贸易不协调、不平衡、不可持续问题，大力调整优化服务贸易结构，增强服务贸易协调发展能力。注重服务贸易与服务业、货物贸易、国际投资合作协调发展，不断夯实服务贸易发展的产业基础和国际经贸合作基础。促进服务贸易出口与进口协调发展，努力减少服务贸易逆差扩大趋势。推进各地区服务贸易协调发展，以中心城市和主要经济区为依托，突出地区服务贸易优势和特色领域，着力培育服务贸易中心城市，带动全国服务贸易发展。推进服务贸易各领域协调发展，大力促进知识技术密集型服务贸易出口，着力优化服务贸易结构。推进服务贸易四种模式协调发展，形成跨境交付、境外消费、商业存在、自然人流动全面发展态势。

三是坚持绿色发展，提高服务贸易持续发展能力。绿色是永续发展的必要条件和人民对美好生活追求的重要体现。要坚持节约资源和保护环境的基本国策，把绿色发展理念贯穿服务贸易发展各领域、各环节。鼓励服务贸易企业绿色采购和销售，推动服务贸易企业节能减排，大力发展绿色低碳型服务贸易企业。坚持引进来和走出去相结合，鼓励和推动绿色低碳型服务贸易企业国际化发展。进一步提升服务贸易对国民经济持续发展的支撑作用。

四是坚持开放发展，深度融入全球服务贸易市场。开放是国家繁荣发展的必由之路。要顺应世界服务经济国际化趋势，全面深化服务业改革，扩大服务贸易开放，深度参与国际服务业分工合作，全面融入全球服务贸易市场。要放宽服务领域投资准入，减少行政审批事项，打破地区封锁和行业垄断，破除制约服务业发展的体制机制障碍。加强服务贸易领域多边、区域和双边合作，努力开拓国际服务贸易市场。支持企业和公共服务机构“走出去”开展全球市场网络布局，积极利用 FTA 协定等加强重点国别市场的开拓。鼓励中小型服务贸易企业参与国际服务贸易产业链、价值链，支持有条件的龙头企业主动构建以我为主的服务贸易产业链和价值链。

五是坚持共享发展，增强服务贸易服务民生功能。共享是中国特色社会主义的本质要求。要牢固树立共享发展理念，把共享发展作为服务贸易工作的出发点和落脚点。保持服务贸易较快增长速度，进一步提升保增长、扩就业的功能和作用。将服务贸易与创新、创业结合起来，鼓励在电子商务、服务外包及其他服务贸易领域创新创业。大力发展生产性服务贸易，为供给侧结构改革提供新抓手。加快发展生活性服务贸易，着力提高养老、医疗、教育等与人民群众紧密相关的服务品质，切实让人民群众感受到发展服务贸易的好处，增进社会福利，提高服务贸易的社会效益。

四、战略路径

服务贸易涉及众多部门，发展水平千差万别，发展思路千头万绪。服务贸易改革开放和扩大出口、促进进出口平衡发展是中国服务贸易发展进步的两大核心问题。

（一）深化推进服务贸易改革开放，营造自由化、便利化发展环境

开放是当前服务贸易战略的首要特征，这也是服务贸易领域落实“积极主动开放”战略的重要体现。服务业开放不仅是面向外资、面向国际市场开放，也是面向民营资本、面向国内市场的开放。这就要求服务业对外开放与国内改革必须紧密结合起来，努力实现国资、民营与外资在服务业市场上具有公平的市场准入机会，合法经营、平等竞争。服务业“引进来”是开放，服务业“走出去”也是开放。因此，不仅要主动有序开放服务业市场，扩大利用服务业外资规模和质量，将国际先进服务业形态及其提供商“引进来”；还要积极利用中国服务业的独特优势，广泛开展服务业跨国投资合作，推动服务“走出去”。服务业开放要主动开放与协议开放相结合。这就要求不仅要通过多边、区域、双边谈判进行协议开放，还可根据改革发展实际，主动开放部分服务行业和领域。

（二）以扩大服务贸易出口为核心，全面提升服务业国际竞争力，促进服务进口与出口平衡发展

以增强服务贸易出口能力为重点，促进服务贸易进出口平衡发展。针对服务贸易逆差过大的问题，要在服务贸易领域大力实施扩大服务出口、促进服务贸易平衡发展的战略。货物贸易领域的促平衡主要是“减顺差”，而服务贸易的平衡发展主要是“减逆差”。对外贸易政策要充分考虑货物贸易和服务贸易发展的差距与差异，发展阶段不同，调控方向、发展战略和政策也应不同。高度重视扩大服务出口而不是限制服务进口来促进服务贸易平衡发展的重要性。与货物贸易促进平衡发展的思路类似，切不可走封闭平衡道路，不应阻碍服务业开放、限制服务进口

来促进服务贸易平衡发展，而是积极开拓国际服务市场、扩大服务出口，实现服务贸易开放式平衡发展。但同时要注意到，保持适度规模的服务贸易顺差不仅是服务贸易竞争力的重要体现，也是后起追赶型的发展中国家实现国民收入倍增，成功迈向中等发达国家行列的必然选择。

同时，开放平衡战略是有质量、有效益、有利于提升国际价值链分工地位和国民经济运行稳定与安全的战略。为此，扩大服务出口、促进服务贸易平衡的同时，应进一步优化服务出口结构，扩大具有自主知识产权和高附加价值的服务出口比例，大力培育服务出口品牌，努力把服务贸易打造成为实现国际价值链分工地区跃升的突破性力量。另外，服务业开放必须主动有序、安全稳妥推进，确保关系国计民生和国家经济安全的战略性服务业不因开放过度造成大的波动。

五、战略布局

依托国内主要经济区，以各区域城市群为重点，加快形成“三核、三带、多中心”服务贸易国内发展布局。

（一）三大服务贸易核心区

1. 北京

打造“北京服务”世界级品牌，带动提升京津冀服务贸易发展层次。以服务业领域扩大开放试点为契机，积极构建与世界级城市和首都特点相适应的服务贸易发展格局，着力提升“北京服务”的品牌影响力和国际竞争力。进一步完善京交会平台功能，不断提升市场化、专业化和国际化水平，努力建成国际一流服务贸易综合性展会。积极发挥北京服务贸易核心城市辐射带动作用，加强京津冀区域服务贸易交流合作，带动提升区域服务业的国际化水平。

2. 上海

支持上海建设面向全球的服务贸易中心城市，带动长三角经济区全面参与国际服务贸易竞争与合作。抓住建设中国（上海）自由贸易试验区和具有全球影响力的科技创新中心的重大历史机遇，加快实施上海服务贸易创新发展试点方案，对接高标准国际贸易投资规则，构建公平竞争的市场环境，完善政策支持体系，促进服务业各领域双向投资，打造上海服务贸易竞争新优势。加强与杭州等长三角地区服务贸易区域性中心城市开展项目合作，打造区域服务贸易品牌，带动提升长三角地区服务业国际化水平。“十三五”期间，上海继续保持服务贸易规模全国领先地位，努力建设成为面向全球的服务贸易中心城市。

3. 广东

突出与港澳服务贸易开放合作定位，提升广东对区域服务贸易发展的辐射带动力。以广州、深圳服务贸易创新发展试点建设为重要抓手，借助中国（广东）自由贸易试验区平台，以深入推进粤港澳服务贸易自由化为契机，突出与港澳服务贸易合作的定位，充分利用制造业和货物贸易优势，大力发展生产性服务贸易。发挥广东服务业外引内联作用，把广东打造成为港澳、其他国家和地区进入中国华中华南地区的跳板和桥头堡。努力把广东建设成为引领华南地区、聚焦港澳、辐射东南亚、面向全球市场的服务贸易发展高地和综合服务枢纽。

（二）三大服务贸易发展集聚区和多中心服务贸易中心城市

1. 东部沿海服务贸易发展集聚区

以环渤海经济圈、长三角经济区、海峡西岸经济区、泛珠三角经济区等重点城市为支点，形成服务贸易发展东部沿海集聚区。天津市加快服务贸易创新发展试点进程，积极推进中医药、文化创意、工程劳务等服务出口，形成国际旅游、融资租赁、国际建筑服务、影视动漫、现代中医药服务等一批具有国际影响力的服务贸易品牌。济南、威海要突出对日本、韩国服务贸易投资合作，提高山东服务贸易整体竞争力。沈阳、大连、长春和哈尔滨（新区）要着力夯实服务贸易的产业基础，加快发展科技服务业支撑高端制造发展，加强与东北亚地区服务贸易合作。福州（平潭）、厦门等海峡西岸城市群，积极承接台湾服务业转移，努力打造对台服务业合作示范区。海南省要围绕建设国际旅游岛，积极探索扩大旅游服务出口新道路。广西南宁等城市，要以中国—东盟自由贸易试验区升级版建设为契机，重点在港口、旅游、信息技术、人文等领域加强同东盟各国服务贸易合作。

2. 长江经济带服务贸易发展集聚区

以南京（江北新区）、武汉、重庆、成都、贵阳（贵安新区）、昆明等城市为核心，加强与上海合作，形成长江经济带服务贸易发展集聚区。以南京（江北新区）为重点，发挥苏州服务贸易创新发展试点城市作用，支持江苏省巩固提升服务外包优势，大力培育文化、会展、工业设计等领域新优势。支持以武汉为重点的湖北省重点推进和扩大文化、中医药、离岸服务外包等服务出口，大力发展服务外包、会计、律师、会展等服务。以重庆（两江新区）为核心，加快推进跨境电子商务、保税商品展示交易、互联网云计算大数据产业、跨境结算和投融资便利化、保税贸易等工作。充分发挥成都服务业基础优势，大力发展资本技术密集型服务贸易，积极发展研发设计、服务外包、文化、旅游等服务贸易领域。支持贵州以贵安新区电子信息产业园大数据基地、中关村贵阳科技园大数据基地、黔南州超算中心等多个产业基地为载体，努力打造贵州大数据服务品牌优势。发挥昆明面向南亚、东南亚国际经贸合作优势，积极发展面向南亚、东南亚的文化、旅游、信息技术等服务贸易。

丝绸之路经济带服务贸易发展集聚区：西北以西安（西咸新区）、兰州、乌鲁木齐为核心，打造面向中亚、西亚的“一带一路”服务贸易西北开放合作带。提升以西安和西咸新区为核心的陕西服务业国际化水平，紧扣“一带一路”发展主题，大力发展文化旅游、国际物流运输等服务贸易，支持教育、医疗机构扩大开放合作。支持上海合作组织国家大学落户西咸新区，探索创新服务贸易“一站式”服务新模式。支持兰州、乌鲁木齐分别依托“丝绸之路经济带”，发挥特色优势，发展旅游、文化、医疗、教育、国际物流运输等服务贸易合作。

第三节　把服务贸易政策渗透到开放型经济全领域

继续完善服务贸易政策的同时，把服务贸易与货物贸易、国际投资合作、国际经贸规则制定等结合起来，相互渗透融合，使服务贸易政策成为开放型经济发展有机统一的一部分。

一、建立和完善服务经济时代的对外贸易政策

(一) 把服务贸易和货物贸易统一纳入对外贸易总战略

服务经济条件下应大幅提升服务贸易战略地位，把它摆在同货物贸易同等重要地位。从国际经验看，服务贸易强国一般也是货物贸易强国。加快发展服务贸易不是放弃货物贸易，而是实现服务贸易和货物贸易协调发展，齐头并进共同提升对外贸易总体竞争力。应把包含服务贸易和货物贸易的对外贸易总战略纳入国家战略文件、规划和促进政策中，在数据发布中增加对外贸易总规模及相应增长速度的内容，把服务贸易和货物贸易作为一个整体进行形势研判和统计分析。

(二) 完善服务贸易专门促进政策，加快培育服务贸易竞争优势

首先，要针对服务贸易的特殊性，探索完善有效的服务贸易政策促进体系。以服务贸易创新发展试点城市建设为契机，着力在财政政策、出口退税政策、贸易融资政策和海关监管便利化政策等四个方面形成覆盖服务贸易全领域的有效的政策体系。由于服务贸易具有无形性，服务贸易进出口数据统计难度大、交易真实性识别难度大、综合监管难度大，货物贸易的政策实施和操作手段难以适用于服务贸易，要加快探索完善针对服务贸易的政策体系。

其次，要建立一批服务贸易发展平台，形成服务贸易集聚发展态势。借鉴货物贸易成功做法，探索建立类似于货物贸易发展的经济技术开发区、高新技术产业园区和各类海关特殊监管区的服务贸易园区、国际服务产业开发区、特色服务出口基地等。同时，推动各类制造业发展园区平台向国际服务产业园区平台转型升级。针对服务贸易主要集聚在中心城市的特点，大力发展总部经济集聚区、国际中心商务区、文化旅游示范区等。根据服务贸易创新发展试点地区试点评估成效，研究推动试点效果好、带动辐射作用明显的试点地区向服务贸易创新发展示范区转型。

第三，针对性选择服务贸易发展重点领域，出台专项促进计划。旅游业占中国服务贸易最大份额，是服务贸易最大逆差来源。要从签证便

利、建立跨境旅游合作区、鼓励新型细分旅游市场发展、规范国内旅游市场等入手，以鼓励入境旅游为重点，弥补中国旅游服务贸易竞争力短板。要顺应数字经济时代要求，在巩固计算机和信息技术服务贸易优势的基础上，大力发展以互联网为代表的数字贸易，积极抢占新兴领域的发展制高点。在中医药、中文教育、中华武术、中华餐饮等具有中国特色的服务领域，实施专门的国际市场开拓计划，努力把特色文化优势转化为服务贸易竞争优势。

（三）提升货物贸易的服务业增加值，促进货物贸易转型升级

中国货物贸易大进大出特征明显，正推动实施优进优出战略。要实现这一目标，不能就货物贸易谈货物贸易，而必须跳出货物贸易范畴，从服务业着手，即努力增强制造业和货物贸易的服务增加值，实现附加在中国产品上的中国服务间接出口，才能有效提高货物贸易质量和效益。为此，要大力发展品牌推广与管理、价值链和供应链管理、研发设计、金融、物流运输等生产性服务业和服务贸易，不断延伸制造业和货物贸易产业链和价值链。

二、建立和完善服务经济时代的国际投资政策

（一）提升与服务经济时代相适应的开放标准

服务经济时代，开放的模式和标准有其自身特点。首先，服务业开放的标准要求高。与制造业开放不同，服务业开放的重点更多在边境后措施。因此，深化服务业开放，建立高标准的开放型经济体系，不仅要放宽名义上的市场准入条件，要使服务业开放落地见效，避免大门开了、小门不开的情况，更要推进边境后措施的自由化和便利化，促进服务业国内规则制度与国际规则衔接。其次，要实施“准入前国民待遇 + 负面清单”的开放模式。统筹考虑中美 BIT 谈判、上海等自由贸易试验区和中国外资三法的修订情况，全面推广“准入前国民待遇 + 负面清单”的外资管理模式，把对外开放水平提高到新高度。

（二）形成服务业外资和国际服务产业加速集聚态势

外资企业具有天然的外部联系，外向度普遍较高。制造业领域的外

资集聚是中国货物贸易跨越发展的重要经验。服务贸易的发展也需要服务行业的外资集聚。支持外向度高的服务业外资项目落地，鼓励引进全球服务业跨国公司，大力推动商业存在模式的服务贸易发展。吸引世界500强企业、境外大型企业设立运营总部、研发中心、采购中心、分销中心、物流中心、品牌培育中心、外包中心等具有贸易营运和管理功能的服务型总部。利用国内外资源，发挥外资企业集聚带动效应，培育壮大国内企业主体，以旅游、物流运输、研发设计、文化创意、计算机和信息服务、商务和咨询服务等为重点，打造若干具有国际竞争力的服务产业集群，形成中国服务的世界品牌。

（三）营造有利于服务业外资发展的政策制度环境

第一，要建立服务业招商引资机构或完善已有机构功能。要把服务业招商引资作为各级政府招商引资的重要领域。有条件的地区可考虑建立服务业发展局，统筹服务经济发展和招商引资工作。第二，研究针对性较强的服务业引资优惠办法。针对服务业特点，建立土地、水电气、财政、税收、融资等优惠政策。把制造业腾挪出来的土地优先用于发展服务业项目，对服务业项目水电气费用实行优惠政策，专门针对服务业研究制定财政、税收和金融支持政策。第三，加强服务业招商引资促进活动。针对服务业招商开展各类项目推介会。加强服务业招商引资培训，专门制定服务业招商引资手册和宣传材料，增强服务业招商引资能力。第四，加强服务业外资企业事中事后监管。依托服务业重点联系企业制度，建立包括数据统计收集、市场运行监测、信用评估、政策支持保障、事中事后监管和公共信息服务等方面功能于一体的服务贸易综合监管服务平台。

（四）加强服务业海外投资布局，提升国际投资合作水平

随着中国资源矿产和加工制造业海外投资和国际产能合作步伐的加快，中国也亟待服务业跟随走出去。没有服务业跟随矿产资源和加工制造业走出去，中国很难掌握国际价值链，海外投资效益和可持续性会大打折扣。为此，要鼓励研发设计、专业服务、物流运输、金融、商业网点等生产性服务业积极开展国际网点布局，更好地服务于“走出去”

战略。研究制定有针对性的政策，引导企业在境外项目规划、设计咨询、系统集成、运营维护、技术合作、检测维修等环节开展增值服务，建立境外分销、售后服务基地和全球维修体系，建立中国投资海外的完整价值链。支持服务业企业参与投资、建设和管理境外经贸合作区。

三、建立和完善服务经济时代的国际经贸规则

（一）积极参与服务业国际规则制定

以服务业国际规则为主要内容的全球新一代经贸规则正在加速酝酿。以美国为主导的发达国家积极推动 TISA、TPP 和 TTIP 谈判，努力输出美国国内服务业标准和规则，为美国等发达国家优势服务打开全球市场。中国应积极参与进来，利用 G20、亚太经合组织等平台，努力在电子商务、数字贸易等新兴服务领域掌握规则制定的话语权，推动建立中医药等中国特色服务的国际标准，积极反映中方诉求，引导服务业国际标准和规则朝有利的方向发展。

（二）构建以服务业为重要内容的高标准自由贸易区网络

当今世界高标准的自由贸易区主要是指服务业开放的高标准。因此，中国要建立高标准的自由贸易区网络，必须要包含内容更多、开放标准更高的服务业开放条款。在开放模式的高标准方面，要在条件成熟时与合适国家引入“准入前国民待遇 + 负面清单”谈判模式和承诺清单。在开放内容的高标准方面，主动研究在跨境服务提供、金融服务、互联网服务、电子商务等领域更高水平的开放条款，积极开展服务业开放试点和开放压力测试。同时，针对已经签署的中韩 FTA、中澳 FTA 以及两个 CEPA 协议，要加快出台国内配套法规制度，加大服务开放领域招商引资和项目落地工作。

第十章 提升中国服务业出口能力建设体系

增强服务产业国际竞争力，努力扩大服务出口，是中国服务贸易战略和政策的主要方向和核心目标，而不断增强服务业出口能力是基础。本章将从主体培育、产业支撑、载体建设、保进平台、市场开拓、贸易模式、招商引资等方面分析如何增强中国服务业出口能力体系建设。

第一节 主体培育

一、扩大服务出口必须要培育壮大一批国际化程度较高的企业主体

从世界各国的经验来看，凡是服务贸易竞争力强的国家，都有一批国际化经营程度较高的服务业企业主体。以美国为例，美国强大的软件和互联网信息技术优势是由美国微软、甲骨文、谷歌等一批国际顶级企业所奠定的，美国的华纳兄弟公司、米高梅电影公司、哥伦比亚影业公司、环球电影公司、迪士尼电影等奠定了美国在世界电影市场的绝对领导地位。美国在法律、会计、设计等专业服务领域，以及餐饮、酒店、航空等领域都有一批外向度高、国际竞争力强的企业主体，它们是美国服务业竞争力的标志，是美国开展服务贸易和国际服务业投资的主体力量。因此，扩大服务出口，增强服务业国际竞争力，必须着眼于企业，加快培育壮大一批服务贸易企业主体，尤其是具有国际价值链整合能力的、有核心竞争力的品牌服务企业。

伴随服务业与制造业融合发展趋势，一些领域的服务贸易企业与货

物贸易企业已经深度整合，难以确定企业的具体所属领域。例如，传统的计算机制造商 IBM，其主要业务收入不是制造而是整体解决方案服务和技术服务的收入。因此，培育制造业企业和服务业企业并不冲突，相反他们是相互促进关系。世界知名的制造业企业很多是最大的服务贸易企业，而世界知名的服务贸易企业背后也有具体的产品支撑，这与当前制造服务化、服务产品化的趋势一致。

二、加快建立服务贸易企业生态系统

服务贸易企业生态体系是指在不同领域、不同地区，形成不同所有制、不同规模和大小、影响力的服务贸易企业集群。

（一）完善不同所有制企业主体生态

对大多数发达国家而言，企业所有制形态较为简单，要么是国内私营企业，要么是外资企业。而中国所有制形态相对复杂。对于商业营业性机构，有国有企业、外资企业和民营企业之分。另外，由于服务业企业中的相当一部分，如部分文化机构以及绝大部分教育、医疗机构等，当前在中国仍属于社会事业型机构，其机构性质和管理体制与商业企业并不完全相同。在这些领域，国有社会事业型机构在相关领域的国际交流合作中占据主导地位，可单独列出来作为一类。

一是国有服务贸易企业。国有企业在中国企业生态系统中处于十分重要的特殊地位，服务业领域也不例外。在运输、金融、电信、建筑等领域，国有企业尤其是央企占据主导地位，国有企业在这些领域跨国经营和服务贸易中也处于主导地位，他们是代表中国竞争力的主体力量。例如，中国远洋、中国外运等是海洋运输的主体力量，中国国航、南方航空、东方航空等是航空运输的主体力量，中国银行、中国工商银行等国有银行是金融机构参与国际布局与竞争的主体力量，中国电信、中国移动、中国联通等是电信领域参与国际竞争的主体力量，而中国建筑、中国中铁、中国铁建、中国交通建设集团、中国电力工程顾问集团等是建筑工程承包领域的主体力量。在这些领域，中央企业拥有资金规模优势，海外拓展能力强，是中国参与国际竞争合作的绝对主力。必须依靠中央企业，在上述领域，打造一批具有国际品牌影响力的服务贸易类跨国公司。

二是国有社会事业类服务贸易机构。在科技、文化、教育、医疗等领域占主导地位的仍是国有社会事业类机构，如各类科研机构、各大文艺院团组织、大中小学校、各类综合性大医院、专科医院、中医院等，他们在各自领域代表了中国的先进服务和优质服务，是中国参与文化、科技、教育、医疗国际交流合作竞争的中坚力量。随着中国鼓励科教文卫事业走出去参与国际交流合作，相关机构的经济贸易功能逐步显现，国际服务贸易功能不断发展壮大，国际收入也有较大增长，是中国服务贸易主体的重要组成部分。

三是民营服务贸易企业。民营企业多集中在软件、信息技术、互联网、管理咨询、商务服务、会计财务等新兴服务行业，且以中小型企业为主，垄断性不强。民营企业凭借自身经营灵活、对市场感知能力强的优势，迅速在各行各业发展壮大，成为中国服务业和服务贸易领域不可忽视的力量。随着服务业市场化改革进程深入推进，民营企业将可能进入更多领域并发挥更大作用。从未来中国服务业和服务贸易企业生态体系的演进看，民营企业的地位将越来越重要。

四是外资服务贸易企业。外资企业具有天然的外部联系，中国服务业利用外资已经超过制造业，是利用外资的第一大行业。外资在金融、运输、专业服务、信息技术、酒店、分销、咨询等行业均扮演着十分重要的角色。实际上，跨国公司在华的一些区域性总部或功能性总部，均承担着服务贸易的功能，如区域性贸易总部、区域性结算总部、区域性管理总部等都承担着为周边国家和地区提供离岸服务的支持作用。但总的来讲，跨国公司在华服务业投资项目和企业中，大多瞄准了巨大的国内服务需求市场，因此他们以市场需求导向为主，主要服务国内企业和国内市场，对中国来讲主要是服务的进口。

（二）完善大中小型企业主体生态

以建立重点联系企业制度为契机，打造一批具有较强国际影响力的服务品牌，力争到2020年，形成50家龙头企业、500家大型骨干企业、5000家中小型企业的服务贸易企业主体格局。

服务贸易领军企业。依据企业规模、国际化程度、主营业务等指标，在银行、运输、工程承包、通讯等领域培育一批占据国际价值链高端地位的服务贸易领军企业，努力打造中国本土服务贸易跨国公司和世界级的中国服务品牌。鼓励和支持服务贸易领军企业积极开展跨国投资合作，参与投资、建设和管理境外经贸合作区，加快构建跨境价值链、产业链和服务链，带动国内劳务输出和货物、服务、技术、标准输出。支持领军企业开展全球服务贸易市场网络布局，通过新设、并购、合作等方式，加快建设境外研发中心和营销网络，积极开拓新业务、新领域和新市场，积极参与国际服务贸易标准与规则制定。支持领军企业开展知识产权境外登记注册，加强知识产权海外布局，积极参与国际服务贸易领域的知识产权竞争。

服务贸易大型企业。在互联网、电信、保险等领域培育一批具有区域和行业影响力的服务贸易大型企业。鼓励大型企业瞄准国际技术前沿和新型商业模式，推动迈向服务贸易价值链中高端。推动大型企业强强联合，开展跨地区、跨行业兼并重组，整合区域和行业价值链，形成服务贸易品牌，提高核心竞争力。鼓励大型企业积极开拓国际市场，走国际化发展道路，扩大服务出口。

服务贸易中小型企业。在专业服务、旅游、信息技术、教育、医疗等服务贸易行业和细分领域，培育一批外向度高、具有独特竞争优势的中小型服务贸易企业。积极支持中小型企业参与服务贸易国际分工，找准定位，融入全球服务贸易价值链。鼓励创新型、创业型服务贸易中小微企业发展，支持企业走“专、精、特、新”发展道路，加强与龙头、大型企业协作配套，形成服务贸易企业完整健康生态链，促进服务业和服务贸易集聚发展。通过建立产业联盟、搭建公共服务平台、开展服务贸易知识和政策培训等方式，提高中小型企业国际市场开拓能力，增强中小型服务贸易企业可持续发展能力。

（三）建立和完善服务贸易重点企业联系制度

根据《关于加快发展服务贸易的若干意见》（国发〔2015〕8 号）、《服务贸易创新发展试点方案》和《服务贸易“十三五”规划纲要》，需要建立和完善服务贸易重点联系制度。制定制度要以需求为导向，围绕联系制度建立后的运用方向，设计重点企业联系制度的框架。

首先，要明确目标定位。我们认为，重点企业联系制度应实现四大功能。一是服务贸易综合监管平台的支撑。二是服务贸易统计工作的重要补充（企业直报系统）。依托重点企业联系制度，建立和完善重点联系企业统计数据报告制度。三是研判形势、分析预警、信息沟通的重要渠道，包括国外服务贸易市场壁垒调查与报告、对服务贸易发展建言献策等方面的机制化安排。同时，相关部门应就重点服务出口企业提供的信息进行综合分析与发布，积极协助企业开拓国际市场。四是制定、发布和实施政策的重要依托，为重大服务贸易出口专项提供支持等。

其次，明确重点联系企业的行业分类标准。本联系制度主要是服务于国内服务贸易发展需求，其行业分类可较统计制度分类更加灵活。国际标准分类是基础（包括 12 大类、155 个小类、超过 1000 个细类）。另外，也可增加中华特色服务、服务外包等特殊分类。

第三，申报渠道和方式。以下几种申报方式可供选择：一是部门或行业协会渠道申报重点企业；二是地方商务主管部门申报；三是两者相结合，去掉重合部分。我们认为，前两种方式各有优点，建议采用第三种途径，即两者结合起来，以增加代表性和可操作性。

第四，企业类型。以下几种类型的大、中、小企业都应有所代表，包括：中央国有企业、地方国有企业、民营企业、外资企业、社会事业类机构。

第五，申报程序和材料。不同的申报渠道程序不同，根据部门（行业）和商务部门两个渠道分别制定相应程序和材料。

第六，企业填报的内容（服务贸易相关指标）。不同行业差异较大（155 个二级行业分类差异也很大），应根据不同行业编制有针对性地填报内容和指标。此部分内容可借鉴统计制度的申报内容和指标。

第二节　产业支撑

产业是贸易的基础，服务贸易的发展离不开强大的服务产业支撑。

一、打造中国国际化服务产业集群

中国的服务产业大致可分为两大类：一是生产性服务业；二是生活性服务业。生产性服务业主要是围绕生产加工制造衍生出来的服务业。中国作为制造业大国和货物贸易大国，生产性服务业有很大发展空间，同时生产性服务业也是支撑强大制造业和货物贸易强国的重要因素。生活性服务业主要是围绕个人生活服务而产生的一系列服务业门类。中国人口众多，国内生活服务业市场庞大。随着中国国民收入的增长，高品质生活服务的需求成长空间巨大。打造中国服务产业集群就是像制造业那样，选择有基础、有潜力的服务业，并将它们打造成国民经济的支柱产业。根据支柱产业定义，其产业增加值占 GDP 的份额超过 5% 即可认为是支柱产业。我们认为，以下服务产业集群有潜力成为中国的支柱产业。

一是科技及相关产业集群。包括研发设计、技术交易、检验检测、认证认可、技术咨询、知识产权服务等细分行业。中国作为制造业大国，要实现强国之路，必须要实施创新驱动战略，加快研发设计和科技服务业等产业发展。

二是国际信息技术与服务外包产业集群。包括软件、计算机和信息服务、大数据、互联网、物联网、智能生产服务、虚拟现实等细分领域。中国是计算机和信息技术大国，拥有大量高素质的软件和信息技术人才，在发展信息技术等产业拥有较大优势。同时，服务外包作为一种参与产业分工的重要途径，产业规模日益壮大，未来前景看好。

三是国际商务服务产业集群。包括会计、财务、咨询、法律、会展、货代、分销等细分领域。商务服务是经济活动的润滑剂和粘合剂，对于提升经济贸易发展质量和水平具有重要促进作用。

四是国际旅游服务产业集群。旅游服务产业链较长，包括吃、住、行、游、娱、购六个方面。旅游服务业在世界绝大多数国家都是国民经济的支柱产业。对于中国来说，旅游业规模很大，但质量不高，国际竞争力不强，国内旅游设施、旅游环境等对国际游客吸引力不够。今后，在继续扩大旅游业规模的同时，要提升旅游服务业的质量，努力把中国建成世界知名旅游度假目的地。

五是国际物流运输产业链。中国是加工制造大国，必然也是物流运输大国。信息流、物流和资金流紧密相关。物流运输业至少包括海运、空运、陆路运输，以及快递运输等多种方式。中国在上述方面的产业规模居世界前列，但国际竞争力仍不足，对国际物流网络、物流运输线路的布局与国际运输巨头有较大差距。作为加工制造和货物贸易大国，国际物流运输产业仍有极大的发展潜力。

六是金融服务产业集群。国家强则金融强。金融服务业对于中国经济和贸易强国建设具有重要支撑作用，包括银行、保险、证券、担保、租赁等在内的金融服务业几乎是所有国家的经济支柱和国家命脉。今后，中国要扩大金融服务业开放度，做大做强金融服务业，大力发展互联网金融，积极推进人民币国际化，发展壮大金融服务产业。

七是国际文化娱乐产业集群。作为服务产业的重要组成部分，文化娱乐产业具有十分重要的地位，它不仅是国民经济的支柱产业，强国崛起的标志性产业，它更具有经济属性，社会属性、政治属性，是国家的战略性产业，是综合国力的象征，事关国家软实力。包括广播影视、音像、出版、印刷、动漫、演艺等细分领域。中国具有深厚的文化底蕴，有发展文化产业的先天优势。要把历史文化优势与现代科技手段相结合，不断推出广大人民群众喜闻乐见的文化产品，努力推动文化产业繁荣发展。

八是国际医药和健康产业链。包括生物制药、中医药、医疗服务、健康服务、养老服务，以及与之相关的咨询服务、信息服务、管理服务等细分领域。随着中国老龄化趋势加重，未来大医疗、大健康行业极具发展潜力，有望成为国民经济的支柱。

二、努力提升服务产业出口外向度

一是为现有服务出口产业扩大出口规模创造条件。如中国旅游服务出口虽然居世界前列，但旅游服务进口规模更大，并成为中国服务贸易逆差的最大来源。为此，要充分发挥中国旅游资源优势，大力发展入境游，从提升旅游设施水平、延长旅游产业链条、适度放宽入境旅游签证、允许拥有外国国籍的人员参加国内导游考试并成为正式导游等途径入手，把旅游服务贸易的重点转向入境游市场，以此扩大旅游服务出口。

二是利用制造业和货物贸易优势发展与之相关的服务出口产业。尽管中国是第一大货物贸易国，但海洋运输服务是中国服务贸易逆差的第二大来源项目。为此，要重点挖掘海洋运输、出口保险等与货物贸易直接相关的服务出口产业成长的机会。如海洋运输业要从加强港口基础设施、提升港航服务水平、优化国际航线部署、探索建立自由港等途径入手，使中国海运企业在国际海运市场占据更多份额，起码中国货能有更多份额让中国的船舶公司承担运输服务。

三是逐步将社会事业性服务业部分转型为服务出口产业。中国教育、医疗、文化服务贸易规模小，很大原因在于中国历来把教育、医疗、文化等更多作为社会事业来看待，而市场化程度不足，自然这些领域的服务出口就很难发展起来。为此，在这些领域，要严格限定社会事业的界限，拓展以市场化手段发展服务贸易的边界。如在中医保健、外籍人员来华留学、孔子学院、中文武术教育等，要明确其服务出口的项目定位，扩大服务出口产业的领域和规模。要鼓励学校、医院和文化机构通过各种途径开展形式多样的服务出口项目。

三、加快培育服务产业发展新优势

以服务产业为基础，以提升服务贸易国际竞争力为核心，加快形成技术、品牌、质量、标准、规则、市场渠道和营销网络等服务贸易发展新优势。

（一）品牌优势

加快培育品牌优势，着力推动传统服务贸易品牌化发展。积极培育传统服务贸易行业跨界融合发展优势，推动打造跨界融合发展的产业集团和产业联盟。培育服务贸易企业主体与打造中国服务贸易品牌相结合。深入实施服务贸易自主品牌战略，鼓励有条件的地区、行业和企业建立品牌推广中心，建立健全“中国服务”品牌发展体系。加大优势领域品牌培育力度，重点推动金融、物流运输、旅游、人力资源、展览、节能环保和环境服务、建筑与工程服务、国际服务外包等领域品牌建设。充分利用京交会、上交会等综合型国际性交易会，全面提升“中国服务”品牌推介水平。

（二）市场渠道和营销网络优势

加强国际和地区合作，积极培育国际市场网络和渠道网点优势，支持有条件的服务贸易企业在境外建立服务网络，增强国际市场开拓能力，提高服务出口效益和附加值。支持中国服务贸易企业建立自主国际营销网络和交付中心。

（三）知识和技术优势

进一步发挥中国劳动力资源丰富、资源要素成本相对较低的优势，以扩大旅游、运输、建筑等服务贸易出口为重点，着力增强传统服务贸易国际竞争力。加快传统服务贸易创新发展力度，运用互联网等现代技术手段改造提升传统服务贸易行业，不断提升中国服务的质量和水平。发挥中国人力资本、创新资源丰富优势，在服务贸易领域全面贯彻落实国家创新驱动发展战略，加强技术创新、管理创新、业态创新和商业模式创新，提升服务质量和技术含量，提高新兴服务供给水平。着力推动服务贸易供给侧结构性改革，重点培育通信、金融、保险、计算机和信息服务、咨询、研发设计、知识产权、节能环保、环境、会展等资本和技术密集型服务贸易。

（四）标准和规则优势

着力引导培育新兴服务贸易行业的标准优势，支持通信、互联网、物联网等领域的技术标准在海外推广应用，推动通信、计算机和信息服务、金融等领域企业积极参加国际标准和规范制修订，增强中国在行业领域的话语权和影响力。充分利用《信息技术协定》《贸易便利化协定》等新议定书所达成的服务贸易新规则，积极拓展服务贸易市场新空间。充分利用二十国集团、金砖国家、亚太经合组织、自贸协定等机制和平台，引导各方开展有关知识产权、金融监管等关于服务贸易的讨论，并在数字贸易、中医药等中华传统服务领域的技术标准方面发挥主动权和主导权。寻求参与国际服务贸易协定（TISA）谈判，推动中美BIT、中欧FTA谈判。利用中国与韩国、中国与澳大利亚自由贸易协定中服务贸易开放标准高、开放内容丰富的优势，深入挖掘FTA框架下加强双边服务贸易合作的潜力。

（五）中华特色文化优势

发展壮大特色服务贸易优势。发挥中华文化资源优势，加快培育中华特色服务贸易品牌优势和市场推广优势，努力提升中华特色服务贸易的品牌影响力和国际竞争力。积极推动文化艺术、广播影视、新闻出版、教育等承载中华文化核心价值的文化服务出口，大力促进文化创意、数字出版、动漫游戏等新型文化服务出口，努力培育中华特色文化贸易优势。深度挖掘中医药、中餐、武术等特色优势，支持中华特色服务贸易企业建立海外机构和服务网点，大力促进文化、中医药、中餐、体育等融合协同“走出去”，加快形成具有中国特色的服务品牌竞争新优势和国际市场网络优势，发展壮大特色服务贸易规模，提升中华文化软实力和影响力。

第三节　载体建设

开发建设各类产业园区和出口基地，形成加工制造业集聚发展态势，是中国货物贸易发展的成功做法。服务贸易发展可借鉴服务贸易发展经验，打造一批不同类型的国际服务产业开发区和服务出口基地，形成服务贸易发展的强大园区载体。

一、规划建设一批特色服务出口基地

针对服务贸易发展主要领域，建议规划一批具有行业特点、外向度较高的特色服务出口基地。首先，从行业布局看，可在重点领域规划建设一批国际旅游娱乐服务、国际医疗服务、国际教育服务、国际商务服务、国际文化服务、国际软件信息服务、国际中医药服务等出口基地（园区）。其次，从地域分布看，以东部沿海和中西部内陆中心城市为主要依托，围绕国家主要经济区和重点发展地区，规划特色服务出口基地的地区分布。第三，特色服务出口基地可以园区的形式出现，也可以企业为单位申报服务出口基地。第四，特色服务出口基地可以在现有相

关部门和地区已建或在建的服务外包园区、文化贸易区、旅游示范区、动漫产业园区、国家软件创新出口基地中选择，丰富发展内涵，完善帮扶政策。最后，国家应当为服务出口基地提供公共政策服务支撑，如建立公共服务平台、公共技术支持平台、公共宣传推介平台等。

二、将现有的制造产业园区转型升级为服务产业国际化示范区

将各类已有的经济技术开发区、高新技术产业园区等制造业集聚发展区和工业开发区转型升级为服务产业国际化示范区。例如，截至2015年，中国共有219家国家级经济技术开发区，它们创造了中国11.5%的GDP，20.3%的制造业增加值，19.4%的进出口额。可以说，国家级经济技术开发区在推动中国工业化进程、实现货物贸易由小到大的发展过程中发挥了重要作用，但也面临增长乏力、核心竞争力不强、转型升级压力较大的困难和问题。2015年，219个国家级经济技术开发区总体服务业增加值占生产总值的比例仅为26.3%，而占全国服务业增加值的比重仅为6%。可见，国家级开发区服务业发展滞后，这也是制约其发展质量效益的重要因素。因此，大力发展服务业和服务贸易，也应成为国家级经济技术开发区今后转型升级的重要方向。建议延长国家级经济技术开发区制造业产业链条，大力发展工业设计、技术研发、品牌营销、售后服务、离岸服务外包等生产性服务业，加大服务业外资项目招商引资力度，努力把国家级经济技术开发区建设成面向国际市场的服务性功能总部的集聚区和发展服务贸易的示范区。在对国家级经济技术开发区进行年度考核时，大幅增长服务业和服务贸易考核比重。积极引导国家级经济技术开发区制定服务业和服务贸易发展规划、促进方案和政策举措。

三、拓展海关特殊监管区的服务出口功能

（一）积极发展海关特殊监管区的国际服务贸易业务

推进海关特殊监管区向国际物流中心、国际研发中心、国际结算中心、国际分销中心、国际仓储中心、离岸数据中心转型，通过货物贸易带动服务出口发展。针对“两头在外”的数据加工、语音信息服务，

以及文化娱乐服务等，可考虑设立离岸服务特区。例如，针对数据和语音信息来源及最终用户均为境外的服务外包企业，以及仅承担数据加工和语音信息服务的离岸服务外包业务，其数据服务器不必要求在境内。借鉴货物贸易出口加工区开展的“两头在外”加工贸易的做法，设立“离岸数据加工特区”或“离岸服务特区”，并制定配套的便利化政策体系。

（二）创新海关特殊监管区服务贸易便利化政策

海关特殊监管区“境内关外”的政策对于一般性货物贸易提供了极大的便利。但是，对于服务业和服务贸易涉及的通关模式还不成熟、不完善，甚至影响了相关行业服务贸易的发展。为此，建议研究建立和完善与服务贸易特点相适应的口岸通关模式。创新服务贸易海关监管模式。探索对会展、拍卖、快递等服务企业所需通关的国际展品、艺术品、电子商务快件等特殊物品的保税监管模式创新。

四、边境服务业和服务贸易国际合作区

沿边地区是中国向西开放的前沿基地和实施“一带一路”战略的重要支点。边境地区具有沿边的口岸优势，与毗邻国家经贸合作、文化交流、人员往来密切，有与相关国家发展陆路服务业合作的先天优势。为此，建议在沿边省份选择有条件的城市和园区建设边境服务业和服务贸易国际合作区。具体建议如下：

一是依托国家跨境经济合作区、综合保税区、边境经济合作区、沿边重点开发开放试验区，以及边境省份服务业较发达的重点城市和省会城市，规划建设一批沿边服务业和服务贸易国际合作区，使其成为参与“一带一路”服务业开放合作的示范区，打造沿边地区服务业和服务贸易发展的新亮点。

二是选择边境物流运输、边境旅游、沿边金融、边境教育、边境医疗、文化合作等领域为重点，大力发展同毗邻国家的服务业合作，实现“一带一路”建设的政策沟通、设施联通、贸易畅通、资金融通、民心相通目标。边境地区拥有口岸优势，具有发展边境物流运输的先天优势，要加强同毗邻地区交流基础设施的互联互通，推进运输标准的一致

化等。边境地区经贸合作和文化交流人员往来密切，具有发展边境旅游业的便利条件，建议积极开展跨境经济合作区建设，建立完善与毗邻国家合作机制，使毗邻国家间旅游文化资源相互渗透、互相吸引。积极争取与毗邻国家开通跨境自驾车“绿色通道”，实现跨国自驾游出入境“一站式”通关服务等。推动对毗邻国家人员实施 72 小时过境免签证政策。积极争取在边境地区开展外资旅行社经营出境游的政策先行先试。在边境地区经贸往来尤其是边境贸易和互市贸易中，积极推进人民币结算和融资业务，促进与毗邻国家金融机构的相互投资。发挥边境地区教育医疗条件相对其他国家较好的优势，大力发展国际教育、医疗、文化等交流合作，实现服务贸易利益的同时，促进与相关国家人心相通，

三是创新边境人员往来和跨境劳务合作政策。服务产业和服务贸易发展与人员往来十分密切。建议国家允许边境地区就人员往来和跨境劳务合作政策先行先试。建议在国家级一类口岸等符合条件的沿边国家级口岸实施外国人口岸签证政策。放宽毗邻国家人员就业岗位（工种）和用工主体资格的政策限制，完善政策措施，引导和规范毗邻国家产业技术工人合法入境，并对其务工活动进行有序管理。

第四节　促进平台

在促进服务贸易发展过程中，要借鉴货物贸易发展经验和发达国家成功实践，建立各类政府、行业协会和企业共同构建的服务贸易促进平台体系。

一、服务贸易会展平台

在服务贸易会展平台方面，要打造以中国（北京）国际服务贸易交易会（京交会）为龙头、各类专业性展会论坛为支撑的服务贸易会展格局，鼓励其他投资贸易类展会增设服务贸易展区。在京交会方面，要进一步提升京交会国际化、专业化、市场化水平，增强展会对政府和企业的吸引力。通过论坛、交易会、洽谈会、专题会等形式，不断丰富

京交会内容。加大对国外宣传推介和招商力度，吸引更多国外客商参加京交会，努力把京交会打造成为优质服务“走出去”和把国外优质服务“引进来”的展示、交易、宣介平台。同时，在旅游、软件和信息技术、服务外包、技术贸易、中医药、设计等专业领域，打造专业性的服务贸易展会平台。积极探索利用已有的行业性展会，区域性交易会、博览会、投资贸易洽谈会等不断拓展服务贸易功能，增加服务贸易板块和论坛，促进制造业、货物贸易展会与服务业、服务贸易互动融合发展。

二、服务贸易网络平台

适应信息化发展趋势，大力推进服务贸易网络信息平台建设。要建立服务贸易网络交易平台、网络信息平台。支持以京交会为龙头的各类服务贸易交易会、展览会网络化，打造不落幕的服务贸易交易会。支持各类服务贸易信息资讯网络发展，支持对中国服务的宣传推广。

三、服务贸易促进机构

（一）行业协会

行业协会作为政府与企业的桥梁和纽带，在传递政府政策、反映企业诉求、促进国际交流等方面发挥了不可替代的作用。在服务贸易领域，要大力发展服务贸易行业协会和商会。在国家层面，进一步发挥好中国国际服务贸易协会功能和作用；在地方层面，支持鼓励地方组建本区域的服务贸易行业协会；在行业层面，支持鼓励建立行业性的服务贸易协会，或在原有服务行业协会基础上拓展其功能和作用，推动行业协会向服务贸易领域的业务拓展。通过市场化途径促进以企业为主导的行业协会加快发展。

（二）产业联盟

鼓励服务贸易领军企业搭建行业公共服务平台，支持行业内中小企业服务企业融入全球价值链。建议成立中国服务贸易产业联盟，形成沟通政、商、学、研信息交流，研讨行业发展，形成公共政策的重要平台。支持文化贸易、国际运输、旅游服务、服务外包等重点行业性产业联盟发展。

(三) 促进机构

支持中国国际贸易促进会拓展服务贸易促进功能，利用贸促会广泛的国际网络和经贸交流促进优势，推动中国服务“走出去”，把国外优质服务“引进来”。支持商务部贸易促进局和商务部投资促进局业务逐步向制造业和服务业并举转变，要把服务贸易和服务业投资作为商务部相关促进机构的重点业务范围，有针对性地举办服务贸易与投资促进活动和项目洽谈会。

第五节 市场开拓

加强服务贸易国际区域合作，积极开拓服务贸易全球市场，努力形成以港台澳地区为基础、发达国家为首要、周边国家为重点，“一带一路”及其他发展中国家为新增长点的国际服务贸易市场格局。积极利用高层访问、国际会议等多渠道加大“中国服务”海外推介力度。

一、巩固传统市场

全面提升与港澳台服务贸易合作水平。以落实两个 CEPA 协议为契机，巩固粤港澳服务贸易基本实现自由化成果，不断扩大开放领域、提高合作层次。以生产性服务业合作为重点，加强大陆与港澳在金融、会计、法律、市场推广、物流、设计、专利授权等领域的合作，助推中国大陆制造业转型升级，提升中国大陆企业的全球运营效率和竞争力。在服务国家战略中不断拓展大陆与港澳服务业合作新空间，支持大陆与港澳企业携手开拓“一带一路”沿边国家国际服务贸易市场。鼓励香港金融机构、商务服务机构和专业服务人才，联合大陆企业一起开拓国际市场，努力把香港变成中国大陆企业“走出去”和“引进来”的离岸服务支持中心。做好对台服务业开放合作工作，积极承接台湾地区服务业转移，重点加强与制造业相配套的服务业合作，不断提高两岸经贸互利合作水平。

强化与西方发达国家服务贸易合作。进一步加强与欧美等西方发达国家在旅游、运输、建筑等传统大宗服务贸易领域合作，着力引进欧美先进技术，开展研发设计合作，发展节能环保、环境服务等先进生产性服务贸易。有针对性地开展城市规划开发建设、城市运营管理、节能环保、城市治污治堵、智慧城市、海绵城市建设等领域合作。持续提升承接欧美等发达国家服务外包业务能力，提高承接知识密集型的高附加值服务外包和提供系统解决方案的能力。积极发展数字贸易、大数据、中医药、健康养老等新兴服务领域合作。

深化与周边国家服务贸易合作。加快中韩自由贸易协定中服务贸易双向开放条款落地见效，进一步提升中韩服务贸易自由化和便利化水平。提高在视听合作合拍、出境游、环境、快递、建筑、医疗等领域的双向开放水平，对投资者和跨国公司内部往来人员给予就业、居留许可和签证便利。重点加强与韩国在文化贸易、服装设计等领域合作，扩大服务业双向投资。积极推进中日韩自由贸易协定谈判，加强与日本在工业设计、技术服务、节能环保、运输、旅游、文化等服务贸易领域的开放合作。

二、开拓“一带一路”市场

大力开拓“丝绸之路经济带”沿线国家市场，实现服务贸易市场多元化发展。积极与丝绸之路沿线国家签订服务贸易合作协议，扩大服务业相互开放。推动企业在沿线重点国家的交通枢纽和节点城市，建立仓储物流基地和分拨中心，完善区域营销和售后服务网络。积极扩大中国金融机构在“一带一路”国家开设分支机构，为企业进行贸易结算和投融资创造条件。与有关国家共同开辟新航线和运输线路，大力发展国际运输服务。推动与有关国家扩大建筑服务资质、建筑服务市场准入等领域相互开放，提升建筑服务贸易水平，鼓励工程设计、施工建设、运营维护等建营一体化服务输出。鼓励境外经贸合作区、跨境经济合作区引进更多服务业和服务贸易项目。积极引导中国服务贸易企业寻求亚投行、丝路基金、金砖开发银行、中国—东盟银联体、上合组织银联体的融资支持。

加强与“21 世纪海上丝绸之路”沿线国家服务贸易合作。以中国东盟自由贸易区升级版建设为契机，有针对性地加大对东盟各国开展服务业贸易投资合作的力度。发挥广西与东盟的合作优势，利用中国—东盟博览会等综合性、战略性平台，重点加强与新加坡、印度尼西亚、马来西亚、泰国、菲律宾、越南等国在服务贸易领域合作，在基础设施建设、大型公共设施建设与运营、旅游、文化、医疗保健、技术和知识产权、跨境电子商务、服务外包、港口等领域加大合作力度，提高我国在东盟地区商业存在规模。加强与印度、阿联酋等对中国有重要战略意义的国家签署自由贸易协定，拓展服务贸易国际市场空间。

三、培育潜力市场

积极发展中拉服务贸易。依托中拉合作论坛，强化中拉服务领域贸易投资合作，不断丰富中拉经贸合作内涵。充分发挥中国在计算机与信息、其他商业服务方面的比较优势扩大对拉美出口。利用拉美产能合作带动中拉技术贸易、金融、保险和通讯等领域合作。推动中国对拉美服务业投资，积极开展对拉商业存在形式的服务贸易。以中国与哥斯达黎加、智利、秘鲁三个国家自由贸易协定为依托，促进双边服务贸易双向开放，不断提升中拉服务贸易自由化和便利化水平，推动中拉服务贸易全面发展。

以“中非十大合作计划”带动中非服务贸易发展。依托中非合作论坛，积极落实“中非十大合作计划”，带动中非服务贸易合作。以中非基础设施合作计划带动中国建筑、中国劳务输出，以中非金融合作计划加强中非金融服务贸易发展，以中非公共卫生合作计划和中非人文合作计划带动中非旅游、建筑、文化贸易、中医药服务、中文教育、中华特色餐饮等服务输出。

第六节　贸易模式

一、全面发展四种提供模式的服务贸易

以跨境交付和境外消费为重点，全面发展四种提供模式的服务

贸易。

（一）跨境交付

一般服务贸易即传统的以 BOP 统计方式体现出来的跨境交易方式提供的服务贸易。它是当前中国服务贸易的主要形式，应进一步完善支持政策。大力促进运输服务、技术贸易、通信服务、计算机信息服务、离岸服务外包等一般性跨境服务贸易。

（二）商业存在

境外分支机构销售是商业存在提供模式的主要形式，发达国家这种类型的服务贸易通常占服务贸易总额的 2/3。随着中国服务业进一步扩大开放，及服务业更大规模地走出去，境外分支机构的服务销售在中国服务贸易总额中的占比必然会进一步上升。因此，要加大服务业利用外资力度，鼓励外向型服务业外资企业扩大服务出口；扩大服务业对外投资规模，扩大商业存在型服务贸易。

（三）境外消费

提升境内服务提供商对在华外籍人士提供服务的能力和水平，吸引境外商务人士、旅行者、留学人员等在华消费更多中国服务，扩大境外消费型服务贸易。

（四）自然人流动

扩大专业技术、工程技术人员、教师、船员、教练、厨师和建筑工等一般劳务人员输出规模，扩大自然人形式的服务贸易规模。

二、推动服务贸易交付模式创新

实施“互联网 + 服务贸易”战略，利用互联网等现代信息技术，推进服务贸易交付模式创新，全面提高中国服务的可贸易性。积极鼓励技术贸易、通信服务、计算机信息服务发展，着力扩大跨境交付服务贸易规模。加快商业存在的国际营销网络和境外交付中心建设，促进服务业双向投资，把信息技术与传统商业存在形式的服务贸易相结合，重点支持远程医疗、在线教育、互联网金融等新型服务贸易，不断提高传统商业存在服务贸易的跨境交付能力。巩固和增强中国电子商务发展领先优势，鼓励各类跨境电子商务服务商发展，创新境外消费服务贸易发展。扩大专业技术人员、工程技术人员、教师、船员、教练、厨师和建筑工等劳务人员输出规模，重点支持依托现代技术手段不出国门实现的人力资源输出，扩大自然人形式的服务贸易规模。依托大数据、物联网、移动互联网、云计算等新技术，打造新型服务贸易促进和交易平台。

三、推动国际服务外包转型升级

离岸服务外包是跨境交付模式下的服务贸易方式，但它也是近年来针对以互联网和电子信息作为交付手段的一种新兴的服务贸易方式，增速快、潜力大，主要国家都出台了专门的支持政策。2015 年初中国也发布了《关于促进服务外包产业加快发展的意见》，下一步应加快出台相关配套措施，落实财税金融等支持政策，扩大离岸服务外包规模，进一步提升离岸服务外包的国际竞争力。

面向全球市场，加快发展高技术、高附加值服务外包产业，推动从主要依靠低成本竞争向更多以智力投入取胜转变。加快培养一批中高端人才、复合型人才和国际型人才，进一步提高服务外包人才队伍规模和素质。培育一批具有国际先进水平的服务外包知名企业，着力激发企业创新动力和市场活力，打造中国服务外包品牌。积极发挥服务外包示范城市引领带动作用，建设一批主导产业突出、创新能力强、体制机制先行先试的服务外包产业集聚区。适应全球服务业加速跨国转移新趋势，着力实施国际市场多元化战略，提升服务跨境交付能力。在积极承接国际服务外包的同时，逐步扩大在岸市场规模，推动服务外包迈上新台阶。

四、创新边境服务发展

进一步紧密同周边国家服务贸易合作，培育边境口岸等服务贸易新增长点。边境地区适合自然人流动和境外消费服务贸易提供模式的发展。应针对边境地区毗邻相关国家和地区的优势，大力发展两头在外的服务贸易，利用边境特殊经济区，在旅游、分销、医疗保健、娱乐等领域发展“飞地型”服务贸易，在服务市场准入、人员出入境管理、服务提供人员资质互认等方面建立和完善与边境服务贸易相配套的服务贸易自由化、便利化的政策体系。

第七节　招商引资政策

货物贸易发展的经验之一就是特别重视招商引资，尤其是充分利用外资的外向化程度高的优势，把招商引资作为促进各地经济增长和促进出口的重要途径。目前，中国各地的招商引资仍然更青睐制造业项目，对于服务业和服务贸易项目的招商引资力度较小。笔者建议，应像抓制造业招商引资那样来抓服务业和服务贸易领域的招商引资工作，制定相关的招商规划、投入足够的招商资源、制定相应的招商激励措施等，这是将国家鼓励服务业和服务贸易发展落地的关键举措。

第一，要建立服务业招商引资机构或完善已有机构功能。要把服务业招商引资作为各级政府招商引资的重要领域。有条件的地区可考虑建立服务业发展局，统筹服务经济发展和招商引资工作。

第二，研究针对性较强的服务业引资优惠办法。针对服务业特点，建立土地、水电气、财政、税收、融资等优惠政策。把制造业腾挪出来的土地优先用于发展服务业项目，对服务业项目水电气费用实行优惠政策，专门针对服务业研究制定财政、税收和金融支持政策。

第三，加强服务业招商引资促进活动。针对服务业招商开展各类项目推介会。加强服务业招商引资培训，专门制定服务业招商引资手册和宣传材料，增强服务业招商引资能力。

第十一章
完善中国服务出口促进政策体系的路径与举措

与货物贸易具有完善的政策促进制度不同，目前服务贸易并无统一的出口优惠政策体系。不同行业和部门各自在财政、税收、金融等领域争取了不同程度的优惠政策，政策零散化、碎片化，进出口促进力度有待于进一步提高。

第一节　出口战略

突出扩大服务出口的战略导向，应着重解决以下两个认识和战略导向问题。

一、服务出口总体要优先于服务进口

服务出口是拉动经济增长的发动机，也是经济结构转型的助推器。服务贸易领域要纠正对出口漠视的不当观念。要特别重视服务出口，力争使服务出口增长速度不低于服务进口的增长。当然，必要的进口，尤其是有助于倒逼国内改革，解决国内短缺的服务供给也是实现经济持续增长的动力源泉。为此，发展服务贸易要两手抓，一手抓扩大和深化服务业开放（服务进口），一手抓服务出口，而且确保抓服务出口的力度不低于抓服务进口的力度。服务业开放要着眼于提升服务业国际竞争力，即有利于增强服务业出口能力，实现以服务出口带动服务进口的发展模式，这也是货物贸易发展的经验。只有这样，才能扭转服务贸易逆差不断恶化的不利局面，才能把服务出口培育成为经济增长和结构转型的新的驱动力量。

二、服务出口应享有不低于货物出口的政策待遇

经过改革开放近40年的发展，中国经济增长的动力亟待由制造业和货物贸易向服务业和服务贸易转换，形成双动力机制，避免重蹈一些发展中国家“中等收入陷阱”的覆辙。相对于货物出口，服务出口在扩大就业、增加出口附加值、提升国际分工地位等方面具有更加重要的作用。为此，应确立服务出口与货物出口同等重要的思想，甚至服务出口总体优于服务出口的观念，力争服务出口增长速度高于货物出口增长速度，确保投向服务出口的政策资源不低于投向货物出口的政策资源。唯有如此，中国才能实现优化货物出口与服务出口结构的目标，这也是在确立货物贸易第一大国地位后，进一步迈向贸易强国的必然要求。

第二节　体制机制

加快完善服务贸易统筹管理与协调机制。完善国务院服务贸易发展部际联席会议制度，加强对服务贸易工作的宏观指导和部门间的协调配合，统筹服务业对内对外开放，促进产业政策、贸易政策、投资政策的良性互动，形成政策合力。完善服务贸易法规体系，建立健全与服务贸易特点相适应的口岸通关管理模式和外汇管理制度，构建法治化、国际化、便利化营商环境。推动各服务行业主管部门加强与行业协会、专业统计机构的协调，形成政府管理、行业自律、统计监测以及消费者监督的多层次服务贸易监管机制。建立全国服务贸易重点联系企业制度，健全政府、协会、企业协同配合的服务贸易促进和服务体系。

加强部门协调。强化商务部作为统筹促进服务出口的协调职能，促进各服务行业出口政策的协调与统一。加快转变服务行业主管部门的职能转变，弱化管制和审批职能，强化促进与服务职能，拓展服务贸易职能。

强化服务出口业绩考核。要把发展服务贸易尤其是服务出口作为推进服务行业主管部门职能转变与服务业市场化的重要途径，纠正部分服

务行业对出口的漠视，加强对服务出口发展绩效的考核。

加强对地方服务贸易发展的指导、协调与联动。各省（直辖市、自治区）制定适合地方情况的服务贸易发展规划，完善地方服务贸易发展促进机制和考核评价机制，及时总结上报本地服务贸易发展中的成功经验和难点问题。推进服务贸易区域合作，加快推进京津冀协同创新共同体建设，推进长江经济带各省市跨区域协调合作，鼓励东部经济发达省市与中西部地区开展互补合作。建立本地重点企业联系制度，形成企业诉求反馈机制，及时掌握企业发展现状、制约因素和未来趋势，研究制定和完善支持服务贸易发展的政策，优化企业发展环境。

第三节　财政扶持

一、设立财政专项资金支持扩大服务出口十分必要

国家公共财政支出结构应当反映国家宏观经济调控的战略意图。当前，在货物出口增速乏力的背景下，服务出口成为稳定外贸的重要力量。同时，大力发展服务产业和服务贸易，已经成为推动转变经济贸易发展方式、打造中国经济升级版的战略性举措，而扩大服务出口则是实现这一目标的关键一招。然而，国家财政引导资金的支出结构并不能反映上述意图。据测算，服务出口平均每美元享受的国家支持仅 0.21 元人民币，而货物出口平均每美元享受的国家支持超过 1 元人民币，是服务出口的 4 倍以上。这不仅造成服务出口与货物出口政策环境的不公平，也与保持外贸稳定可持续发展、优化出口结构、促进经济贸易发展方式转变的战略意图相悖。这一点在调研过程中得到进一步印证。企业普遍反映，服务出口与货物出口相比，在贸易融资、海外市场宣传推广、公共信息服务等方面面临差别化和歧视性待遇，是人为造成的政策性不公平。为此，应针对服务出口设立专项财政政策支持引导资金，消弭服务出口与货物出口的政策性鸿沟，提升财政政策的公共性、公平性、普惠性。

二、财政支持服务出口的目标与原则导向

财政政策支持服务出口的目标是，以财政政策为主要手段，扩大服务出口规模，优化服务出口结构，带动国内服务产业繁荣发展，促进经济贸易发展方式转变和国民经济结构战略性调整。从调研过程中地方商务主管部门和服务贸易企业提出的建议看，财政支持服务出口的政策坚持以下基本导向，对于政策的成功实施尤其重要。

一是公共性。支持服务出口的财政政策同样属于公共政策范畴。其使用的方向、领域和重点应符合国家公共财政投入方向，体现财政政策的公平、普惠和包容性，即以提供公共产品和公共服务为主要投入方向。

二是引导性。财政支持服务出口的政策属于政府调控性质，是引导性的，其政策效果要通过市场机制作用于市场主体来发挥作用。因此，财政政策应当顺应并合理利用市场机制，在发挥好政府作用的同时，要更好地发挥市场作用，使政府财政资金引导、撬动更大规模市场资金促进服务出口发展。

三是协调性。一方面，要处理好财政政策与服务贸易政策的协调。财政支持服务出口的政策既是服务贸易政策的一部分，也是财政政策的范畴，应当统筹协调好两者关系，使之形成合力，既能促进服务出口发展，又符合财政政策相关原则；另一方面，要处理好现有的支持服务贸易发展的财政政策的关系。例如，在文化贸易、服务外包、中医药等领域已经有相关的财政政策支持，而新增加的支持服务出口的财政资金主要用于现有渠道无法享受相关政策的服务出口领域，即对服务出口的普惠性的支持。切忌出现重复享受政策好处的情况，避免不同行业享受政策的差异继续扩大的情况发生。

四是合规性。目前 WTO 没有服务贸易补贴协议的相关规则，使得服务贸易领域的补贴还处于灰色地带。但是，这并不意味着 WTO 的相关规则就不适用于服务贸易。事实上，虽然在 WTO 框架下服务贸易争端较少，但也时有发生，也会对国家形象及道义产生不良影响。因此，在中央政府层面，应尽可能避免触碰 WTO 的一些基本原则性规则。

三、财政政策支持服务出口的重点领域

虽然从理论上讲，所有服务出口都应得到普遍性支持。但鉴于国家政策资源有限，应将有限的财政资金投向最需要的领域。

一方面，逆差来源的主要细分行业，要通过财政政策支持，扭转相关行业逆差扩大的趋势。具体包括：旅游、运输、保险、专有权使用和特许（技术研发、工业设计等）、电影音响出版等文化贸易领域。

另一方面，则应是支持新兴的服务贸易领域，尤其是有潜力成为中国服务出口新增长点的细分行业。具体包括：中医保健、汉语教育、国际分销、环境服务、融资租赁、会计律师等专业服务等行业。扩大国家离岸服务外包专项资金和技术出口贴息专向资金支持力度与产业领域。加大对研发设计、节能环保和环境服务等国内急需的生产性服务进口实行出口贴息政策。在具体政策实施过程中，可以参考正在制订中的《重点服务出口领域指导目录》。

四、财政政策支持服务出口的方式和途径

财政政策支持服务出口的方式有两种：一是直补，即直接补贴给服务贸易企业，而不需要经过地方商务主管部门和服务贸易园区；二是间接补贴，即中央财政对地方商务主管部门或服务贸易园区拨款，并经他们对企业服务出口进行补贴。企业普遍认为，直接给予企业出口各环节补贴，其政策效用最好，减少了中间环节，应是财政政策支持服务出口的主要方式。当然，也可以留出一小部分针对地方商务主管和园区开展相关促进活动和公共服务平台建设给予支持。

为确保政策的成功实施，应正确合理把握对服务出口企业直接补贴的环节。从调研情况看，有以下政策可供选择。

一是现金补贴。针对服务出口新增规模给予相应比例的现金补贴，即实行改革开放初期鼓励货物出口而实施的出口奖励政策。

二是出口贴息。这是与现金补贴类似的一种做法，即针对服务出口计算所需的融资规模和融资成本，并对其进行融资补贴。相对于现金补贴，这种做法具有名义上的“正当性”，却同样可以收到现金补贴的效果。

三是出口能力建设资助。针对服务企业开拓国际市场、吸引国际化人才、参加国际展会、信息化建设等给予适当补助。

四是公共服务平台建设。针对地方商务主管部门和园区为服务贸易企业提供的公共服务给予支持。

五是设立以支持服务出口为导向的服务贸易创新发展引导基金。以股权投资方式对新兴服务贸易行业进行项目支持，引导更多社会资金投入先进型服务贸易行业。

第四节 出口税收政策

一、世界各国都对服务出口给予税收优惠

国际税收制度中有一条避免重复征税原则。因为一般对跨境交易中的消费地在境外的交易收入不征税，而消费所在加对此项交易征税，这就避免了跨境交易的出口国和进口国都征税而产生重复征税的税收政策冲突。同时，对跨境交易收入不征税，出口方以零税率进入进口国，有利于降低出口产品和服务的成本，提高出口竞争力。因此，世界各国普遍采取对国际贸易中的服务出口零税率或免税政策优惠。例如，美国对电子商务、互联网服务、知识产权贸易等领域给予出口税收优惠政策。韩国重点针对文化、游戏、动漫等领域实施出口税收优惠。而新加坡、欧洲等许多国家对国际航运企业提供包括出口免税、减税等在内的税收优惠政策。印度为培育全球离岸服务外包优势，则对离岸服务外包收入实施免税，以及相关人员的个人所得税实施减免等优惠。

二、中国服务零税率和免税政策现状

一直以来，中国对制造业实行增值税，对服务业实行营业税。制造业中的增值税只对增值部分征税，增值之外的进项税可以抵扣，这为实施以货物贸易领域实施出口退税提供了可能。而服务业中实行营业税收制度，对所有营业收入都要征收约5%的营业税，不区分销项的增值部分与进项的成本，实际上造成了重复征税，既不利于服务业内部的细化

分工及制造与服务的融合发展，也不利于在服务出口领域实施退税制度。很长一段时间，服务业出口仍会征收营业税，只是近年来，部分行业对境外取得的营业收入免营业税等优惠。但为提供境外服务所购进的成本仍然无法享抵扣等优惠，因此仍然不是出口服务零税率政策。

当前，随着中国服务业营改增政策的实施，服务出口零税率和免税政策也逐步建立。根据2016年《跨境应税行为适用增值税零税率和免税政策的规定》，中国对国际运输服务、航天运输服务，以及技术先进型的研发、设计、软件、技术出口、离岸服务外包等领域实行增值税零税率政策。可以对相应行业出口实行免抵退或免退税政策。而对抵扣不多的在境外提供的建筑工程服务、会议展览服务、仓储服务、租赁、文化教育体育、保险、专业服务等实行免税政策——免征增值税，即仅对境外收入免征增值税，其已经交纳的增加税不享受退税待遇。

理解中国现行的服务出口税收优惠政策需要注意两点：

一是零税率政策和免税政策的区别。零税率政策是指服务的出口以不含税的方式进入国际市场，具体实施方式有“免抵退”和“免退”两种方式。一般服务贸易企业实行免抵退方式，即进项税可抵扣销项税，超出部分享受退税待遇。而“免退”方式是针对兼营货物贸易的企业，则实行免退税政策，即对销项税免征增加值，同时对已经交纳的进项税实行退税。退税率根据不同行业设有6%和11%若干档退税率。而免税政策是指不对出口服务征收增值税，即免除销项税。但已经交纳的进项税不享受退税政策。因此，一般来说，增值税零税率政策对企业而言更为有利，可以享受退税待遇，但要提供相应的发票及材料，审批环节较多，耗时也较长。而免税政策流程相对简单，容易操作。因此，对于抵扣不多的服务企业，免税政策虽然享受的税收优惠不如零税率大，但免税政策更易获得，行政成本更低，对企业可能更为有利。

二是享受税收优惠政策的必须是完全在境外消费。这是由增值税的性质决定的。增值税作为一种流转税，是对消费者征收的一种税。在哪里消费就应在哪里征税。因此，对于完全在境外消费的服务，当然不能征税，征过的税收也应通过退税方式实现出口服务零税率。完全在境外消费这一限制条件是指，服务出口合同的签订方以及服务的实际接受方必须在境外，同时提供服务过程中形成的无形资产完全在境外使用，以及服务的标的必须在境外。

总的来说，近年来，尤其是十八大以来，在经济新常态下，服务业和服务贸易上升为国家推进经济产业转型升级以及供给侧结构改革的重要抓手和主要举措，服务业和服务贸易领域的优惠政策逐步加大。服务贸易领域的税收优惠政策体系也日趋建立和完善。尤其是服务出口零税率政策和服务出口免税政策标志着建立和完善服务贸易促进政策体系迈出了重要一步，对于有效促进服务出口，扩大服务产业在国际市场上的竞争力发挥了重要作用。

三、进一步完善服务出口税收政策的建议

当前，中国服务出口税收政策发展方向正确，要继续根据政策实施情况，不断完善具有中国特色的服务出口税收政策体系。

首先，建议将服务出口零税率政策和免税政策进一步扩大，最终覆盖所有服务行业和领域。借鉴货物贸易出口退税政策经验，根据服务贸易行业分类，设定全行业、全领域享受的出口税收政策待遇。享受出口退税政策的行业和领域，公开标明并发布出口退税率表。对于享受出口免税政策的行业和领域，也应根据服务贸易行业分类，全部公开列明。建议所有服务行业和领域至少享受境外出口收入免税政策。

其次，进一步规范简化服务出口退税所需提交的材料清单，简化退税流程，加快退税审批进程。

第三，积极发展出口退税专业性中介服务机构。支持中小型出口退税服务机构发展，为广大服务贸易企业提供退税服务。同时，鼓励金融机构和其他企业、机构发展基于出口退税权利的融资产品，使企业可以提前获得出口退税，提高服务贸易企业资金使用效率。

第五节　出口融资

与财税政策类似，中国的金融财政也主要是针对制造业和货物贸易而设计的。然而，服务业由于轻实物资产，没有像制造业那样的大型厂房、机器设备、不动产等可以抵押，服务业的融资更难。对于针对服务

贸易出口的信用保险、贸易融资等政策也不完善，支持力度远不及货物贸易。

目前，中国进出口银行是专门从事贸易投资融资业务的政策性金融机构。根据中国进出口银行公布的信息来看，其开展的出口信贷业务共有八大支持方向，主要集中在船舶、机械设备、高新技术等货物贸易领域，仅有其中一项是有关服务贸易的领域，即出口文化产品和服务出口的卖方信贷业务。在此方面主要用于支持贷款人在文化产品和服务出口的设计、制作、实施、发行等环节。文化产品和服务包括图书、报刊、电子音像制品、电影和电视剧版权，文化企业在境外设立出版社、广播电视网、出版特营销机构、广播电视在境外落地、购买境外媒体播出时间、在境外开办广播电视频道频率，文化企业开展对外劳务合作，及其他符合国家文化产业政策的文化产品和服务。然而，中国服务贸易涉及非常广，在技术、研发设计、旅游、运输、软件和信息、专业服务等领域能够获得政策性金融支持的可能性不大。因此，建议要丰富针对服务业和服务贸易特点的金融产品，利用无形资产和公共融资平台等方式加大对服务业和服务贸易的金融支持，不断扩大政策性金融对服务出口的覆盖面。

建议研究出台《金融支持服务贸易发展的指导意见》，鼓励政策性金融机构率先在风险可控的前提下创新金融产品和服务，带动商业金融机构加大对服务贸易和投资金融支持力度。首先，鼓励政策性金融机构在现有业务范围内加强支持服务贸易企业开拓国际市场。建议进出口银行开展贸易投资金融支持业务时把服务业和制造业放在同等重要地位。在文化行业基础上，进一步扩大覆盖面，扩展到旅游、运输、软件和信息技术、专业服务、商业服务等领域。针对服务出口订单散、小等特点，开发适用于中小企业服务贸易企业的金融产品。其次，加大对服务业海外投资并购的支持力度。目前，中国在文化、信息技术、节能和环境服务、商业服务等领域海外投资项目较多，这对于扩大服务海外销售，打造中国服务品牌，提高国际市场占有率具有重要作用。为此，要支持符合中国走出去战略和产业发展重点方向的服务产业海外投资项目。第三，推动扩大服务贸易领域人民币计价和结算。拓宽服务贸易企业的融资渠道，积极支持符合条件的服务贸易企业在资本市场融资。

第六节 出口保险

出口信用保险是国际贸易促进政策体系中的重要一环。国际贸易领域面临诸多政治、经济、商业风险，时常会出现货物和服务款项拖欠或无法收回等事件发生，这对于个体企业而言是开拓国际市场、发展出口贸易的一大障碍。而出口信用保险则可以解决上述问题，使企业安心专门提供商质量的产品和服务。目前，中国货物贸易领域的出口信用保险十分成熟，对货物贸易出口起了十分重要的促进和保障作用。但是，服务贸易由于具有无形性等特点，而且服务出口相对于货物出口而言规模小，为服务出口提供信用保险的产品开发相对滞后。

为加强国家政策性出口信用保险对服务贸易发展的支持作用，早在2007年，商务部服务贸易和商贸服务业司就与中国出口信用保险公司合作，共同推进出口信用保险政策工具在服务贸易领域的运用。近年来，中国出口信用保险公司与相关政府部门、行业协会密切合作，在建立服务贸易企业信用评价、开发服务出口信用保险金融工具、开展对服务贸易企业信用风险综合管理、积极支持服务贸易企业海外经营等方面做了大量工作，为服务贸易企业出口提供了收汇安全和融资的便利途径。随着中国服务贸易规模日益壮大，服务贸易企业对出口信用保险的需求越来越大。中国出口信用保险公司在支持服务贸易开拓国际市场方面也积累了丰富经验，为进一步完善服务出口信用保险业务打下了坚实的基础。2016年，中国在15个地区开展服务贸易创新发展试点，其中就要求在积极探索出口信用保险支持服务贸易发展的有效途径，进一步扩大出口信用保险承包服务贸易的业务领域和覆盖面。

总体来看，中国出口信用保险政策对服务贸易出口业务的支持正处于探索阶段，但存在规模不大、覆盖率不高、保险产品开发滞后等问题。今后要进一步鼓励保险公司针对服务贸易企业的风险特点，有针对性地创新开发保险产品，提高服务贸易企业的出口信用保险覆盖率，不断降低承保费率，为服务贸易企业提供更多更全面的风险保障。力争要像货物贸易那样，实现对服务贸易全行业、全领域承保的全覆盖，做到应保尽保。同时，以信用保险和保证保险为重点抓手，充分发挥信用保证保险在服务贸易领域的作用，为服务贸易企业提供损失补偿和增信融资等服务。

第七节　外汇政策

随着中国外汇管理体制改革的深入推进，服务贸易领域的外汇收支政策不断改进完善，包括服务贸易收支项下的经常项目外汇支出不存在障碍，服务贸易项下的外汇收入结汇便利化程度也有显著提高。今后，为进一步发挥外汇管理部门对服务贸易发展的支持促进作用，提如下三点建议。

一是加强国际收支和外汇管理部门与服务贸易主管部门的协调沟通。国家外汇管理局承担服务贸易国际收支的统计职能，并对口负责与IMF在国际收支包括服务贸易统计方面的衔接。为此，建议外汇管理局进一步配合服务贸易行业主管部门，共同完善服务贸易统计制度，加强跨部门国际服务贸易数据协调与共享，为服务贸易发展、分析、监测、预警等提供坚实的数据支持。

二是要深入推进外汇管理体制改革，进一步简化外汇审核流程手续，在企业开户、收支、结售汇、融资等方面提升结算便利，降低汇率风险。要针对服务贸易企业订单小、散的特点，出台便利服务贸易企业的外汇收支和结售汇制度，降低企业的外汇管理成本。

三是坚持服务贸易收支的合理审查原则，加强服务贸易外汇收支监测预警。货物贸易有海关估价协议，海关、外汇等部门可以据此较为准确地确定每一笔交易的真实性与合理性。然而，服务是无形的，同样的服务类别，其服务的内涵和质量差别悬殊，因此很难对贸易交易进行准确估价，这就对服务贸易的收支合理性审查构成挑战。为此，要进一步完善服务贸易收支合理性的审查制度，尤其是一些服务贸易激励政策要以服务外汇收支数据为依据时，更应做好服务贸易收支合理性、真实性的核查工作，防止利用服务贸易收支转移资本，骗取国家政策资金等。同时，要强化服务贸易跨境资金流动风险防控，做好跨境资金异常流动应对工作，防止服务贸易国际收支成为资本跨境转移的便捷通道。

第十二章 健全中国服务出口政策保障体系

服务贸易政策保障体系与服务贸易出口能力体系、服务贸易促进体系一样，是服务贸易发展的三大体系。目前，服务贸易政策保障体系也存在基础不牢、体系不健全不完善、保障功能和效果不显著等问题。今后，服务贸易政策保障体系应继续在完善框架的基础上，着力打造精细化的保障体系，着力提高政策保障体系的针对性、有效性，着力增强服务贸易发展的制度基础，着力营造自由化、便利化、市场化的良好发展环境。

第一节　深化开放与完善立法

一、全方位深化服务业开放

一是以服务业开放倒逼服务业体制机制改革创新。服务业开放在解决市场准入问题和为服务业发展注入外部活力的同时，还要加大国内服务业改革力度，破除制约服务业和服务贸易发展的国内规制，即边境后措施，这是形成服务业发展自身活力的重要环节。制约服务业发展的规制更多地体现为边境后措施，唯有通过改革服务业发展的体制机制，把服务业开放转化为服务业改革的动力，才能激活服务业市场竞争活力。因此，必须把改革与开放结合起来，以开放推动服务业体制机制和管理创新，以开放促发展、促改革、促创新。

二是服务于对国内民营企业开放应优先于对外资开放。服务业开放对内资开放应先于对外资开放，至少是同步开放，以此改变过去外资享受所谓“超国民待遇”的现象。改革开放30多年来，中国在对外开放实践中，对外资的开放一直优先于对内资的开放，尤其是对民营资本的开放。世界银行的一项研究表明，中国的内向开放度低于外向开放度。新的历史时期，应明确在完全对内开放尤其是民营资本开放的条件下，打破国内服务行业垄断，引入国内竞争，再对外开放，引进国际竞争，推动服务业新业态、新模式的发展。通过引入民营资本和外国资本进入服务业领域，打破服务业的所有制度壁垒，深化服务业改革，提升中国服务业国际竞争力。

三是同步推进国外先进服务业“引进来”与中国优势服务“走出去”。也就是“引进来”和“走出去”同等重要。一直以来中国强调的开放是单向开放，国家更注重“引进来”。随着中国经济发展水平的大幅提升，越来越多的企业有“走出去”的潜力和需求，服务类企业一方面通过服务实体企业的“走出去”，另一方面服务企业自身发展也有“走出去”的需求。因此，新时期中国服务业的进一步扩大开放是双向开放，即一方面要进一步放开国内服务业的市场准入，大力引进服务类国际资本；另一方面更需要通过服务市场的开放换取缔约国服务市场的对等放开，为中国企业“走出去”创造更好的条件和环境，扩大服务出口和服务业“走出去”。

四是服务业自主开放与服务业对外协议开放相结合。也就是自主开放先行，试验风险，积累经验，然后再通过国际协议相互开放市场，以达到互利共赢。自主开放更加灵活主动、风险可控，在一定时期，通过特定领域和区域的自主开放，可为协议开放铺平道路，防范协议开放的约束性和不可逆性的开放风险。在自主开放的基础上，通过签署多边、区域和双边协议，把自主开放的试验内容推向全面，并换取其他国家的对等开放，实现开放利益。在服务业对外协议开放中，必须首先加快实施自由贸易区（FTA）战略，稳步推进双边投资协定（BIT）谈判，促进包括服务业开放在内的贸易投资自由化。与此同时，要在多边贸易体系框架内，积极参与多哈回合新议题谈判，特别是要更加积极主动地参与新的服务贸易协定（TISA）谈判，在新规则形成中取得更大话语权。

五是全面开放与重点领域开放相结合。也就是在全面提升服务业开放水平的前提下，更加精准地实施差异化开放。服务业涵盖面广，行业差别极大，在坚持全面提高服务业开放度和开放水平的同时，要根据不同行业特点，采取不同的开放策略。对于事关国家战略安全、意识形态的领域，要坚决顶住压力，保留必要的管制手段。对于纯竞争性的经济领域，要完全开放。尤其是有利于国内经济体制改革，激发市场活力和竞争的行业和领域，要作为重点，坚决彻底开放，不给“玻璃门”和“弹簧门”留下生存空间，不能因为行业利益的阻挠而迟滞开放。总之，不能开放的坚决不开放，可以开放的要做到彻底开放。

六是扩大开放与维护国家安全相结合。也就是要在维护国家安全的大前提下扩大服务业的对外开放。不同于制造业，由于部分服务行业在国民经济中的重要性和特殊性，如金融业关系国民经济命脉，通讯服务业维系国家的信息安全，文化、教育等服务业事关价值观及国家意识形态等等，服务业的开放必须要强调国家安全意识和风险防范意识，在开放过程中要加强监管，对部分行业要审慎开放。

二、完善服务业开放和服务贸易立法工作

一是深化开放领域立法。清理和规范服务业相关行业规章，推进服务行业基础性法律的制订与修订工作，统一内外资法律法规。继续深化自主开放试点，逐步推广复制开放成果。目前，中国正在上海、天津、广东、福建 4 个自由贸易试验区开展自主开放试点，其中服务业自主开放是重要内容。要结合中国与美国双边投资协定谈判，把自贸试验区自主开放成果制度化，加快修订外商投资企业法律和各个部门的行业管理法律或规章，把服务业开放成果用法律制度固定下来，把具有中国特点的外商投资负面清单管理模式体现到法律制度框架中。

二是完善服务贸易法规体系。根据中国《对外贸易法》，及时制定《服务贸易条例》《加快服务贸易发展的指导意见》等，使促进服务出口的各项政策有法可依。研究修订《技术进出口管理条例》，逐步建立和完善服务贸易各领域法律法规体系。规范服务贸易市场准入、经营秩序、财税支持、投资促进等相关政策，探索出台国际投资、知识产权保护、争端解决机制等方面的法律法规。鼓励有条件的地方出台服务贸易地方性法规。制定服务贸易重点专项领域促进办法。加强国际服务贸易

行业立法工作。

第二节　加快服务标准与认证体系建设

“标准是世界的通用语言”。服务标准是打开国际服务贸易市场的一把钥匙。同时，服务标准也是决定服务质量和服务产业竞争力的重要因素。因此，扩大中国服务贸易出口，培育服务贸易的国际竞争力，必须注重服务标准化建设。服务的多样化与服务过程和服务质量的标准化并行不悖。1995 年，WTO 明确提出要通过制定服务质量标准，对各行业服务提供者进行资格认证。

中国服务业标准化工作相对滞后，但加入 WTO 后，为与国际接轨，中国加快了服务业标准化进程。服务贸易的国际化离不开服务标准的国际化。中国在扩大开放的同时，相应地不断推进服务业的标准化，在国家重要规划和文件中明确提出要加快推进服务业标准化。中国积极参与 WTO 和 ISO 框架下的服务业标准制度工作，在部分行业采用了国际服务标准，开始对开放的服务领域建立服务质量标准体系，对拟进入国际市场的服务提供者进行资格认证，或对服务产品的质量进行规范。经过多年发展，中国在借鉴国际服务标准化先进理念基础上，公布了一系列服务业标准，有效地保护了消费者的知情权，为规范企业行为、维护市场秩序发挥了重要作用。在许多服务行业成立了服务业标准化技术委员会、分技术委员会、工作组，并建立了各自的标准化体系。但是与发达国家相比，中国服务业标准化工作还较为落后，服务业标准总体水平低，服务标准的技术含量不足，技术先进型的互联网、文化等领域服务标准短缺，中医药等中华特色服务行业标准的国际认可度较差等。

今后，应进一步推进中国服务行业的标准化工作，积极推进服务标准的国际化和国际认证认可，为开拓服务贸易市场培育标准竞争新优势。首先，应进一步夯实国内服务业标准化工作。继续从服务流程标准化、提供服务标准化、服务人员语言标准化、服务人员动作标准化、服务人员态度标准化等方面全面加强各服务行业的标准化。在一些比较成熟的服务行业，应主动与国际标准“对标”，提高与国际标准的一致化程度。其次，在中国具有优势的服务行业，及具有中华特色的服务行业领域，应制定国际先进标准，积极推动其上升为国际标准。结合“一带一路”和走出去战略，推动中国先进服务业标准和中国特色服务标准走出去，开拓国际市场服务。第三，积极寻求国际服务标准的认证和相互认可。在完善标准体系基础上，逐步建立服务标准的社会认证制度，鼓励企业和社会机构取得标准认证。推动与其他国家在服务业标准认证认可的交流互鉴，在中医药等中国特色服务领域积极商签服务标准的认可协议。

第三节　提升服务贸易便利化水平

服务贸易便利化可从特殊行业口岸通关便利化、服务贸易交易全环节便利化、服务业国际投资便利化和人员流动便利化等方面推进。

一、建立和完善与服务贸易行业特点相适应的口岸通关模式

探索特殊行业服务贸易海关监管便利化新模式。创新服务贸易海关监管模式，完善符合跨境电子商务业态发展的工作机制，研究制订跨境电子商务国际规则和标准，不断推进跨境电子商务口岸通关便利化水平。探索对会展、拍卖、快递等服务企业所需通关的国际展品、艺术品、电子商务快件等特殊物品的监管模式创新，为实现国际服务贸易而形成的货物、作品、设备通关提供优质便利通关服务。继续完善服务外包项下的货物、设备保税监管新模式，为海关特殊监管区开展服务外包提供通关和海关监管便利。

二、提升以港口为核心的港航物流运输便利化水平

国际运输作为服务贸易的重要领域，对港口和航运的便利化较为依赖。港口航运物流的便利化是服务贸易便利化的重要内容。首先，加强港口与铁路、公路、航空运输体系衔接。推动不同运输方式互联互通。密切铁、水、公、空等多种运输方式的衔接，大力发展铁路与公路、海运联运，积极发展陆海直达运输。其次，不断丰富港口国际航线，大力

发展转口贸易，增加港口对国际货物的集散中转能力，扩大运输网络，降低运输成本，提高运输效率。第三，大力提升港口信息化服务水平。建设“线上无水港”平台，提供船舶动态、货物信息，提升订舱、报关、多式联运、堆场拆装、保险等环节的自助功能。推进物联网、云计算、大数据等新一代信息技术在港口推广应用，推进信息化与港口生产、服务、管理各环节全过程融合。

三、推进服务贸易交易全环节便利化

推进服务贸易退税、服务贸易融资、外汇管理等全环节便利化。一是全面落实跨境服务收入税收政策，全面推进服务贸易出口零税率政策和免税政策。加快出口退税进程，做到应退尽退，简化退税流程，提高退税效率。二是加强金融基础设施建设，便利跨境人民币结算，鼓励境内银行机构和支付机构扩大跨境支付服务范围。加大政策性金融机构和保险机构对服务出口的融资支持和信用保险支持，简化审批流程，提高融资和信用保险效率。三是要深入推进外汇管理体制改革，进一步简化外汇审核流程手续，在企业开户、收支、结售汇、融资等方面提升结算便利，降低汇率风险。

四、推进服务业投资和人员流动便利化

结合全面深化改革和商事制度改革，积极在服务业领域扩大市场准入，放松管制，推行服务业投资“一照一号”、“先照后证”改革，推进政府服务由“串联”向“并联”式作业转变。加快服务业企业准入“单一窗口”从企业设立向企业工商变更、统计登记、报关报检单位备案登记等环节拓展，逐步扩大“单一窗口”受理事项范围。加强开放政策、吸收外资法律法规和业务知识宣传培训。建立和完善外商投资管理服务培训平台和纠纷投诉调解工作平台。加强人员流动、资格互认、标准化等方面的国际磋商与合作，为专业人才和专业服务“引进来”和“走出去”提供便利。

第四节　完善服务贸易统计制度

一、中国服务贸易统计现状

中国服务贸易统计体系有两类：一类是国家外汇管理局发布“BOP”统计体系；另一类是商务部门发布的“BOP + FATS”统计体系。

（一）“BOP”统计体系

目前，由国家外汇管理局主导的国际收支项下服务贸易统计（BOP统计）已经制度化。中国从1982年开始编制并公布国际收支统计数据，自1996年开始实施《国际收支统计申报办法》，已经建立了一套较为完整的、系统的服务贸易数据收集体系，其主要特点是，以银行间接申报为主、企业直接申报为辅；独立于行政管理部门统计，涵盖有关服务贸易的经济范畴；所采用统计概念定义和数据加工方法符合IMF《国际收支手册》的基本规范，具有较强的国际可比性。

国际收支平衡表中服务贸易行业分类完全遵循IMF发布的《国际收支和国际投资头寸手册第六版》（BMP6）中的分类，总共分为十二大类，分别是加工服务、维护和维修服务、运输服务、旅行、建设、保险和养老金服务、金融服务、知识产权使用费、电信计算机和信息服务、其他商业服务、个人文化和娱乐服务以及别处未提及的政府服务。

（二）“BOP + FATS”统计体系

随着中国服务贸易的迅速发展以及服务业国际投资规模的扩大，全面的服务贸易统计必要性逐渐加强，而国内的服务贸易统计局限于国际收支统计中的服务项目（BOP统计），无法提供与GATS对接的国际服务贸易统计数据。在此环境下，商务部开始着手建立与GATS对接的包含BOP以及FATS的服务贸易统计制度。2007年商务部、国际统计局发布了第一版《国际服务贸易统计制度》，2008年开始运行，之后每两年进行一次修订。随着《国际服务贸易统计制度》的运行，中国服务贸易统计逐步形成以居民与非居民之间的服务贸易和外国附属机构的服务贸易为两条基本主线，以自然人移动统计为辅线，覆盖4种服务贸易模式的统计框架。

2014年版《国际服务贸易统计制度》中，服务贸易行业的分类标准是以IMF分类为基础，参照了WTO服务贸易分类，[①]并结合中国的实际，将服务贸易分为运输服务、旅游、建筑服务、保险服务、金融服务、电信计算机和信息服务、文化和娱乐服务、法律会计广告等专业和管理咨询服务、技术服务、知识产权使用费、教育服务以及其他服务12类一级目录，但进一步将运输服务细分为空运、海运和其他3个二级目录；电信、计算机和信息服务细分为电信服务、计算机服务和信息服务3个二级目录；文化和娱乐服务细分为视听和相关服务以及体育服务2个二级目录；法律、会计、广告等专业和管理咨询服务细分为管理咨询和公共关系服务、广告服务以及会展服务3个二级目录；知识产权使用费中单列了研发成果使用费二级目录；其他服务细分为来料加工服务、环境服务、医疗保健和社会服务、分销服务4个二级目录。

服务贸易统计体系包括服务进出口统计、外国附属机构服务贸易统计以及自然人移动统计。服务进出口统计主要是居民与非居民间的服务贸易统计，主要对应GATS的模式一跨境交付和模式二境外消费；外国附属机构服务贸易统计主要对应模式三商业存在；自然人移动统计主要对应模式四自然人移动。

二、中国服务贸易统计存在的主要问题

服务业和服务贸易的统计制度极不完善，存在大量的漏统、统计不准确等情况，低估了中国服务经济发展程度，这直接导致国家和地方政府对服务业和服务贸易发展资源投入不足。

---

① 世界贸易组织（WTO）将服务贸易分为专业服务、通信服务、建筑及相关工程服务、分销服务、教育服务、环境服务、金融服务、健康与社会服务、旅游服务、文化与体育服务、运输服务及其他服务十二大类。

（一）两类服务贸易统计缺乏协调

《国际服务贸易统计制度》实施后，中国出现了服务贸易进出口数据来自两种不同的统计体系、产生了两组不同数值的局面。这两组数值在统计分类、归口管理部门、统计手段等方面都存在差异。首先服务贸易行业分类存在明显差别；其次数据来源渠道不一致，BOP 服务统计中以银行间接申报为主、企业直接申报为辅，商务部中大部分数据来源于直报系统。数据收集中的多头管理和统计口径、统计方法、统计手段的不一致，造成目前中国服务贸易统计较为混乱。

（二）“BOP + FATS”统计还处于起步阶段

尽管中国发布了《国际服务贸易统计制度》，确立了“BOP + FATS”服务贸易统计框架，但从服务贸易统计数据的发布来看，也仅发布 BOP 的统计数据，服务贸易 FATS 统计数据并没有同时发布。这反映出中国 FATS 统计还有待完善。目前，中国利用外资和对外投资企业申报的财务报表中均缺乏对销售额中或营业额中的货物与服务分组，导致附属机构统计中的核心指标“服务销售额”数据缺失，相关部门只能通过典型资料推算，这直接影响了服务贸易 FATS 统计。

（三）统计方法还需进一步完善

中国服务贸易数据采集严重依赖申报制度，包括间接申报和直接申报。间接申报主要通过金融机构进行，而所有企业或个人的大额资本流动又通过银行进行，所以通过间接申报数据收集比较完整，得到的国际收支统计数据具有较高的权威性。但是，服务进出口中的建筑服务、教育服务、环境服务、医疗保健和社会服务、娱乐文化和体育服务、分销服务等数据实现企业直报，由于没有相关法律法规的有效约束，企业直报效果较差，每年统计报表回收率低，统计申报数据准确性、时效性比较差。

三、进一步完善中国服务贸易统计的建议

（一）建立服务贸易统计跨部门合作机制

服务贸易涉及行业主管部门众多，数据来源渠道复杂，统计工作协调难度大，因此建立服务贸易统计跨部门合作机制十分必要。建议在国务院服务贸易发展部际联席会议制度的框架下，设立服务贸易统计工作小组，由商务部牵头负责服务贸易数据的收集、调查、统计与发布工作，建立服务贸易统计数据的共享与交换制度，加强部门间的合作与沟通，建立健全服务贸易统计网络，保证统计信息来源的及时性、完整性与可靠性。在此基础上，逐步建立以服务贸易综合监管平台为基础、以各部门行业数据为参考、以重点领域调查为依托、以专家学者研判为补充，既符合国际规范，又独具中国特色的服务贸易统计分析体系，提高中国服务贸易统计数据的准确性、细分性、时效性和权威性。

（二）拓宽跨境服务 BOP 统计数据来源

随着服务交易的多样化与复杂化，目前发达国家已由过去的主要依靠国际交易报告系统（ITRS）采集服务贸易数据，转向以普查与调查为主、国际交易报告系统为辅的混合方法采集数据。目前，基本依赖企业调查系统而不采用 ITRS 系统的国家较多，如美国、英国、芬兰、丹麦、瑞典、澳大利亚、比利时和西班牙等。此外，各国还采用其他一些方法尽可能全面地获取服务贸易数据，如通过估算的方法推算、从相关政府部门获取数据、通过与他国数据交换的方式取得双边数据以及通过购买方式获得数据。

目前，中国的 BOP 统计主要通过外汇管理部门的国际收支统计申报系统采集基础数据，并以其他部门的数据，如海关的进出口统计数据、旅游局的旅游服务出口数据等进行补充，存在统计遗漏、数据来源渠道单一等问题。应进一步完善修订《国际服务贸易统计制度》，借鉴发达国家的经验与做法，拓宽数据来源渠道，采取企业调查、家庭调查、个人调查等多种调查手段，完善运输、保险、旅游等重点服务项目

数据的采集与汇编工作，同时逐步采集扩大的国际收支分类（EBOPS）项下数据。

(三) 完善内外向 FATS 统计制度

随着经济全球化的迅速发展，跨国企业的母国总公司与外国附属机构之间的交易日益密切与复杂，对外国附属机构服务贸易（FATS）的统计日益受到各国的重视。外国附属机构服务贸易（FATS）与 GATS（模式三）中的商业存在密切相关，在各国都是统计的难点。内向 FATS 和外向 FATS 针对的是不同的群体，因而统计方法上存在差别。发达国家通常从以下 4 个主要来源获取内向 FATS 数据：一是关于经济体商业结构、外资控股公司以及 UCI 国家信息调查，还可通过交叉查询获取该信息（例如企业登记、FDI 登记等）；二是关于外国直接投资（FDI）信息的调查，调查包括利益变量；三是专门的 FATS 调查；四是行政机构来源，如业务登记系统、纳税申报单、银行或保险公司的监管报告等，或者对外投资、私有化监管机构等数据来源。外向 FATS 信息的获取难度更大，通常根据 FDI 调查和专门的 FATS 调查收集母公司（属于东道国居民）国外分支机构的活动。

FATS 变量通常至少可包括以下国外附属机构的基本措施：销售额（营业额）和/或输出；就业；增加值；商品和服务进出口；企业数量。其他变量还可包括资产、员工薪酬、净值、净营业盈余、固定资本形成总值、所得税、研发费用以及商品和服务购买等。

目前，中国只初步建立了基本符合国际规范的 FATS 统计框架，但在变量的选取与数据的采集方面还存在不足，应开展针对 FATS 统计的专向研究，选取服务贸易创新试点城市，进行定期外国直接投资（FDI）调查，并开展针对在华外资企业与“走出去”企业的专门 FATS 调查，扩大内外向 FATS 变量采集范围，逐步建立起符合国际规范与中国国情的 FATS 统计体系。

(四) 完善服务贸易统计数据的发布与分析

发达国家（地区）一般都定期公布服务贸易分项统计数据，以满足社会政府、企业和相关机构对服务贸易统计数据的需求。如美国每月以

《美国货物和服务的国际贸易》（US International Trade in Goods and Servicess）的形式发布货物和服务贸易统计数据。每个季度以《国际交易帐户》的形式发布服务贸易季度详细数据。日本银行也通过其网站按月度及时发布其服务贸易分项数据。中国香港政府统计处则按季度发布其服务贸易分项数据。

为此，要借鉴发达国家经验，加快建立服务贸易统计、发布与分析制度，强化服务贸易企业自主直接报送信息工作，形成科学、全面的服务贸易统计数据搜集与汇编体系。构建服务贸易统计数据的分析体系，研究分析方法，完善分析手段。定期发布中国服务贸易统计报告，全面分析和评估服务贸易的发展状况、展望趋势，提出促进服务贸易发展的具体建议。

第五节　加强服务贸易综合监管

依托服务业重点联系企业制度，建立包括数据统计收集、市场运行监测、信用评估、政策支持保障、事中事后监管和公共信息服务等六大功能于一体的服务贸易综合监管服务平台，这是完善服务贸易管理体系的重大举措。服务贸易综合监管平台可以由发改委、工业和信息化部、国家文化部、中国人民银行、统计局、外汇管理局、国家旅游局等部门共同开发设计，实现公共数据共享，建成大数据综合监管平台，成为服务贸易领域的类似海关监管货物贸易综合监管系统。

一、数据统计收集

进入综合监管平台的服务贸易企业要履行服务贸易和经营情况的数据申报。综合监管平台企业申报数据可以作为服务贸易国际收支统计数据的重要补充。综合监管平台要细化企业申报数据指标，包括服务贸易进口、服务贸易出口、所属行业或领域、企业性质、国别市场等。同时，可根据运行监测需要，增加服务贸易企业订单、企业经营财务状况等指标，形成月报、季报、年报等制度性规定。

二、市场运行监测

以综合监管平台为基础，通过信息报送、统计数据、座谈会、现场调研、跟踪评估等方式，及时掌握服务贸易企业发展情况，总结企业成功经验、发展特点、趋势及存在问题。建立服务贸易发展跟踪评估与统计分析工作机制，开展服务贸易重点企业运行监测、发展动态分析，为行业管理提供科学决策依据。

三、信用评估

以综合监管平台为基础，结合国家其他部委较为成熟的信用数据库系统，建立服务贸易市场主体信用记录，加大服务贸易企业信用信息公示力度，促进行政许可、资质审查备案、行政处罚、日常监管、消费投诉、行业自律、司法裁决执行等信息的归集共享。推广市场准入前信用承诺制度、守信激励和失信惩戒典型案例发布制度，营造健康有序的发展环境。构建守信激励机制，对守信主体实行业务优先办理、简化程序等激励政策。建立服务贸易企业“黑名单”制度，对列入经营异常名录和严重违法名单的企业，在政府采购、企业上市、快速通关、网络交易等领域实行“一处失信、处处受限”。

四、政策支持保障

综合监管平台可以起到对服务贸易政策实施的支持保障作用。首先，国家支持服务贸易企业发展的财政、税收、金融等支持政策可以通过监管平台发布，直接传达到企业，企业可迅速了解国家相关政策。其次，综合监管平台企业申报并审核后的进出口数据，可作为企业享受财政、税收、金融等支持政策的依据。第三，地方政府和企业在政策实施过程中出现的问题，如认定标准、实施进度等，可通过监管平台及时反映，最后通过监管平台协调有关方面解决，大大提高政策执行效率。

五、事中事后监管

依托综合监管平台，研究建立分类风险管理机制，完善以随机抽查、重点检查、举报核查为主的日常监管制度，对有失信记录的企业加大检查频次。建立定期分析和风险研判机制，运用服务贸易大数据系统识别监管风险，明确监管重点。进一步完善投诉举报管理制度，规范处理流程，维护市场经营秩序。强化企业主体责任，引导企业增强法律意识、诚信意识和自律意识。依托商务部服务贸易综合监管平台和重点企业联系制度，运用互联网、大数据等技术，以信用管理为基础，以主体监管和行为监管为现实手段，兼顾网络监管与实体监管，建立服务贸易企业线上线下一体化的管理模式。

六、公共信息服务

依托综合监管平台，形成政府、行业协会、企业、智库媒体等交流平台，行业协会和智库媒体等可积极提供法规政策、标准、研究咨询、宣传报道等方面的公共服务，同时综合监管平台也可为企业间相互沟通交流、开展合作提供政策咨询及相关便利。充分发挥行业协会和企业商会在规范行业行为、调解矛盾纠纷、促进行业自律、维护行业公平等方面的积极作用。依托综合监管平台，遴选服务贸易优秀企业和典型案例，采取多种形式宣传推广重点服务贸易企业在整合资源、创新模式、培育核心竞争力等方面的先进经验做法，通过树立典型，发挥示范引导作用，推动行业发展。

第六节　人才、研究与舆论保障

一、加强服务贸易人才培养与培训

创新服务贸易人才培养模式，加快形成政府部门、科研院所、高校、企业联合培养人才的新机制。推动高校和科研院所加强服务贸易学科建设，鼓励和支持高等院校国际经济与贸易等学科专业开设服务贸易课程，加大服务贸易领域专业人才的培养力度，培育更多精通国际规则和国外法律、熟悉国际经营战略和技术发展的复合型人才。完善服务贸易人才“政府引导、机构主导、企业支持”的三级培训体系建设，创新服务贸易人才培养途径，鼓励各类市场主体加大人才培训力度，开展多层次各行业服务贸易专项培训加快在有条件的地方建立服务贸易人才培训基地。

二、深化服务贸易人才引进与交流合作

支持机构和企业引进海外服务贸易高端人才，为外籍高端人才在华居留、工作提供便利。明确中国国际人才交流协会、驻外机构的公共服务定位，发挥其在渠道开辟方面的独特优势和作用。组织好中国国际人才交流大会、中国政府“友谊奖”评审颁奖等重大引智活动，搭建高层次国际交流合作与政策对话平台。健全中国国际人才市场的服务功能，促进服务贸易人才与其他各领域人才市场的融合贯通，提高国外人才和智力资源配置的市场化程度。遵循国际人才集聚规律，选择若干重大创新领域和地区对各项重点改革举措先行先试，引领示范和深入推进人才对外开放，着力打造若干具有全球影响力的国际优秀人才集聚高地。

三、加强服务贸易战略研究和智库建设

以服务贸易高端智库建设推动服务贸易战略研究。建立服务贸易专家库，培养一批具有国际视野的服务贸易领域专家人才队伍，加强对服务贸易热点、焦点、难点及服务贸易特殊性、规律性、趋势性、战略性等问题研究，注重发达国家先进经验和成功实践的研究总结，强化服务贸易国际规则动态追踪和谈判策略研究。支持国内智库加强与国际知名智库交流合作，联合开展国际服务贸易的理论、实践与政策等研究。成立服务贸易专家咨询委员会，开展专题研究，为服务贸易发展提供咨询和智力支持。

四、加大服务经济和服务贸易新亮点的宣传

当前，中国经济转型趋势日益明显，服务经济和服务贸易将成为推动中国从经济贸易大国向经济贸易强国转变的核心力量。同时，文化创意、软件和信息技术、大数据、互联网、云计算、跨境电商、虚拟现实等新技术、新产业和新的商业模式不断涌现，这些都是服务业和服务贸易范畴。今后，对中国服务经济和服务贸易中的发展亮点，应加大宣传

报道力度，及时跟踪报道服务业和服务贸易发展动态，引导企业社会向服务经济、服务贸易转型升级，形成服务重塑价值的社会共识，让发展服务经济和服务贸易的大趋势深入人心。

参考文献

[1] Vandermerwe, Sandra, Juan Rada. Servitization of Business: Adding Value by Adding Services. European Management Journal , 1989.

[2] Szalavetz, Andrea. Tertiarization of Manufacturing Industry in the New Economy: Experience in Hungarian Companies. Hungarian Academy of Sciences Working Papers, 2003.

[3] Martin Falka, Fei Peng. The Increasing Service Intensity of European Manufacturing. The Service Industries Journal, 2011.

[4] Timmer, M. P. The World Input-output Database: Contents, Sources and Methods. WIOD Working Paper, 2012.

[5] Frank den Butter, Christiaan Pattipeilohy. Productivity Gains from Offshoring. Tinbergen Institute Discussion Paper, 2007.

[6] U. S. Trade Promotion Coordinating Committee: "2012 National Export Strategy", December 2012.

[7] Francois, Jospeh, and Bernard Hoekman (2010), Services Trade and Policy, Journal of Economic Literature, .

[8] 江小涓、薛澜主编:《服务经济译丛》,[美] 阿迪特・马图、罗伯特・M. 斯特恩、贾尼斯・赞尼尼主编,陈宪主译:《国际服务贸易手册》,格致出版社、上海人民出版社 2012 年版。

[9] 江小涓、薛澜主编:《服务经济译丛》,[意] 埃内斯托・费利、福里奥・C. 罗萨蒂、乔瓦尼・特里亚主编,李蕊译:《服务业:生产率与增长》,格致出版社、上海人民出版社 2011 年版。

[10] 江小涓、薛澜主编:《服务经济译丛》,[澳] 哈巴哈江・科尔、达利瓦・派・辛格主编,姜荣春译:《21 世纪的外包与离岸外包》2012 年 9 月,格致出版社、上海人民出版社 2012 年版。

［11］国务院发展研究中心“服务贸易出口战略研究”课题组：“把握国际服务业转移机遇，促进我国服务贸易出口”，国研网，2004。

［12］商务部服务贸易司“扩大服务贸易出口对策研究”课题组：“扩大中国服务贸易出口的思路与对策”，《中国服务贸易发展报告 2006》。

［13］商务部研究院课题组：“我国服务业开放度评估及进一步扩大开放的思路”，2013 年。

［14］商务部研究院课题组：“迈向贸易强国的战略路径研究”，2015 年。

［15］商务部研究院课题组：“迈向 2020 年的中国外贸发展战略研究”，2012 年。

［16］商务部研究院课题组：“发达国家服务贸易统计经验借鉴”，2016 年。

［17］商务部研究院课题组：“世界服务贸易发展态势及中国的对策”，2016 年。

［18］商务部研究院课题组：“中医药服务贸易促进政策及展望”，2015 年。

［19］商务部研究院课题组：“强化服务贸易政策和服务产业政策协调性研究”，2014 年。

［20］江小涓等：《服务全球化与服务外包：现状、趋势及理论分析》，人民出版社 2008 年版。

［21］隆国强：“我国服务贸易的结构演化与未来战略”，《国际贸易》2012 年第 6 期。

［22］沈丹阳：《美国是如何促进服务出口的》，中国商务出版社 2013 年版。

［23］史丹、夏杰长：《中国服务业发展报告 2013》，社会科学文献出版社 2013 年版。

［24］联合国贸易与发展会议：《世界投资报告 2004：转向服务业》，中国财政经济出版社 2006 年版。

［25］李钢、聂平香等：《新时期中国服务业开放战略及路径》，经济科学出版社 2016 年版。

［26］聂平香：《我国外商投资负面清单管理模式研究》，中国商务

出版社 2016 年版。

[27] 李钢：《国际对外投资的政策与实践》，中国商务出版社 2003 年版。

[28] 顾国达、周蕾："全球价值链角度下我国生产性服务贸易的发展水平研究——基于投入产出方法"，《国际贸易问题》2010 年第 5 期。

[29] 沈大勇、金孝柏主编：《国际服务贸易：研究文献综述》，人民出版社 2010 年版。

[30] 北京第二外国语学院国家文化发展国际战略研究院、《国际贸易》杂志社编：《国际服务贸易评论》，中国商务出版社 2014 年版。

[31] 郑琴琴：《服务业跨国公司的国际化扩张研究》，复旦大学出版社 2008 年版。

[32] 季成、徐福缘：《服务外包产业链》，上海交通大学出版社 2011 年版。

[33] 蒙英华：《服务贸易提供模式研究》，中国经济出版社 2011 年版。

[34] 姚战琪：《全球化条件下中国服务业发展与竞争力提升》，经济管理出版社 2010 年版。

[35] 卢进勇：《中国企业海外投资政策与实务》，对外贸易教育出版社 1994 年版。

[36] 郭周明：《国际分工视角下中国文化产业"走出去"战略研究》，对外经济贸易大学出版社 2014 年版。

[37] 国家旅游局旅游促进与国际合作司、中国旅游研究院：《中国入境旅游发展年度报告 2014》，旅游教育出版社 2014 年版。

[38] 武芳："中国服务业'走出去'图景"，《中国外资》2014 年 7 月。

[39] 奚力为："我国服务业对外直接投资的效应分析与政策建议"，《中国商贸》2013 年第 30 期。

[40] 李文锋："中国跨国公司现状、问题及对策"，《改革》2001 年第 5 期。

[41] 刘继国、赵一婷："制造业中间投入服务化趋势分析——基

于 OECD 中 9 个国家的宏观实证”，《经济与管理》2006 年第 9 期。

[42] 刘继国：“制造业企业投入服务化战略的影响因素及其绩效：理论框架与实证研究”，《管理学报》2008 年第 3 期。

[43] 杨玉英：“生产性服务业与经济发展关联性的经验分析”，《经济学动态》2010 年第 11 期。

[44] 郭怀英：“制造业服务化趋势及其启示”，《产业经济评论》2013 年第 6 期。

[45] 谢光亚、谢兰兰、孙海燕：“中国服务贸易发展的战略研究”，《中央财经大学学报》2005 年第 11 期。

后记

2014年年初，本人以“增强服务业出口能力的对策研究”为题申报国家社科基金一般项目并立项（项目批准号：14BJY142）。经过两年的研究，形成了一些阶段性研究成果，并于2016年年底获得免于鉴定资格并结题（结题号：20161655）。

国家社科基金有关服务贸易方向的立项并不多见。与货物贸易相比，中国国内相关领域的政策性研究成果较为匮乏，已有的研究成果还不足以指导服务贸易创新发展的实践。2015年国务院发布了《关于加快发展服务贸易的若干意见》（国发〔2015〕8号）。自2016年2月国务院同意在天津、上海、海南、深圳等10个省市和5个国家级新区开展服务贸易创新发展试点以来，中国服务贸易对理论与政策的研究需求明显增加，各级商务主管部门和服务贸易协会、企业对服务贸易理论和实践知识的需求也明显增加。在此背景下，本人认为有必要把本课题研究成果整理出来并公开出版，供大家交流参考。

在项目研究成果即将出版之际，本人要感谢商务部国际贸易经济合作研究院李钢副院长对本课题的宝贵支持与指导。感谢本人所在国际服务贸易研究所同事聂平香研究员、崔艳新副研究员、李西林副研究员、王拓博士、孙铭壕博士的大力支持，本书中的部分内容源于他们完成的相关课题和撰写的研究报告，他们也为本项目研究在资料收集整理等方面提供了协助。感谢商务部服贸司有关领导和同事，在与他们共同研究课题、编制相关文件过程中，本人获得了大量有益资料和信息，也为本书的写作提供了方便。感谢本人所在单位及服贸所各位同事的支持和帮助。感谢对外经济贸易大学WTO研究院李杨副教授、山东科技大学马风涛副教授，他们参与了本课题研究工作，以及部分章节的撰写，没有他们的协助，本人很难及时完成本课题研究及本书出版。另外，还要感谢当时就读于对外经济贸易大学，在本人所在单位实习的刘春蕊、林璐、崔吉藤、张巍等同学，他们在资料收集整理加工等方面做了大量工作。在此对他们的辛劳付出与帮助，一并表示深深感谢！

中国服务贸易研究还处于起步阶段，但研究需求很大，研究的空间也很大。服务贸易涉及面广，本书研究内容十分有限，尚有大量的服务贸易理论政策与实践经验有待进一步研究挖掘。限于知识水平有限，且时间仓促，部分工作委托给了合作者及同事完成，书中难免存在诸多谬误。望读者批评指正！

李 俊

2017 年元月

图书在版编目（CIP）数据

中国服务贸易理论、政策与实践/李俊著. —北京：时事出版社，2017.6

ISBN 978-7-5195-0101-3

Ⅰ.①中… Ⅱ.①李… Ⅲ.①服务贸易—贸易发展—研究—中国 Ⅳ.①F752.68

中国版本图书馆 CIP 数据核字（2017）第 081750 号

出版发行：时事出版社
地　　址：北京市海淀区万寿寺甲 2 号
邮　　编：100081
发行热线：（010）88547590　88547591
读者服务部：（010）88547595
传　　真：（010）88547592
电子邮箱：shishichubanshe@sina.com
网　　址：www.shishishe.com
印　　刷：北京市昌平百善印刷厂

开本：787×1092　1/16　印张：19.25　字数：296 千字
2017 年 6 月第 1 版　2017 年 6 月第 1 次印刷
定价：98.00 元